Martin R. Locher

Italienische Riviera

Ligurien West – Ventimiglia bis Genua

50 ausgewählte Wanderungen

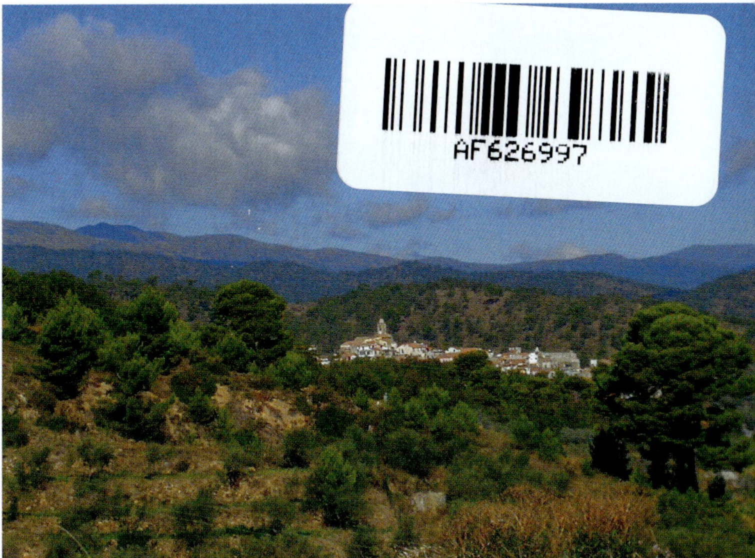

ROTHER
BERGVERLAG

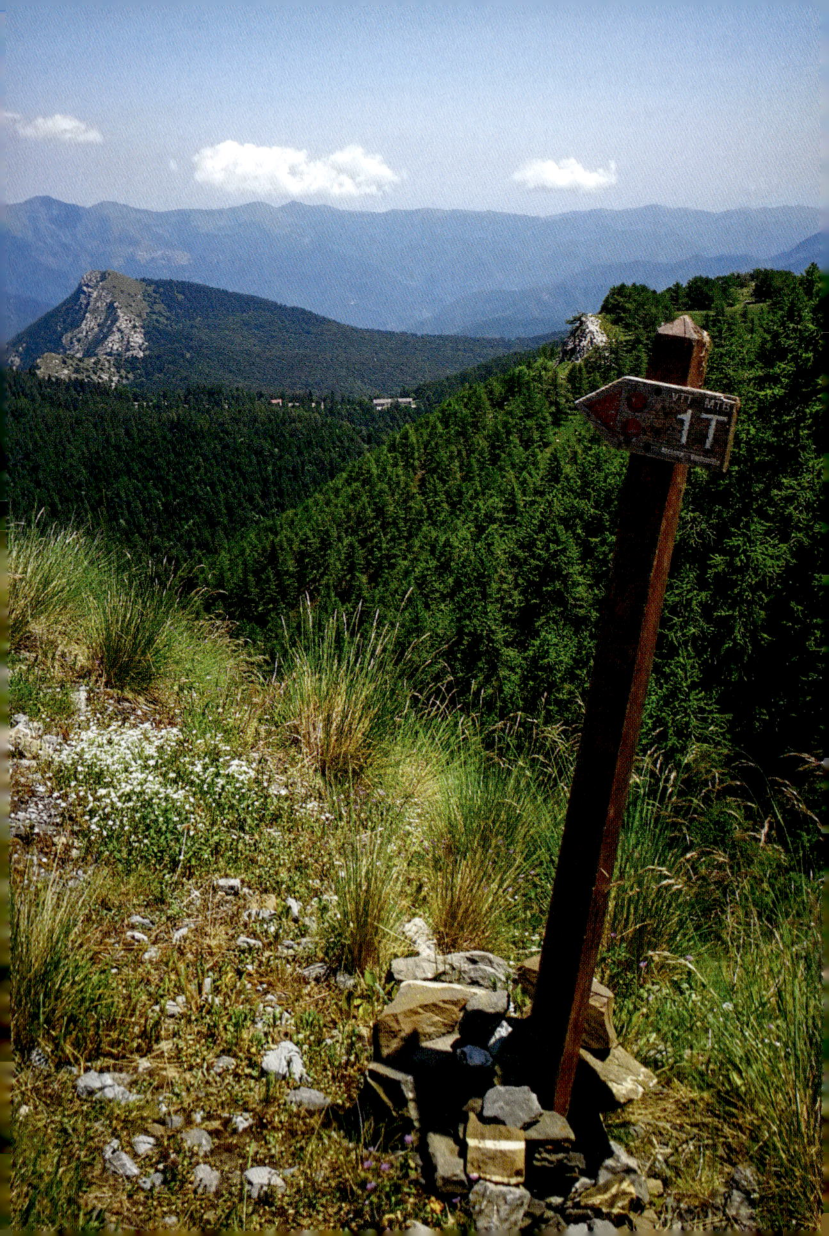
VTT MTB
17

VORWORT

Die italienische Riviera wurde bereits im vorletzten Jahrhundert durch die Nordländer »touristisch« entdeckt – aber erst seit Beginn dieses Jahrtausends wird das Hinterland für das Wandern spürbarer erschlossen. Wie einst begeistert Liguria di Ponente, das westliche Ligurien zwischen der französischen Grenze und Genua, den Feriengast heute durch die direkte Nachbarschaft von Bergen und Meer und die daraus resultierenden Kontraste: Am Meer ist es der Wechsel zwischen felsiger Steilküste, Kieselbuchten und Sandstränden, in den Bergen jener von meerseitiger mediterraner Vegetation und den etwas feuchteren und daher dichter bewaldeten meerabgewandten Bergpartien.
Trotz der moderaten Höhe – der höchste Berg Monte Saccarello kommt nur auf 2201 m ü. d. M. – bieten die Berge der Region Liguria di Ponente dank eines natürlichen Kammwegesystems, der dünnen Besiedlung im Hinterland sowie markierter Wegenetze im Bereich der Ligurischen Alpen, im Finalese, im Parco del Beigua und der Apenningipfel im Hinterland von Arenzano und Varazze beste Wandermöglichkeiten, die allen Ansprüchen gerecht werden.
Die Palette von Tourenvorschlägen reicht von Wanderungen oberhalb der Küste bis zu aussichtsreichen Gipfelanstiegen. Wanderwege durch märchenhafte Urwälder in Nationalparks wurde ebenso berücksichtigt wie solche über steingepflasterte Mulattiere, jene Maultierpfade, die früher als Hauptverbindungswege zwischen den Dörfern dienten. Es gibt nur noch wenige verschwiegene kleine Buchten – dafür aber Olivenhaine, Weinberge und ausgedehnte Kastanien-, Eichen- oder Kiefernwälder zuhauf.
Etwa ein Fünftel der Wanderungen ist für Wanderanfänger geeignet, die meisten Touren sind aber für Normalwanderer ausgewählt. Erfahrene Bergwanderer, die einen Schuss Abenteuer vertragen, finden bei den schwereren Touren, bei den anspruchsvolleren Varianten oder bei kombinierbaren Touren ihre Herausforderung.
Die Tourenbeschreibungen in diesem Wanderführer basieren auf aktuellen Wanderrecherchen der letzten Jahre. Durch die Natur, aber auch durch die Eingriffe des Menschen können sich dennoch immer wieder Veränderungen bei den Wegen ergeben. Ich bitte Sie daher, dem Verlag Ihre Anregungen, Korrektur- und Ergänzungshinweise mitzuteilen.
Ich wünsche Ihnen schöne und erlebnisreiche Urlaubstage in Ligurien.

Frühjahr 2024 | Martin R. Locher

Blick vom Wegweiser oberhalb des Fonte CFS (Tour 4) zum Nuovo Rifugio Allavena an der Colla Melosa.

INHALTSVERZEICHNIS

Wanderungen im Hinterland westlich der Hafenmetropole Genua

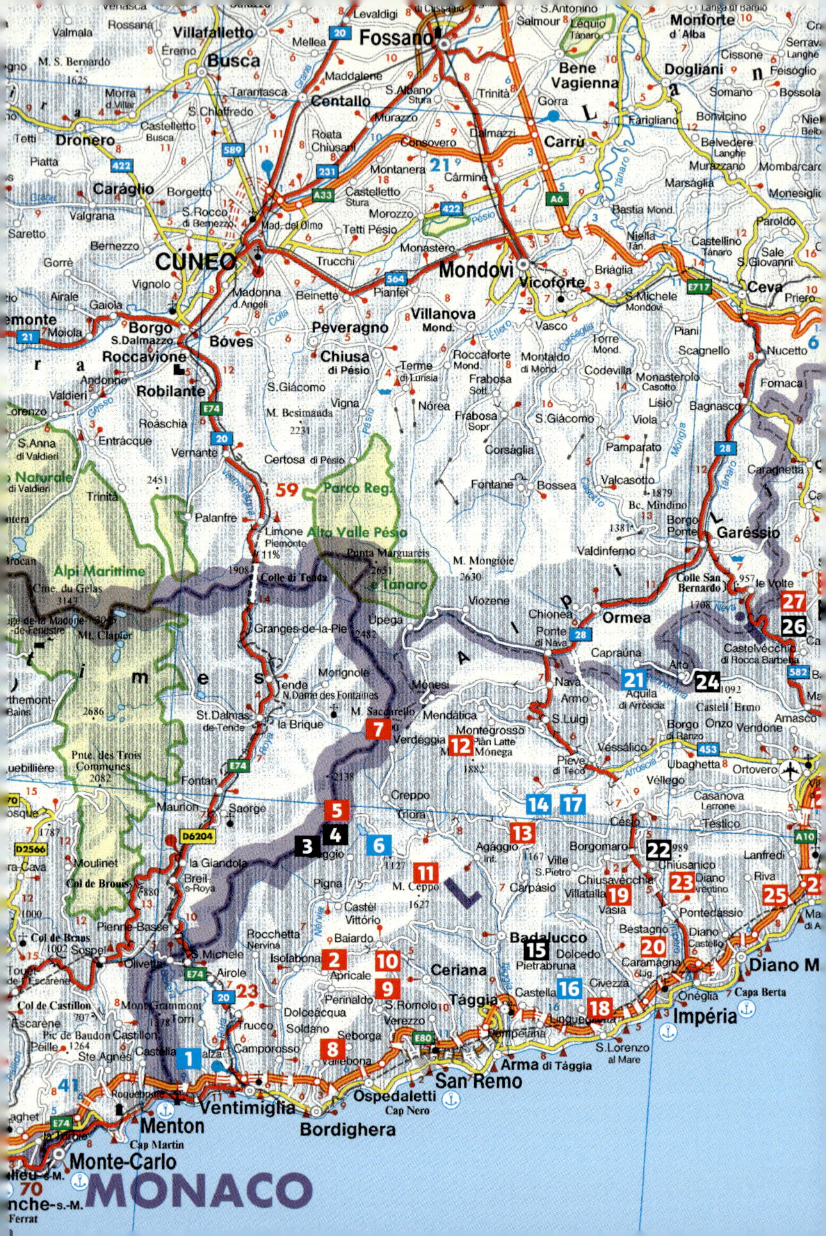
Fossano
Busca
Villafalletto
Centallo
Dronero
Caráglio
CÚNEO
Mondovì
Vicoforte
Bene Vagienna
Carrù
Dogliani
Monforte d'Alba
Ceva
Borgo S.Dalmazzo
Roccavione
Robilante
Bóves
Peveragno
Chiusa di Pésio
Villanova Mond.
Garéssio
Ormea
Limone Piemonte
Colle di Tenda
Parco Reg. Alta Valle Pésio e Tanaro
Alpi Marittime
Tende
la Brigue
St.Dalmas-de-Tende
Saorge
Breil-s-Roya
Sospel
Pigna
Triora
Badalucco
Ceriana
Tággia
Apricale
Dolceácqua
Ventimiglia
Bordighera
Ospedaletti
San Remo
Arma di Tággia
Impéria
Diano M
Menton
Monte-Carlo
MONACO
Pieve di Teco
Borgomaro
Aquila di Arróscia
Ortovero

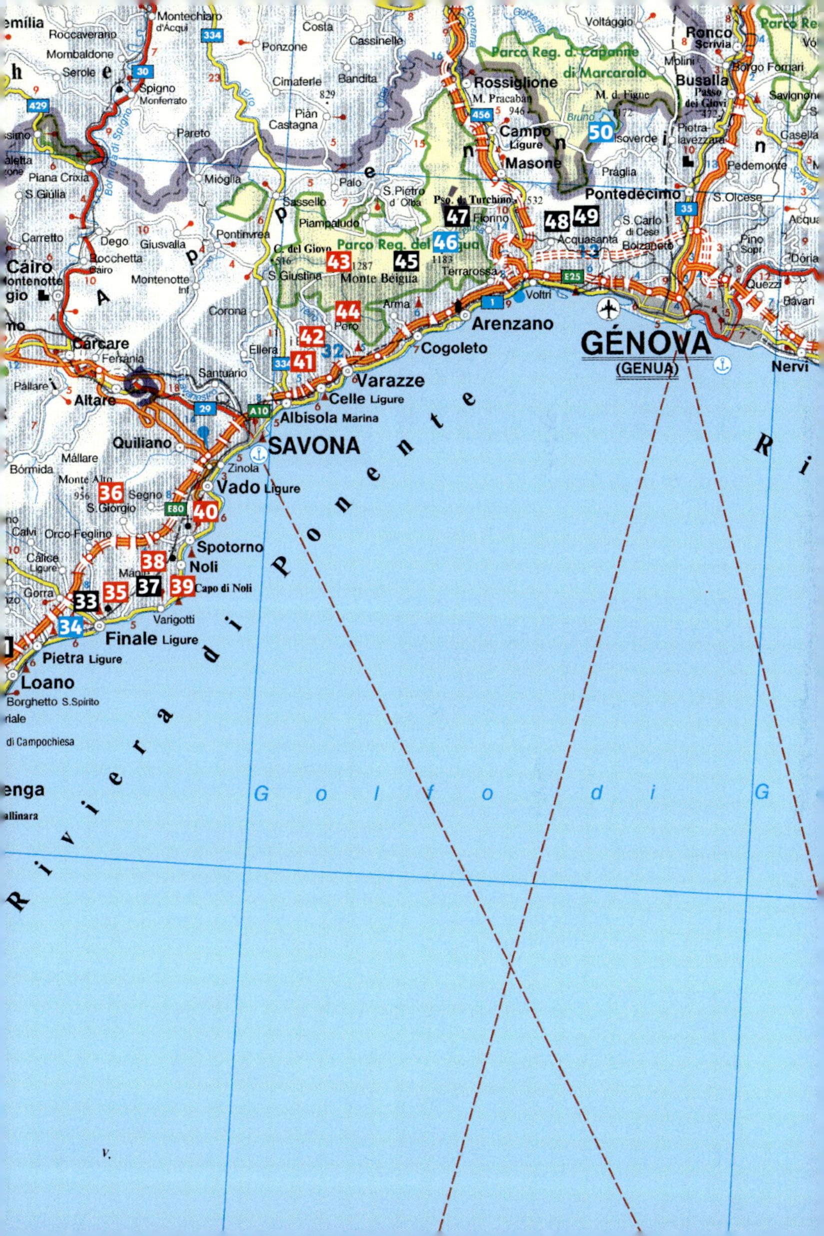

GÉNOVA
(GENUA)
SAVONA
Arenzano
Cogoleto
Varazze
Celle Ligure
Albisola Marina
Vado Ligure
Spotorno
Noli
Capo di Noli
Varigotti
Finale Ligure
Pietra Ligure
Loano
Borghetto S.Spirito
Quiliano
Altare
Cárcare
Cairo Montenotte
Sassello
Rossiglione
Campo Ligure
Masone
Pontedécimo
Busalla
Ronco Scrivia
Nervi
Voltri
Acquasanta
Parco Reg. d. Capanne di Marcarolo
Parco Reg. del Beigua
Monte Beigua
Riviera di Ponente
Golfo di G

TOP-TOUREN

Apricale – Perinaldo
Abstand gewinnen: mittelschwere Wanderung auf historischer Mulattiera durch Steineichenwald von einem mittelalterlichen Bergdorf zum nächsten *(Tour 2, 4.00 Std.)*.

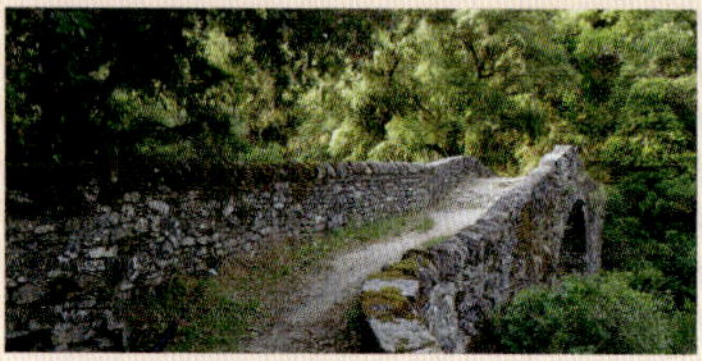

Sentiero degli Alpini
Schwere Tour für alpin erfahrene Wanderer auf einem streckenweise aus vertikalen Steilwänden herausgehauenen Felsenpfad. *(Tour 4, 6.00 Std.)*.

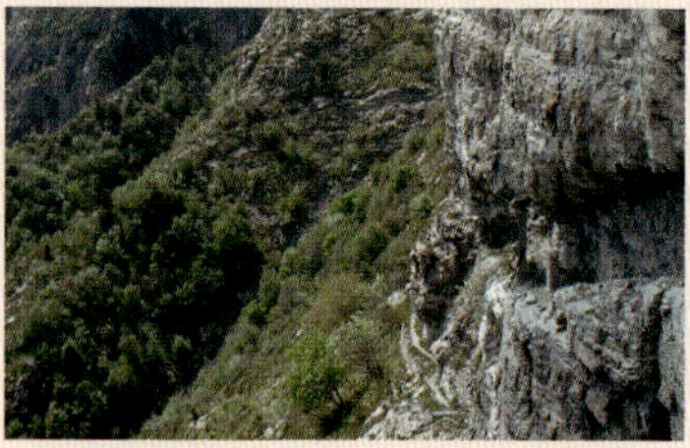

Monte Ceppo
Raus aus dem Touristenrummel von Sanremo in die Bergeinsamkeit des Hinterlandes: mittelschwere Wanderung zu einem Panoramaberg erster Klasse *(Tour 11, 3.15 Std.)*.

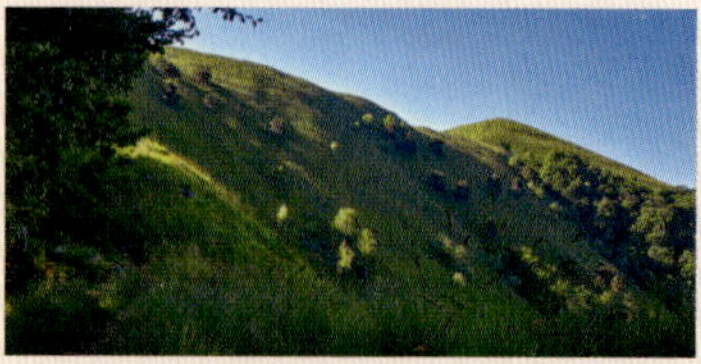

Monte Aurigo – Monte delle Valasse
Die leichte Kammwanderung erschließt sonnige Grasgipfel auf dem aussichtsreichen Monte-Guardiabella-Kamm hoch über dem Imperotal *(Tour 14, 2.00 Std.)*.

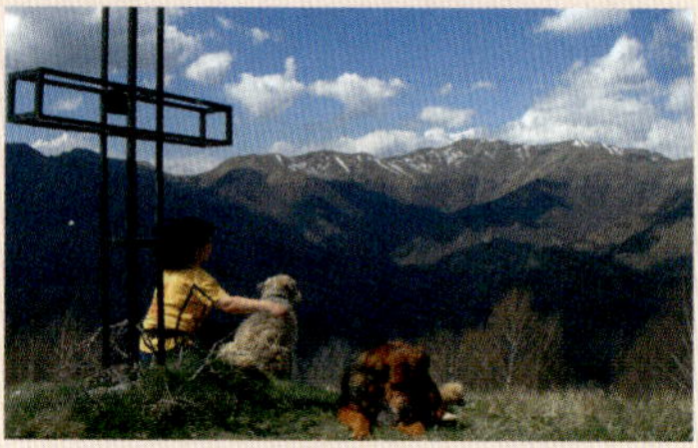

San Lorenzo – Cipressa
Auf einer Mulattiera geht es mittelschwer durch Olivenhaine ins malerische Costarainera und über die Bergkirche Sant'Antonio zur Torre Gallinara in Cipressa *(Tour 18, 4.00 Std.)*.

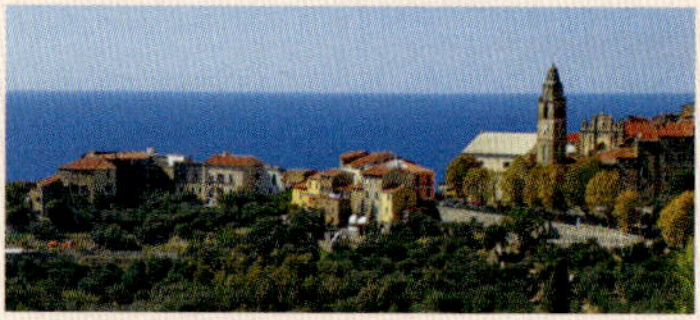

Andora – Laigueglia
Mittelschwere Kammwanderung über der Capo-Mele-Steilküste zu Windmühlenruinen und zur Thor-Heyerdahl-Gedenkstätte beim Bergdorf Colle Micheri *(Tour 28, 4.00 Std.)*.

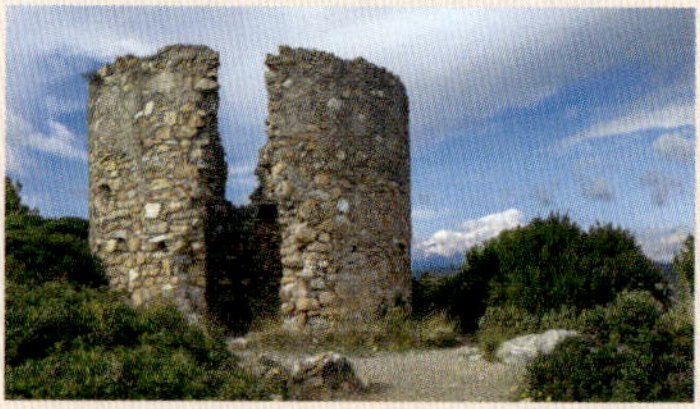

Grotte di Toirano
Schwere Wanderung im Kalkstein-Ambiente. An Tropfsteinhöhlen und Kletterwänden vorbei und durchs Steilkar hinauf zum Kirchlein San Pietro dei Monti *(Tour 31, 5.00 Std.)*.

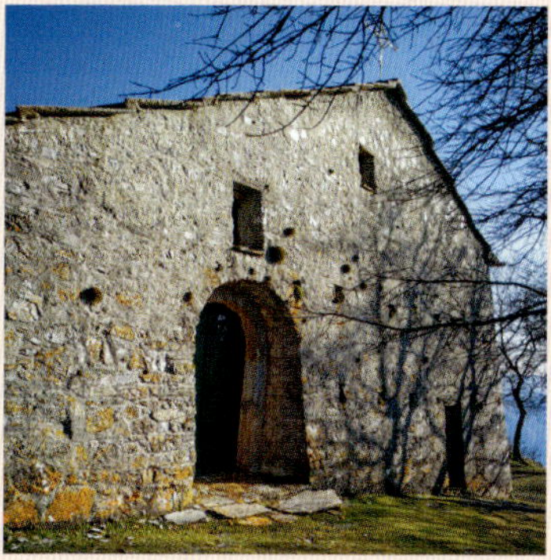

Varigotti – Noli
Mittelschwere Tour zum ehemaligen Wachturm Torre delle Streghe auf aussichtsreichen Wanderwegen hoch über der Steilküste beim Capo di Noli *(Tour 39, 3.45 Std.)*.

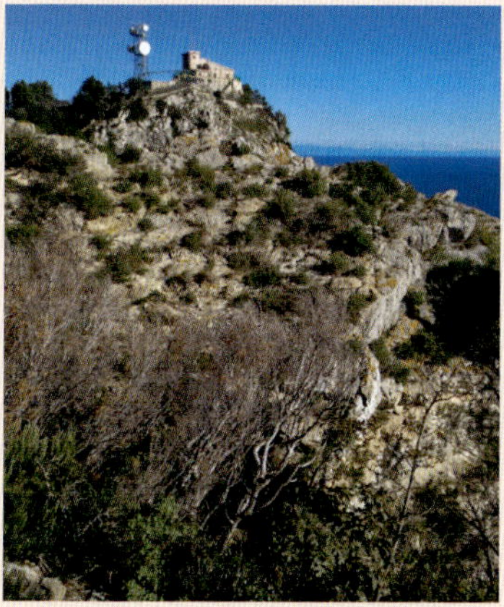

Monte Reixa – Rocca Vaccheria
Auf dem viel begangenen Kammpfad zu den Grasbergen Monte Reixa und Rocca Vaccheria mit Blick zum Meer und über den Apennin ins Piemont *(Tour 46, 2.00 Std.)*.

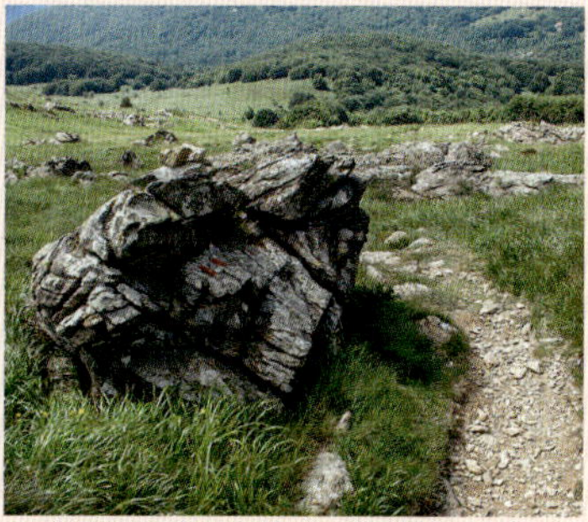

Punta Martin
Schwere Bergwanderung mit anstrengendem langem Anstieg über einen felsigen Kamm hinauf zum Gipfel mit Fernblick, der bei klarem Wetter bis Elba reicht *(Tour 48, 7.30 Std.)*.

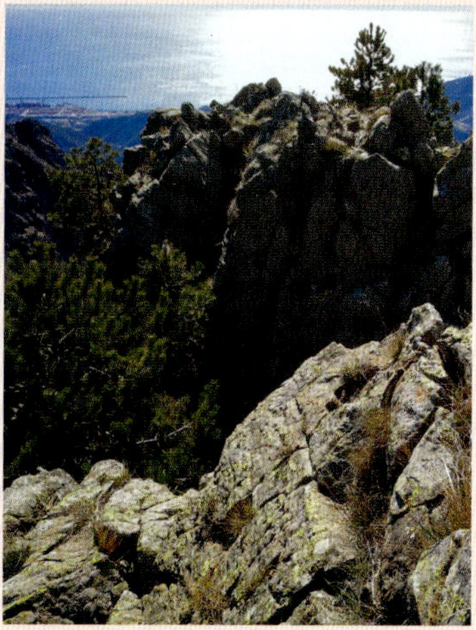

WICHTIGE HINWEISE FÜR UNTERWEGS

Anforderungen

Die meisten Wanderungen verlaufen auf deutlichen Pfaden und Wegen. Dies sollte jedoch nicht darüber hinwegtäuschen, dass einige Touren eine gute Kondition, Trittsicherheit, Schwindelfreiheit und Orientierungssinn erfordern. Man sollte beachten, dass sich die Schwierigkeiten bei ungünstiger Witterung oder durch urwaldartig üppige Verwachsungen zwischen Ostern und Pfingsten erheblich erhöhen können. Um die jeweiligen Anforderungen besser einschätzen zu können, sind die Touren(-nummern) entsprechend farblich gekennzeichnet:

SCHWIERIGKEITSKATEGORIEN

■ = Leicht

Diese Wege (DAV/SAC Schwierigkeitsgrad T2) sind überwiegend ausreichend breit und nur mäßig steil, stellen daher auch bei Schlechtwetter kaum eine Gefahr dar. Kinder und rüstige Senioren können sie ohne große Gefahr begehen.

■ = Mittel

Diese Pfade und Steige (Schwierigkeitsgrad T3) sind häufig schmal und können über kurze Abschnitte bereits etwas ausgesetzt sein. Deshalb sollten sie nur von trittsicheren Bergwanderern begangen werden. Kürzere Passagen können darüber hinaus bereits erhöhte Anforderungen an das Orientierungsvermögen stellen.

■ = Schwierig

Diese Steige (T3, gelegentlich T4) sind häufig schmal und steil angelegt. Stellenweise können sie sehr ausgesetzt bzw. bei Hangquerungen abrutschgefährdet sein, manchmal wird auch die Zuhilfenahme der Hände notwendig sein. Dies bedeutet, dass diese Wege nur von trittsicheren, schwindelfreien, konditionsstarken und alpin erfahrenen Bergwanderern angegangen werden sollten, die zudem ein gutes Orientierungsvermögen mitbringen.

Gehzeiten

Die Zeitangaben im Tourenkopf und im Höhenprofil umfassen die reinen Gehzeiten ohne Einberechnung von Rastzeiten und Pausen zum Fotografieren, für Besichtigungen etc.

Ausrüstung

Festes knöchelhohes Wanderschuhwerk mit griffiger Sohle, strapazierfähige Hose, Sonnencreme und evtl. Sonnenhut, Regen-, Wind- und Kälte-

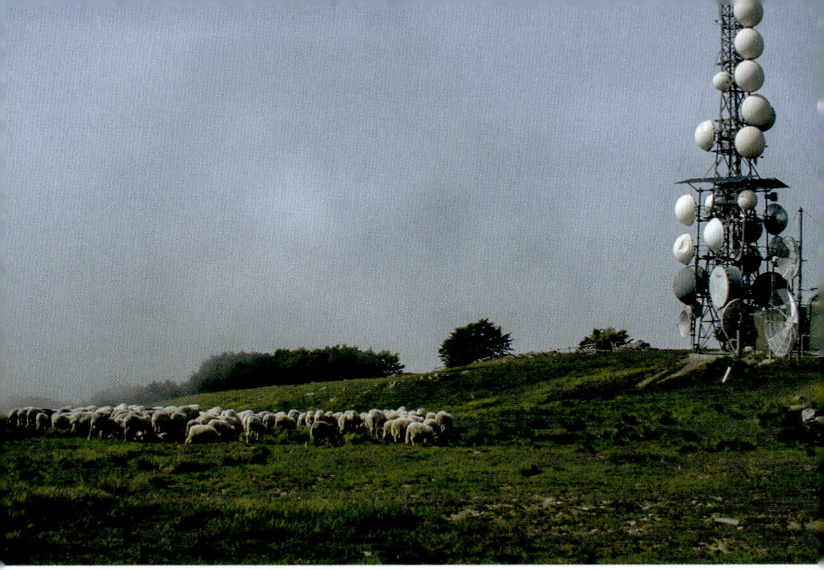

Schafherde am nebligen Monte-Beigua-Gipfel (Tour 43).

schutz sowie ein Tourenproviant (mit ausreichend Flüssigkeit – wird oftmals unterschätzt!) werden bei den meisten Touren vorausgesetzt. Gelegentlich ist ein (Teleskop-)Stock – auch gegen Ranken – ganz nützlich.

Gefahren

Die meisten Touren folgen guten, deutlich erkennbaren Wegen. Bei besonderer Ausgesetztheit oder anspruchsvoller Wegführung wird im Text darauf hingewiesen. Während eines Genua-Tiefs kann sich an den Hängen und auf den Kammhöhen rasch dichter Nebel bilden und den Bergwanderer vor erhebliche Orientierungsprobleme stellen. Auch herrschen dort manchmal (oberhalb Arenzano oft) starke, böige Winde vor. Bei Gewitterneigung sollte man unbedingt rechtzeitig von Gipfeln und Kämmen zum nächsten Schutz bietenden Ort (Unterstand, Hütte oder Ortschaft) absteigen.

Beste Jahreszeit

Das westliche Ligurien ist dank seines milden Klimas mit bis zu 300 Sonnentagen pro Jahr ein Ganzjahres-Wanderziel (→ Klimatabelle S. 16).

Anfahrt

Viele Ausgangs- und Endpunkte der Touren im Küstenbereich sind per Bahn oder Bus erreichbar, worauf auch ein Symbol im Tourenkopf verweist.

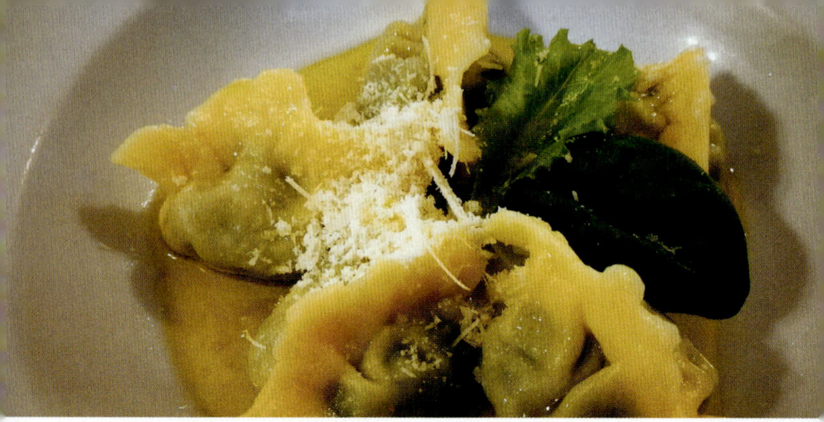

Gaumenfreuden schließen eine Tour zu den Cascate d'Arroscia ab (Tour 12).

Einkehr und Unterkunft

In Ligurien gibt es kaum bewirtschaftete Hütten, aber an der Alta Via dei Monti Liguri passnahe Herbergen. Vielerorts kann man auch in Bars und Restaurants einkehren. Sie sind in den Kurzinformationen bei den einzelnen Touren aufgeführt, ein Symbol im Tourenkopf weist zusätzlich darauf hin.

Tipps für Strecken- und Weitwanderer

Die Tourenvorschläge in diesem Wanderführer sind – abgesehen von den vielen Rundwanderungen, die am Ausgangspunkt enden – wegen der guten Bahn- und Busverbindungen an der Riviera di Ponente als Streckentouren konzipiert. Dank des engmaschigen Wegenetzes in Küstennähe

GPS-TRACKS UND KOORDINATEN DER AUSGANGSPUNKTE

Auf **gps.rother.de** stehen zu diesem Wanderführer GPS-Tracks und die Koordinaten der Ausgangspunkte zum kostenlosen Download bereit. Dieser QR-Code führt direkt zum Download.
1. Auflage, Passwort: **456601bqc**
Die GPS-Tracks können in die **Rother App** importiert werden. In der App kann man unterwegs stets sehen, wo man gerade ist und wo es lang geht. **Anleitungen dazu: rother.de/gps**
Trotz sorgfältiger Prüfung können wir Fehler und zwischenzeitliche Veränderungen nicht ausschließen. Verlassen Sie sich für die Orientierung niemals einzig und allein auf die GPS-Daten, sondern beurteilen Sie die Verhältnisse vor Ort.

SYMBOLE

Symbole im Tourenkopf

- mit Bahn/Bus erreichbar
- Einkehrmöglichkeit
- für Kinder geeignet

Symbole im Höhenprofil

- Parkplatz
- Bushaltestelle
- Bahnhof
- Ort mit Einkehrmöglichkeit
- Restaurant, Gasthaus, Bar
- Schutzhaus, Unterstand
- Gipfel
- Bergsattel
- Brücke
- Quelle
- Wasserfall
- Aussichtsplatz
- Kirche, Kapelle, Kloster
- Burg, Kastell, Ruine
- Aussichtsturm
- Ruine, archäologische Stätte
- Höhle, Grotte
- Picknickplatz

bestehen in vielen Fällen Verknüpfungsmöglichkeiten mit anderen Touren, auf die unter dem Stichwort »Kombinationsmöglichkeit« hingewiesen wird. Großzügigen Streckenwanderungen und mehrtägigen Unternehmungen steht also nichts im Wege.

Besonders bei Streckenwanderungen empfiehlt es sich, öffentliche Verkehrsmittel in Anspruch zu nehmen. Weitwanderer sollten zumindest Isomatte und einen Schlaf- oder Biwaksack mitnehmen, da abseits der Hauptorte nur wenige Unterkunftsmöglichkeiten bestehen. Auch die Einkaufsmöglichkeiten unterwegs sind mancherorts sehr eingeschränkt.

Am Lago Tenarda: Blick über den Nuovo Rifugio Franco Allavena zum felsigen Grenzkamm zwischen Italien und Frankreich (Tour 6).

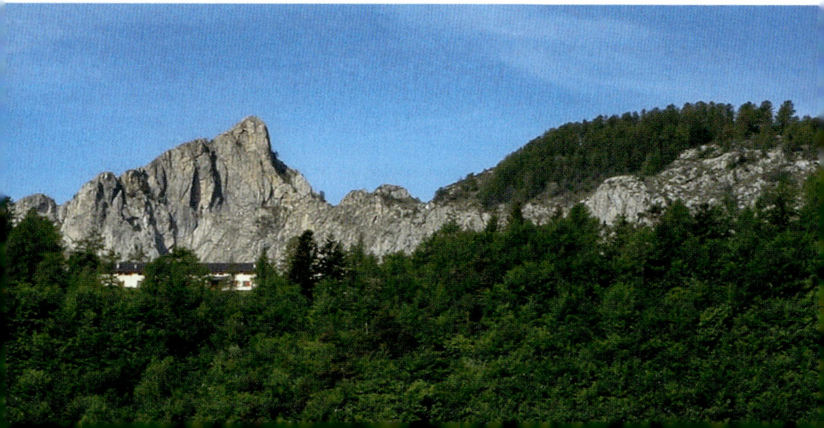

WANDERN AN DER ITALIENISCHEN RIVIERA

Ligurische Alpen und westlicher ligurischer Apennin

Italiener unterscheiden zwischen Liguria di Ponente, dem Gebiet westlich des nördlichsten Punktes des Ligurischen Meeres – das ist die Leiramündung nahe der großen Hafenstadt Genua – und Liguria di Levante, dem Gebiet östlich davon. Das westliche Ligurien ist ein durchwegs gebirgiger Landstreifen zwischen dem Ligurischen Meer, der geografisch an seiner niedrigsten Stelle beim Colle di Cadibona in zwei Hälften unterteilt ist: Richtung Frankreich in die südliche Alpenhauptkette, die hier in den Ligurischen Alpen ausläuft, und östlich davon in den Ligurischen Apennin des beginnenden Apenninenbogens.
Landschaftlich wird die Riviera di Ponente außerdem in die Blumenriviera Riviera dei Fiori zwischen Ventimiglia und Imperia und die östlich vom Capo Mele angrenzende Palmenriviera Riviera delle Palme unterteilt, der Küste zwischen Diano Marina und Varazze. Sie bezieht ein besonderes Teilgebiet zwischen Borghetto Santo Spirito und Spotorno mit ein, das Finalese, die Küste und das Hinterland um Finale Ligure. Ursache seiner Besonderheit ist wohl seine Geologie mit ihren Dolomitkalken, die sich neben der steileren Küste in den Brics, vertikal abfallenden Riffs, und in karstigen Tafelbergen mit Dolinen und Höhlen äußert.
Generell ist das in seiner ganzen Länge ans Meer grenzende Küstengebirge – wie die Alpen auch – durch Faltung und Hebung entstanden und besteht entsprechend vorwiegend aus glazialen und in Küstennähe aus marinen Sedimentgesteinen. Sandstein begegnet man dabei mit allerlei Beimengungen (z. B. Quarz, Eisen und Mangan), Schiefer von der blaugrauen Reinstform (Billardtischplatten) bis hin zum hell verwitterten Plättchenschiefer mit mergeligen oder lehmigen Verunreinigungen.
Trotz ihrer geringen Fläche (2715 km^2) und gemessen an den Alpen moderaten Maximalhöhe (2201 m ü. d. M.) vereint die Region Liguria di Ponente unterschiedlichste Landschaftsformen auf engstem Raum, die von wenigen Mündungstälern über hügeliges Terrain bis zu hohen Plateaus, Kämmen und Felsgipfeln reichen. Die einzige größere Ebene erstreckt sich an der vom Schwemmmaterial der Flüsse Arroscia und Neva geschaffenen Ebene bei Albenga. Nennenswerte Flüsse sind auch die Roja bei Ventimiglia, die Argentina bei Arma di Taggia und der Letimbro bei Savona. Größere natürliche Seen gibt es nicht, aber im Zug der Industrialisierung (Energie- und Trinkwasserversorgung) wurden im Hinterland Genuas die Seen Lago Lungo und Lago Bruno aufgestaut. Und die Städte Ventimiglia und Sanremo beziehen Trinkwasser vom Stausee Lago di Tenarda bei der Colla Melosa.
Die Gliederung der Berge im westlichen Ligurien ist denkbar einfach: Die Hauptzüge im Hinterland folgen dem Bogen des Alpenhauptkammes und des Apennin und bieten sich deshalb für Weitwanderungen (Alta Via) an.

Die Alta Via dei Monti Liguri ist wie hier an der Gola dell'Incisa (Touren 3, 4) streckenweise schmal und führt auch über felsiges Terrain.

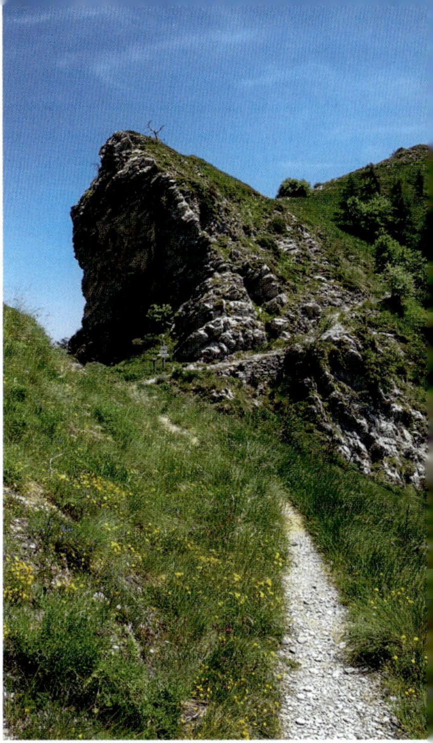

Lang gezogene Südostausläufer verbinden diesen Hauptkamm mit der Küste und können vom Wanderer als Zubringer genutzt werden. Das Finalese schiebt sich als eine Art Vorgebirge etwas ins Ligurische Meer vor. Im Bereich des Hauptkammes beim Monte Beigua trägt die Landschaft auch die Zeichen eiszeitlicher Vergletscherungen mit kleinen Hochmooren, Tümpeln und Moränen, Findlingen, Schuttkaren und Schrofen sowie im Ablaufbereich der Hochtäler mit eng eingeschnittenen Bachtälern.

Im Italienischen gibt es das Wort »Wandern« nicht. Noch vor drei Jahrzehnten begegnete jemand, der in den ligurischen Bergen mit Bergschuhen und Rucksack unterwegs war und einem Einheimischen sein Tun zu erklären versuchte, einigem Befremden und hörte Ersatzworte wie passeggiata nel verde (Spaziergang im Grünen), escursione a piedi (Ausflug zu Fuß), marcia ai brüghi (Marsch durch die Baumheide). Inzwischen füllt das englische Lehnwort trekking diese Lücke und man trifft bei fast jeder Tour auf italienische Wanderer. Umso verwunderlicher ist es, dass es trotz des markierten Höhenweges der Ligurischen Berge (AVML oder AV) keine Bergbahnen und kaum neue Hütten gibt. Eine löbliche Ausnahme ist das Rifugio La Terza zwischen Monte Saccarello und Monte Frontè. Andererseits schmeckt dieser Verzicht auf viele Hütten wieder süß angesichts einer fast unberührten Natur und der »alpinistischen Pioniergefühle«, die den Apenninwanderer auf einem der vielen einsamen Höhenwege oder Fußpfade beschleichen mögen, inmitten gesunder Wälder, duftender Macchia und einer unbetonierten Berglandschaft. Das Vermeiden von Abfall und offenem Feuer unterwegs fällt all den Wanderern leicht, denen hier die einfachen Dinge wie reine Luft und sauberes Ambiente zur Selbstverständlichkeit werden: Die Hinweise an den Picknickplätzen werden wohl deshalb nicht als Maßregelung empfunden.

Klima

Die ligurische Riviera ist durch ihre geografische Lage und die besonderen geologischen Gegebenheiten klimatisch extrem begünstigt. Das milde Klima zeitigt in Küstennähe im »Normaljahr« gemäßigte Hitze im Sommer und nur wenige Frostnächte im Winter. Die Niederschläge fallen als Regen, an der Küste vorwiegend bei einigen Sommergewittern und während ein bis zwei Regenwochen im Herbst sowie einer Regenperiode im Frühjahr, die zwischen Ende Februar und Anfang April nur wenige Tage, selten aber auch bis zu drei Wochen dauern kann. Im Gebirge kommen außerdem häufig Steigungsregen und von Januar bis März auch Schnee dazu.

Flora

Die Region Liguria di Ponente besitzt dort, wo der Mensch mit Bewässerung und Dünger nicht die charakteristisch üppig-subtropische Rivieravegetation (Palmen, Araukarien, Bougainvillea, exotische Blumen) geschaffen hat und damit einhergehend auch die vielen gleißenden Glashäuser, mehrere völlig unterschiedliche Vegetationszonen, die von der Höhenlage wie von den klimatischen Bedingungen abhängen. Entsprechend vielseitig ist die naturbelassene wilde Flora. Im Bereich des felsigen Küstensaums (0–100 m ü. d. M.) gedeihen oberhalb von Kies- und Sandstränden Garriguepflanzen wie Agaven und genügsame Trockenpflanzen (Sukkulenten) sowie Wolfsmilchgewächse (Euphorbien). Die Zone darüber (100–400 m ü. d. M.) ist einerseits kultiviert mit Olivenhainen, Obstgärten und Weinbergen. An ariden Süd- und Westhängen ist sie jedoch bedeckt mit dornig-stacheliger Macchia (karge Pflanzenformen, Hartlaubgewächse und Krüppelhölzer unter Pinien und Kiefern, Wacholdersträucher, weiß blühende Baumheide, Besenginster, Lorbeer, Mastixsträucher) bzw. in humideren Bereichen mit Farnfeldern, Brombeergestrüpp sowie mit Stiel- und Steineichenwäldern. Oberhalb von Vado gibt es sogar Korkeichen. An Bachläufen wuchert oft bis zu 7 m hohes Spanisches Rohr. Die Zone darüber (400–800 m ü. d. M.) wird dominiert von Schwarzkiefernwäldern, vereinzelt begegnet man Pinien. Oberhalb davon (800–1200 m ü. d. M.) beginnt die Region der Edelkastanienwälder mit schatten- sowie feuchtigkeitsliebender Flora und erst darüber begegnet uns eine Vegetation mit Fichten- und Buchenwald, wie wir ihn aus deutschen Landen kennen. Nach

KLIMATABELLE GENUA

		Jan	Feb	Mrz	Apr	Mai	Jun	Jul	Aug	Sep	Okt	Nov	Dez	Ø
Ø Tagestemperatur	**°C**	12	12	15	18	21	25	28	29	26	21	17	13	20
Ø Nachttemperatur	**°C**	7	7	9	12	15	19	22	22	19	15	11	8	14
Sonnenstunden/Tag	**h**	4	5	6	7	8	10	9	8	6	5	4	5	6
Regentage	**t**	5	5	5	6	5	3	1	1	4	5	8	6	5

Quelle: laenderdaten.info

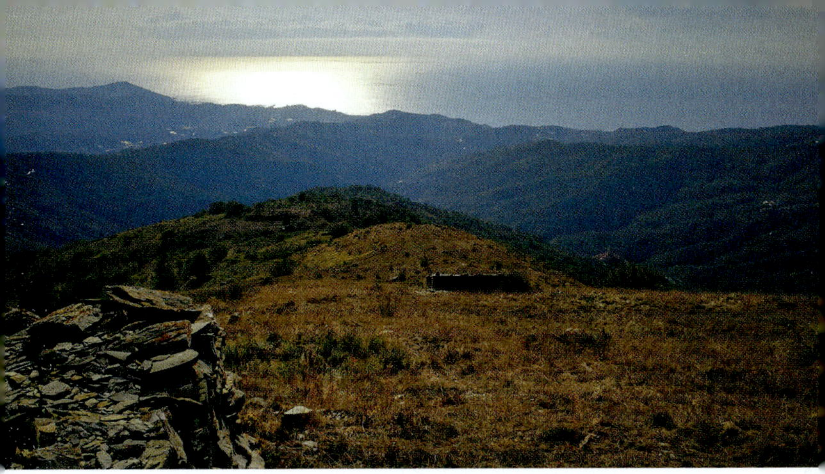

Am Monte Follia (Tour 15) blickt man über die Blumenriviera auf das Ligurische Meer.

Regenperioden sprießen im Sommer und Herbst in den Wäldern zahlreiche Pilzarten: neben einer Menge exotischer Pilze, von denen man besser die Finger lässt, auch große Steinpilze mit sehr dunkler Hutfarbe, Ziegenlippen, Hasen- und Goldröhrlinge sowie Speisetäublinge, die in großen Kolonien anzutreffen sind.

Fauna

Im Niederwald begegnen uns des Öfteren Füchse, Kaninchen und Baumratten, in höheren Lagen auch Eichhörnchen, seltener Murmeltiere und Steinadler. Hochbeinige, schlanke Wildschweine gibt es nahezu überall. Abgesehen von allen kleineren Vogelarten, wie sie auch in Deutschland beheimatet sind, sieht man hier eine kleine Adlerart kreisen, die nur an den nördlichen Mittelmeerküsten vorkommt. Häufig sind auch Fasane, Rebhühner, Fischreiher und Seemöwen, selten dagegen Birk- und Auerhühner, die ungeniert die Wanderwege kreuzen!

Bäche und Flüsse sind reich an Fischen wie Regenbogenforelle und Bachsaibling. Auch Aale und bräunliche Lachsforellen steigen zum Laichen in ihnen auf. Häufig begegnet man Wasser- und Laubfröschen (rana), Erdkröten, Eidechsen (lucertola), Mauergeckos, Blindschleichen (biscia) und bräunlich-grau gemusterten Ringelnattern, gelegentlich einer prächtigen Smaragdeidechse (ramarro) oder einer harmlosen, aber bis zu zwei Meter langen Schlangenart (biscia grande), und oberhalb von 1000 m selten einer hell- oder dunkelgrauen Viper (vipera) – dem Autor begegneten in Ligurien auf etwa 3000 Wanderkilometern ganze zwei, die uninteressiert seinen Weg kreuzten –, die man wegen ihres kurzen Schwanzendes, walzenförmigen Körpers und eines etwas schlankeren Halses von anderen

Der Umwelt zuliebe ...

Auch beim Wandern hinterlassen wir einen ökologischen Fußabdruck, aber im Einklang mit der Natur unterwegs zu sein, ist gar nicht so schwer!

VORBEREITUNG UND ANFAHRT

- Sich vorab informieren, worauf in Bezug auf Natur und Umwelt in der jeweiligen Wanderregion besonders zu achten ist.
- Soweit möglich mit Bahn und Bus anreisen, Wander- und Rufbusse nutzen.
- Ist eine Anfahrt mit dem Auto nötig, Fahrgemeinschaften bilden.
- Bei weiten Anfahrten Mehrtagestouren planen oder von einem Quartier vor Ort aus mehrere Touren absolvieren.
- Flugreisen möglichst reduzieren und durch Beiträge zu Klimaschutzprojekten kompensieren.

KLEIDUNG UND AUSRÜSTUNG

- Beim Kauf von Outdoor-Kleidung auf umweltfreundliche und faire Herstellung achten und Kleidungsstücke möglichst viele Jahre nutzen.
- Ausrüstung kann man eventuell auch gebraucht kaufen oder ausleihen.
- Reparieren statt neu kaufen.

VERPFLEGUNG

- Beim Einkauf Bio-Ware, regionale und saisonale Erzeugnisse bevorzugen.
- Hütten und Gasthäuser auswählen, die regionale Produkte verwenden.
- Auf Einwegflaschen und Plastikverpackungen verzichten, stattdessen wiederverwendbare Trinkflaschen und Brotzeitboxen benutzen.

ÜBERNACHTUNG

- Bei lokalen Anbietern buchen, damit Menschen vor Ort profitieren.
- Auf Hütten und in anderen Unterkünften Strom und Wasser sparen.

UNTERWEGS

- Wege benutzen und Abkürzer vermeiden.
- Sperrungen von Wegen und Schutzgebieten respektieren.
- Keine Blumen pflücken und keine Pflanzen entnehmen.
- Waldbrandgefahr beachten.
- Müll wieder mit nach Hause nehmen und dort entsorgen.
- Toilettengänge in freier Natur möglichst vermeiden.
- Lärm vermeiden.
- Hunde an die Leine nehmen.

ROTHER
BERGVERLAG

Schlangen unterscheiden kann. Spätestens, wenn sie wütend sind, kann ihre Augenfarbe ein Gefahr signalisierendes Orange annehmen.
Wie bei den viel häufigeren Wildschweinen ist das richtige Verhalten bei einer Begegnung mit einer Schlange: langsam zurückweichen, um dem Tier die Möglichkeit zum Rückzug zu geben. Bei einem Schlangenbiss: Ruhe bewahren, Wunde ausbluten lassen, nicht daran saugen. Falls möglich, oberhalb der Bissstelle mit einem Knebel abbinden, gelegentlich lockern und möglichst umgehend die nächste Apotheke, den nächsten Arzt oder den pronto soccorso aufsuchen! Nur zwei von hundert Bissen enden tödlich – meist betrifft das nur herzkranke oder sonst stark geschwächte Menschen. Die für den Menschen gefährlichsten Tiere sind in Ligurien wie in Mitteleuropa Wespen und Hornissen, nach deren Stich eine Kalzium-Injektion beim pronto soccorso angesagt ist. Das Gleiche gilt nach einem Stich des Petermännchens, einer kleinen, sandfarbenen Barschsorte, die an flachen Sandstränden lebt und deren Rückenflossen ein starkes Nervengift enthalten. Gegen Nesselgift-Verbrennungen durch die in heißen Sommern gelegentlich anzutreffenden Quallen kann man sich entweder nach Art der Fischer mit der Applikation frischen Urins und dem Auflegen eines heißen Steines behelfen oder (besser) die Stelle in der Apotheke mit sterilem Ammoniak behandeln lassen.
Bei den Zoologen ist Ligurien übrigens berühmt für seine »schwarzen Tiere«: voreiszeitliche Insekten und Gliedertiere, die in Mitteleuropa sonst ausgestorben sind. Der Biss eines Tausendfüßlers oder der ebenfalls nicht lebensbedrohliche Stich eines kleinen schwarzen Skorpions – er lebt gerne an dunklen Orten unter Laubhaufen oder in Steinmauern – ist etwa mit einem Wespenstich vergleichbar, der Schmerz klingt nur bedeutend schneller ab. Auch hier gilt für Nicht-Allergiker: keine Panik. Häufiger begegnet man Gottesanbeterinnen, einer Fülle von Schmetterlingen, gründoldenen Rosenkäfern oder großen schwarzen Holzböcken, selten einem Hirsch- oder Nashornkäfer. Alles in allem trifft man im östlichen Ligurien trotz intensiver Jagd und Fischerei auf eine interessante Tierwelt, die als Nahrungskette vom Würmchen bis zum Adler noch intakt und entsprechend zu respektieren ist.

Nationalparks und Naturschutzgebiete

Die Region Liguria di Ponente besitzt einen **Nationalpark**, den Parco Naturale delle Alpi Liguri (6000 ha, auch Parco delle Alpi Marittime genannt), der sich im Bereich der

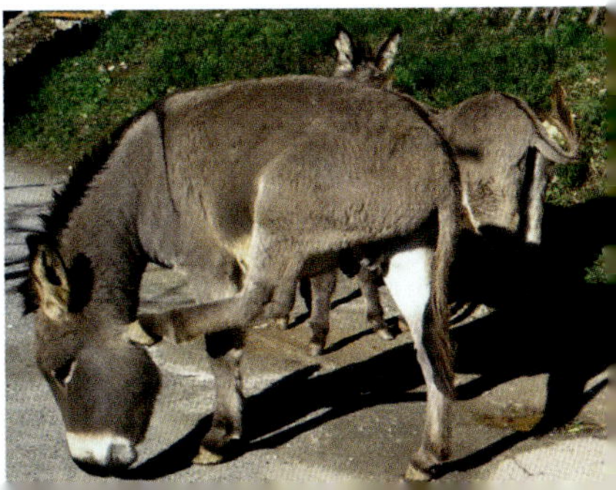

Frei laufende Esel auf der Straße zur Grotta d'Arma (Tour 38).

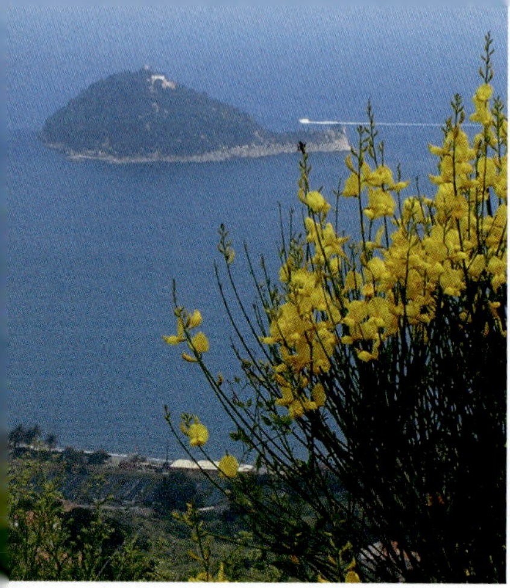

Beim Gipfel des Monte Bignone d'Alassio öffnet sich der Blick zur Isola Gallinara (Touren 9 und 10).

Gemeinden Rochetta Nervina und Pigna nahe des Monte Saccarello beim Dreiländereck zwischen Provence, Piemont und Ligurien erstreckt.
Der Parco del Beigua (UNESCO Global Geopark) erstreckt sich mit 39.230 ha und 26 Kammkilometern über das bergige Gelände der Gemeinden Arenzano, Campo Ligure, Cogoleto, Genova, Masone, Rossiglione, Sassello, Stella, Tiglieto und Varazze. Die vielen Antennenbauten am Beigua-Gipfel muss man ignorieren – die vielen Naturschönheiten und historisch-kulturellen Sehenswürdigkeiten im Park lassen sie aber ohnehin schnell vergessen.
Das Inselreservat Riserva Naturale Regionale dell Isola di Gallinara bei Albenga (11 ha) geht über den Natur- und Landschaftsschutz hinaus: Es bewahrt und beschützt neben einem der größten italienischen Mittelmeermöwenhabitate (*Larus michahellis*, gabbiano reale) im submarinen Gelände auch ein gesunkenes römisches Schiffswrack mit vielen Amphoren.
Alle drei sind als Natur- und Landschaftsschutzgebiete konzipiert und von beschilderten Wander- und Forstwegen durchzogen, die man nicht verlassen soll. In den Schutzgebieten – und nicht nur hier – gilt: Abfall wieder mitnehmen, kein Feuer machen!
Mancherorts sind auch **Naturlehrpfade** eingerichtet, so der Sentiero botanico am Monte Bignone oberhalb Sanremo (Tour 9) oder der Sentiero Naturalistico bei den Laghi del Gorzente (Tour 50), beschildert mit den Namen heimischer Sträucher und Bäume. Nach dem Auflassen der alten Bahnstrecken an der Küste ist auf einer Strecke von 75 km der Parco Costiero del Ponente eingerichtet worden, der in die drei Abschnitte Ospedaletti – San Lorenzo al Mare (Parco Costiero Riviera dei Fiori, 24 km, area24spa.it/de/node/117), San Lorenzo al Mare – Andora (21 km) und Andora – Finale Ligure (30 km) untergliedert ist. Die alte einspurige Gleistrasse ist heute zum Wander- und Radweg umgebaut worden und die angrenzenden Bereiche werden renaturiert.
Eine Bereicherung mit Pflanzen aus aller Welt der exotischen Art sind die **Botanischen Gärten** Giardini Botanici Villa Hanbury (der Universität Genua, 180 000 m²) westlich von Ventimiglia, die Giardini Esotici Pallanca (10.000 m²) in Bordighera und die Giardini di Irene Brin in Sasso (7000 m²).

INFORMATIONEN UND ADRESSEN

Anreise

Den westlichen Teil Liguriens erreicht man von Mitteleuropa per Kfz über die Schweiz (Gotthard oder San Bernardino) via Mailand oder über die Brennerautobahn via Verona, dann (je nach Ziel) über Brescia Richtung Genua. Fernzüge nach Mailand bzw. Genua verkehren ab München, Wien oder Zürich. Die Flughäfen von Genua und Mailand werden von diversen mitteleuropäischen Städten aus angeflogen.

Feiertage und Feste

Gesetzliche Feiertage in Italien sind: 1. Jan. Capodanno (Neujahr), 6. Jan. Epifania (Befana = Bescherung, Heilige Drei Könige), März/April Pasqua (Ostern), 25. April Festa della Liberazione (Tag der Befreiung vom Faschismus), 1. Mai Festa del lavoro (Tag der Arbeit), 2. Juni Festa della Repubblica (Nationalfeiertag), 15. Aug. Ferragosto (Mariä Himmelfahrt), 1. Nov. Ognissanti (Allerheiligen), 8. Dez. Immacolata Concezione (Maria Empfängnis), 25./26. Dez. Natale (Weihnachten). Hinzu kommen lokale Feiertage zu Ehren von Stadtheiligen wie die Festa di San Giovanni in Genua am 24. Juni.

Unter den örtlichen Veranstaltungen und Festen in Liguria del Ponente sind die folgenden besonders erwähnenswert:

- Im Februar zieht das Schlagerfestival in Sanremo Zehntausende Fans an und in den Hotellounges und Bars ist die TV-Übertragung allgegenwärtig.
- Der Karfreitag ist in Italien ein Arbeitstag, aber es finden (mehr für die Kinder und Alten) am Nachmittag Prozessionen statt – die bekannteste in Savona.
- Im Juli und August werden in zahlreichen Dörfern an den Wochenenden Sagre (Dorffeste mit kulinarischen Spezialitäten) veranstaltet, mit Musik und Tanz, im Wechsel klassisch / ballo liscio – Rock 'n' Roll – Latino – Disco, mancherorts auch mit Spielen oder wie in Cervo mit einem internationalen Kammermusikfestival (cervofestival.com). Das Dorffest Plenilunio in Civezza findet am Juli- oder am August-Vollmondwochenende statt.
- Ferragosto wird an den Feiertagen Mariä Himmelfahrt (15. August) und San Rocco (16. August) fast überall mit Dorffesten und aufwendigen Feuerwerken gefeiert. In Ventimiglia gibt es im August eine Woche lang mittelalterliche Paraden, Prozessionen und Ritterspiele in historischen Kostümen.

Geschäftszeiten

In Ligurien sind die meisten Geschäfte und Tankstellen von 8.30–12.30 Uhr (Mo.–Sa.) und 15.30/16.00–19.30 Uhr (Mo.–Fr.) geöffnet, jedoch bleiben viele Lebensmittelgeschäfte Mittwochnachmittag geschlossen und öffnen dafür sonntags von 10–12 Uhr. Supermarktketten können erweiterte Öffnungszeiten haben (Mo.–So., 7.00–20.00 Uhr). In der Badehochsaison (Juli und August) haben auch die meisten Einzelhandelsgeschäfte erweiterte Öffnungszeiten. Postämter und Banken öffnen von 8.30–13.00 Uhr (Mo.–Sa.), manche Banken auch eine Stunde lang am Nachmittag. Fast alle Bankfilialen verfügen heute über Geldautomaten. Museen haben (Di.–So.) meist 9.00–17.00 Uhr geöffnet.

Karten

- Vorbildlich sind die »Fraternali Carte dei Sentieri e Stradale 1:25.000«, Blatt 19 Alta Val Tanaro – Alta Valle d'Arroscia – Alta Valle Argentina, Blatt 20 Finalese, Blatt 23 Sanremo – Ventimiglia – Bassa Val Roya – Val Nervia.
- Die Blätter der »E.d.M. Carte dei Sentieri 1:25.000« verzichten zwar auf eine Schummerung, bieten aber korrekt eingetragene Wanderwege des Italienischen Alpenvereins C.A.I. im Bereich der Blumenriviera (Blätter IM1–IM6) sowie des Wanderverbandes F.I.E. im Bereich der Palmenriviera (Blätter SV1–6, SV40) und des Genueser Hinterlandes (GE9).
- Brauchbar, aber wegen des Maßstabs im Detail ungenauer sind die »I.G.C. Carte dei Sentieri e dei Rifugi 1:50.000«, Blatt 8 Alpi Marittime e Liguri, Blatt 14 Sanremo–Imperia–Montecarlo, Blatt 15 Finale Ligure–Alassio–Savona, Blatt 16 Genova–Varazze–Ovada. Das Gleiche gilt auch für die kartografisch mageren »KOMPASS Wanderkarten 1:50.000« Blatt 640 Nizza–Monaco–Sanremo, Blatt 641 Alassio–Imperia und Blatt 642 Ligurische Küste.
- Die Blätter der amtlichen topografischen Karte »Carta d'Italia« (I.G.M.) im Maßstab 1:25.000 (Serie 25V) sind zwar detailliert, aber veraltet und unübersichtlich. Die I.G.M.-Karten im Maßstab 1:50.000 (245 Zuccarello, 228 Cairo Montenotte, 229 Savona, 212 Spigno Monferrato, 213 Genova) sind aktueller, aber ohne Eintrag der markierten Wege. Zudem sind beide Kartenblätter vor Ort nur schwer erhältlich.
- digitale Karten, z. B. BaseCamp von garmin.com oder openmtbmap.org

Märkte

Farbenfrohe Wochenmärkte gibt es in den lebendigsten Gemeinden an folgenden Tagen:

- *Montag:* Andora, Arma di Taggia, Ceriale, Finalborgo, Porto Maurizio, S. Bartolomeo al Mare, Savona, Sestri Levante, Riva Ligure und Vallecrosia
- *Dienstag:* Airole, Albissola Marina, Borghetto S. Spirito, Borgio-Verezzi, Diano Marina, Pompeiana, S. Lorenzo al Mare, Sanremo und Spotorno
- *Mittwoch:* Albenga, Camporosso, Cipressa, Dolcedo, Imperia-Oneglia, Ospedaletti, Perinaldo, Sassello, Vado Ligure und Varigotti
- *Donnerstag:* Apricale, Bordighera, Cervo, Civezza, Cogoleto, Dolceacqua, Finale Ligure, Noli, Porto Maurizio und Triora
- *Freitag:* Arenzano, Celle Ligure, Laigueglia, Loano, Pietrabruna, Pontedassio, S. Lorenzo al Mare, S. Stefano al Mare, Ventimiglia, Villanova d'Albenga und Zuccarello
- *Samstag:* Alassio, Taggia, Oneglia, Pietra Ligure, Sanremo und Varazze

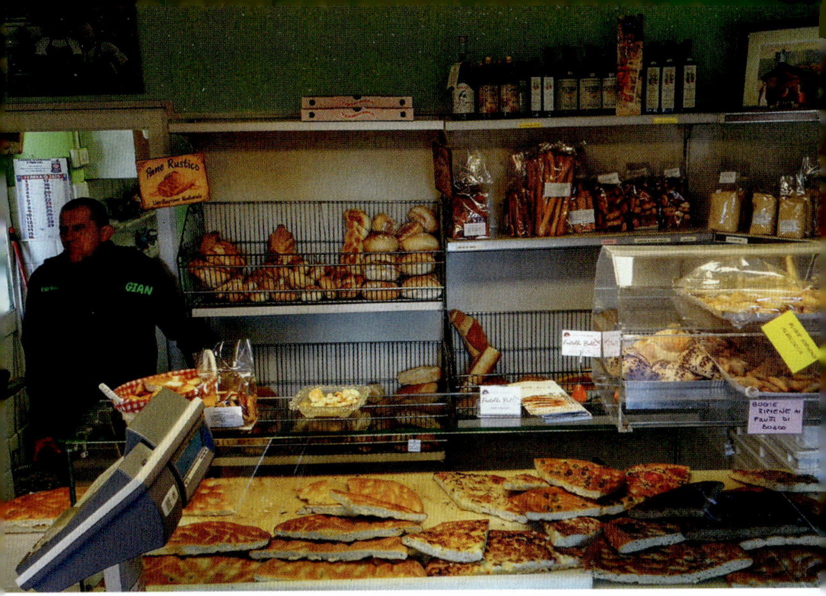

Beim Panificio in San Martino di Stella kann man sich am Morgen schon sehr früh verproviantieren (Tour 42).

Den geschäftigen Blumenmarkt Mercato dei Fiori von Sanremo findet man 5 km außerhalb der Stadt (Via Quinto Mansuino 12, 18938 Sanremo).
Eine der weltweit größten Bootsmessen, der Salone Nautico, wird jeden Oktober in Genua abgehalten.

Notruf

In Ligurien ist wie in ganz Europa die Notruf-Leitzentrale (soccorso pubblico di emergenza) unter der Nummer 112 erreichbar. Bei Unfällen kann man hier oder unter der 118 Erste Hilfe (pronto soccorso) bzw. einen Rettungswagen (ambulanza) anfordern. Bei leichteren Verletzungen sucht man die Ambulanz (pronto soccorso) des nächsten Krankenhauses (ospedale civile) selbst auf, wo man in der Regel vorbildlich versorgt wird. Ferner: Polizei 113, Feuerwehr 115, Pannenhilfe ACI +39 803116.

Sicherheit

Die Kriminalitätsrate ist außerhalb Genuas relativ niedrig. Um Diebstählen vorzubeugen, sollte man aber natürlich bestimmte Grundregeln beherzigen, wie Wertgegenstände und Gepäck nicht unbeaufsichtigt zu lassen (auch nicht im geparkten Auto) und generell keine unnötigen Wertsachen mitzunehmen.

Telefon

Vorwahlnummern (einschließlich der Null an der ersten Stelle!) sind in Italien als fester Bestandteil der Telefonnummer vorangestellt und werden auch bei Ortsgesprächen mitgewählt.
Landesvorwahl nach Italien ist +39, von Italien nach Deutschland +49, nach Österreich +43 und in die Schweiz +41.

Unterwegs in Ligurien

Alle Ausgangspunkte sind am besten per Pkw erreichbar. Darüber hinaus bieten sich als ökologische Alternative gelegentlich auch folgende Verkehrsmittel an:
Eisenbahn: Die Bahnlinie zwischen Ventimiglia und Genua verbindet alle Orte entlang der Küste und ist für Etappenwanderer ideal: Genua (Piazza Principe) – Albisola – Imperia – Ventimiglia und umgekehrt. F.S.-Trenitalia verkehrt auf dieser Hauptstrecke entlang der Riviera di Ponente in 20- bis 40-Minuten-Abständen, mit Halt in weiteren Orten – je nach Zugart; Tickets muss man in aller Regel vor Antritt der Fahrt besorgen – am Schalter, Fahrkartenautomaten oder auch in Tabacchi-Läden: Fragen Sie bitte vor Ort wegen des Fahrkartenkaufs und möglicher Fahrplanänderungen nach! Eine neue Option für den Fahrkartenkauf bieten die Italienischen Staatsbahnen online (auch auf Deutsch) an: www.trenitalia.com; Einzelfahrkarten für die etwa halbstündlich verkehrenden Züge sind nicht teuer, müssen aber nach dem Kauf zusätzlich noch an einem der gelben Entwerterautomaten abgestempelt werden. Ist der Fahrkartenschalter eines Bahnhofs nicht geöffnet, muss im Zug sofort teurer nachgelöst werden.
Bus: Das westliche Ligurien verfügt über ein gut ausgebautes Busnetz, allerdings orientieren sich die Verbindungen im Hinterland und vor allem in den Bergregionen weitgehend an den Bedürfnissen der Einheimischen. So verkehren die Busse (corriere) dort teils nur selten oder zu ungünstigen Zeiten. An den Bushaltestellen (Fermata Bus) der Küstenhauptstraße SS1 Via Aurelia verkehren zwischen Ventimiglia und Sanremo, Sanremo und Andora, Andora und Genua während der Geschäftszeit an Wochentagen Linienbusse etwa im 20-Minuten-Takt in

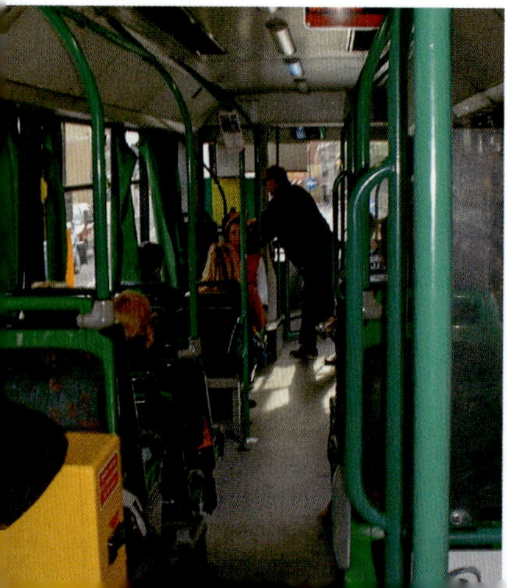

Rückfahrt per Linienbus auf der Via Aurelia. Das Ticket kauft man beim Tabacchaio, gültig wird es erst im Bus nach dem Stempeln.

In der Saison können historische Dorfzentren wie hier in Apricale auch mal vom Tourismus überrollt werden (Tour 2).

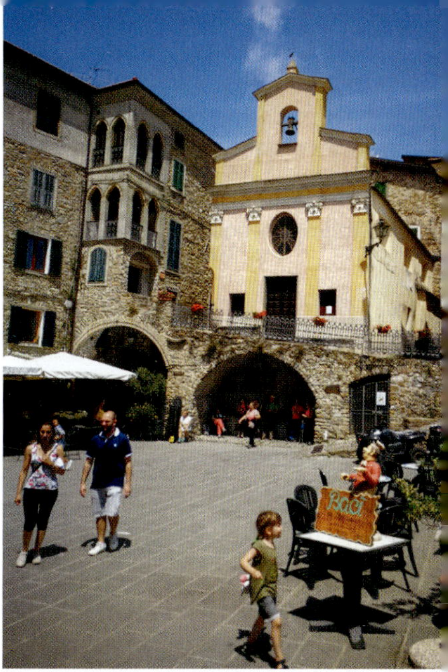

beiden Richtungen. An Samstagen und Sonntagen aber wesentlich seltener.

- Westen/Blumenriviera, Ventimiglia – Andora: RT Rivieratrasporti, S.p.A., Via Nazionale 365, I-18100 Imperia. Tel. +39 0183 7001, rivieratrasporti.it
- Mitte/Palmenriviera, Andora – Varazze: TPL linea S.p.A., Via Valletta S. Cristofero 33r, 365, I-17100 Savona, Tel. +39 019 22011, tpllinea.it
- Osten/Genua: Varazze – Genua AMT S.p.A., Via Montaldo 2, I-16137 Genova; Tel. +39 037 83930104; Auskünfte via AMT CallCenter Tel. +39 848 000 030 oder +39 010 5582414; Direktauskunft in Genua am besten im AMT Point im Cortile Maggiore des Palazzo Ducale, Piazza Matteotti 30r; im Internet gibt es zwei komfortable Apps: AMT Genova und AMT Infobus; amt.genova.it
- Tipp: Für Smartphones lässt sich die App moovit (moovitapp.com) herunterladen, mit aktueller Info zur nächsten Abfahrt an der nächstgelegenen Bushaltestelle.

Taxi: In allen größeren Orten gibt es Taxistände, am leichtesten zu finden an den Bahnhöfen oder bei den zentralen Bushaltestellen. Es gelten Fixpreise, am besten legt man daher vor Fahrtantritt den Preis zum Zielort fest.

Mietwagen: Leihwagen kann man etwa zu Preisen wie in Deutschland am Flughafen Genua Cristoforo Colombo oder in größeren Orten anmieten. Man fragt am Bahnhofsschalter oder in einem Reisebüro einfach nach autonoleggio (Autovermietung). Zur Hochsaison empfiehlt es sich, schon von der Heimat aus einen Wagen zu buchen.

Ob mit dem eigenen Wagen oder mit dem Mietauto: Die Straßen im Hinterland sind sehr kurvig! Außerorts muss man vor jeder uneinsehbaren Kurve hupen. Nebenstraßen sind oft sehr schmal, teilweise auch ruppig (Schlaglöcher) und steil. Nach Regenfällen besteht an sehr vielen Stellen Steinschlaggefahr (caduta sassi), auf die aber fast überall mit entsprechenden Schildern hingewiesen wird.

Ein Blick in die Gärten der Kleinbauern ist zu jeder Jahreszeit ein Vergnügen.

Informationen

Im Heimatland erhält man touristische Informationen zu ganz Italien und für Ligurien im Speziellen bei der Italienischen Zentrale für Tourismus. Web-Browsing kann aber in manchen Fällen aktuellere Ergebnisse bringen.

- ENIT Direktion für Deutschland, Österreich und die Schweiz: Barckhausstraße 10, D-60325 Frankfurt/M., Tel. +49 69 686047–65, Mo.–Fr. 9.15–17.00 Uhr, enit.de, frankfurt@enit.it (und antonella.rossi@enit.it.de)
- ENIT Wien, c/o Italienische Botschaft Wien: Mariahilferstraße 1b/XVI, A-1060 Wien, Tel. +43 1 5051639 oder +43 1505163012, enit.at, vienna@enit.it
- ENIT Zürich, c/o Italienisches Generalkonsulat Zürich, Tödistraße 65, CH-8002 Zürich, Tel. +41 44 5440797, Mo.–Do. 8.00–16.00 Uhr, Fr. 8.00–12.00 Uhr, italien.ch, zurigo@enit.it
- **Fremdenverkehrsamt der Region Ligurien:** Regione Liguria Turismo, Piazza De Ferrari 1, I-16121 Genova, Zentrale Tel. +39 010 54851, lamialiguria.it/it/ sowie Via d'Annunzio 2/78, 19°piano, I-16121 Genova, Tel. +39 010 530821, agenziainliguria.com/it/, agenziainliguria@pec.it
- **IAT Genova (Riviera del Genovesato, Genua und Umgebung):** Via Garibaldi 12r, I-18010 Imperia, Tel. +39 010 5572903, visitgenoa.it, info@visitgenoa.it
- **Ufficio Turistico di Savona (Riviera del Beigua, Palmenriviera):** Via Maestri d'Ascia, 7r (Darsena), I-17100 Savona, Tel. +39 019 2212967, Mo. 9.00–12.00 Uhr und Fr.–So. 9–16 Uhr, visitsavona.com, savona@itur.it
- **Uffico Turistico Finale Ligure (Finalese):** Via San Pietro 14, I-17024 Finale Ligure Tel. +39 019 681019, turismo.comunefinaleligure.it, iat.finalborgo@visitfinalligure.it
- **Uffico Informazione Turistica Albenga (Palmenriviera):** Piazza San Michele 17, I-17024 Albenga Tel. +39 0182 562244, turismo@visitalbenga.it sowie Ufficio Informazioni turistiche di Albenga , Piazza del Popolo 11, I-17031 Albenga, Tel. +39 0182 558444, albenga@inforiviera.it
- **Ufficio Turismo Sanremo (Blumenriviera):** Corso Cavallotti 59, I-18038 Sanremo, Tel. +39 0184 580414, Mo.–Fr. 9.00–13.00 Uhr, Mo./Mi. auch 15.00–17.00 Uhr), comune.sanremo.im.it, turismo@comunedisanremo.it

Nächste Doppelseite: Von der Panoramaterrasse Pietra del Sol überblickt man die Küste von Borgio-Verezzi bis zur Isola Gallinara und zum Capo Mele (Variante Tour 34).

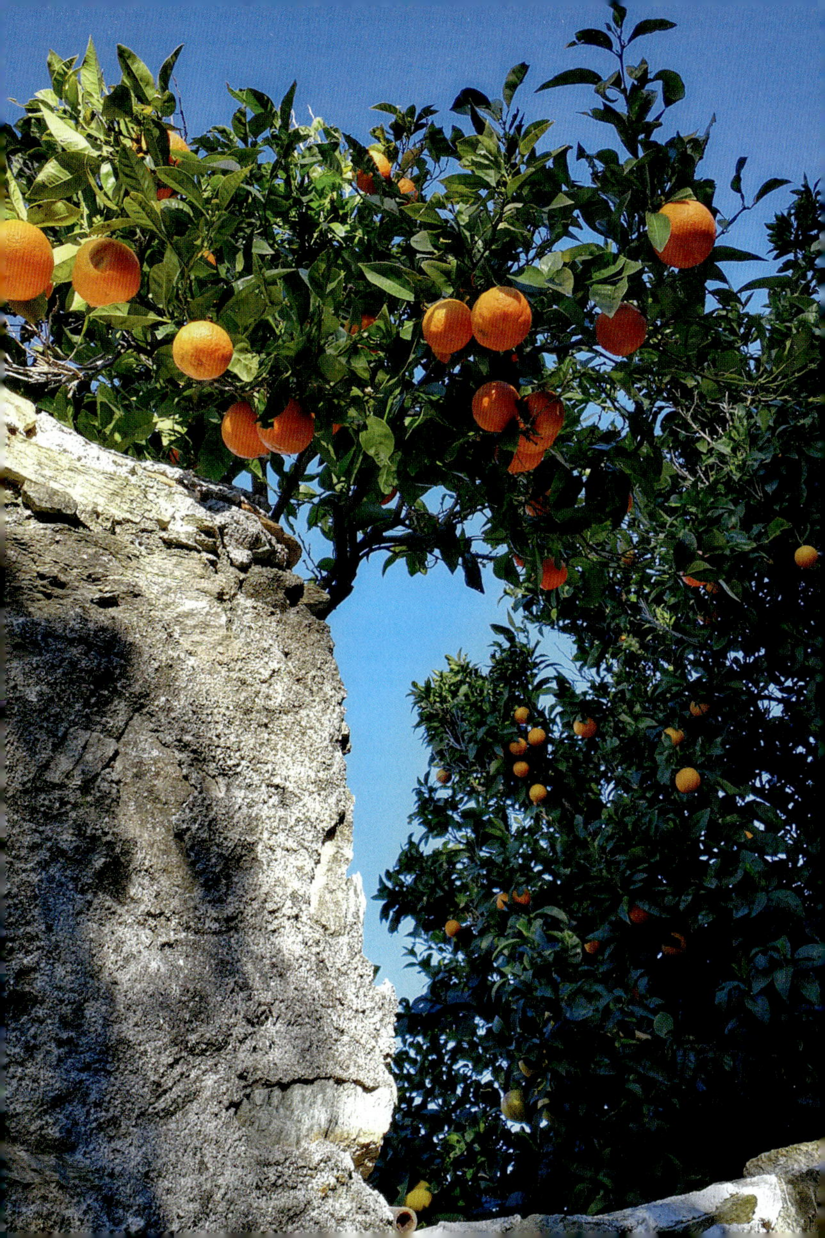

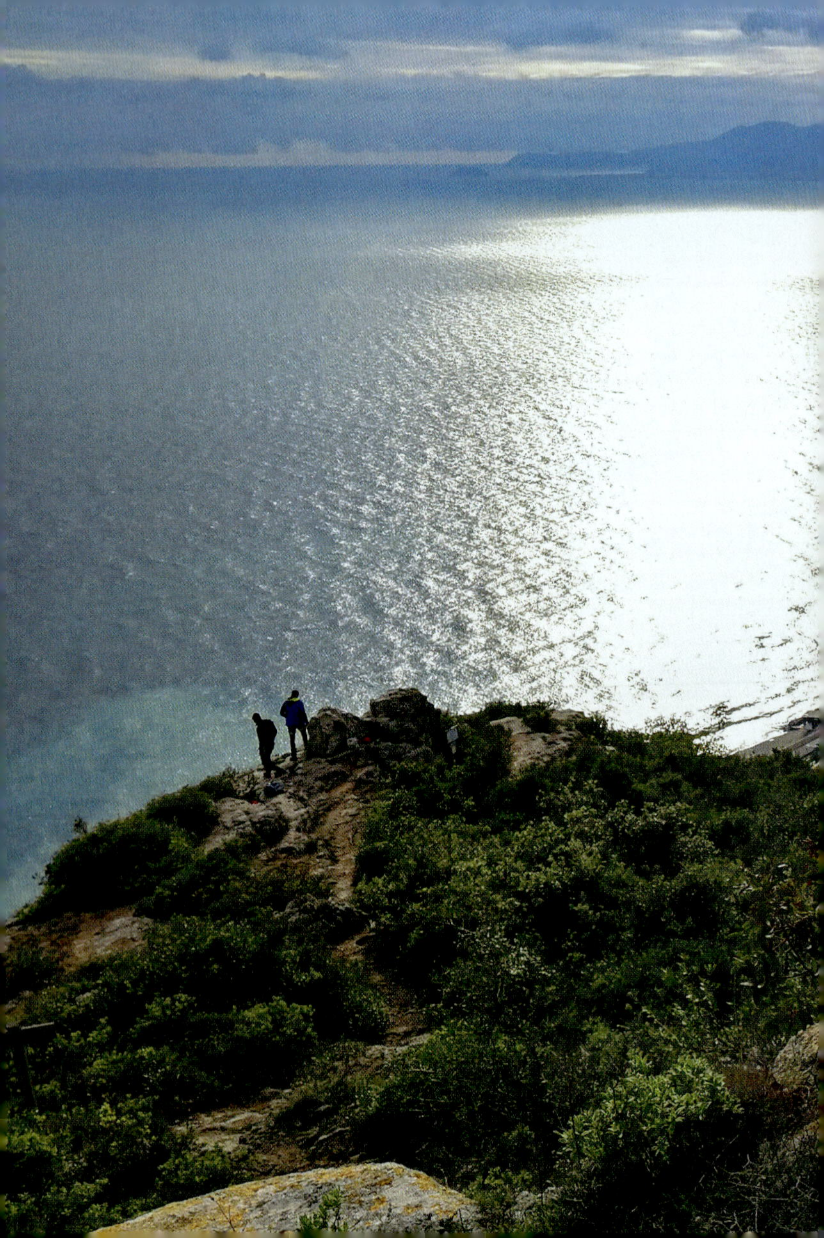

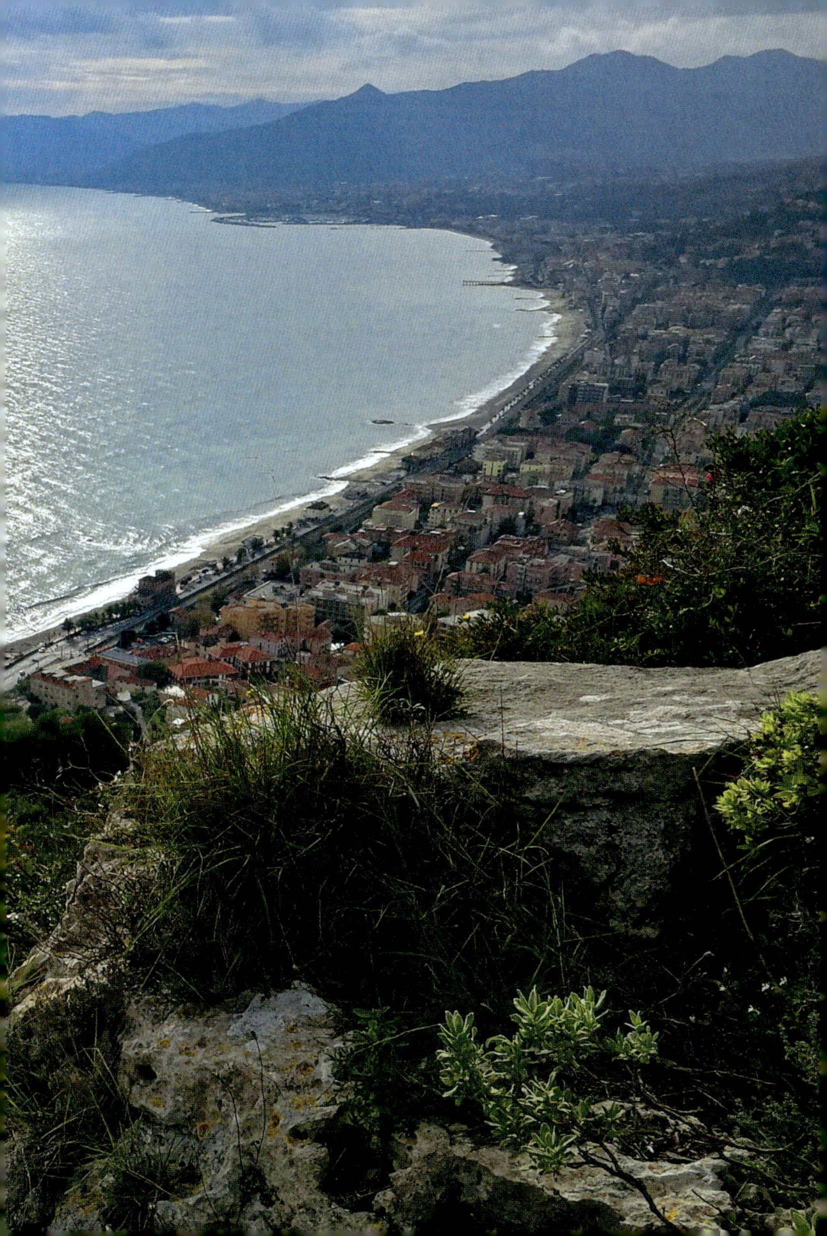

↗ 200 m | ↘ 200 m | 4.2 km

1 Monte Bellenda, 540 m

2.30 h

Der Panoramagipfel vor dem Grenzkamm zur Côte d'Azur

Schon die Anfahrt nach Mortola Superiore ist ein Erlebnis, weil sie nicht nur Aussichten über die Küste erlaubt, sondern auch auf dem schmalen aussichtsreichen Grat eines Ausläufers zwischen steilen Felsklippen hindurchführt. Der Monte Bellenda selbst ist ein ausgesprochener Panoramaberg, ermöglicht er doch sowohl den Bergblick auf den Grenzkamm zwischen Italien und Frankreich, der sich mit dem prominenten Monte Longoira als langer Ausläufer vom Monte Grammondo bis zu den Balzi Rossi herabzieht, als auch den Ausblick über die Täler und Bergrücken im Hinterland von Ventimiglia. An einem der Ausläufer entdecken wir sogar Erosionskegel.

Ausgangspunkt: Mortola Superiore, 342 m, Parkplatz an der Piazza vor der Kirche.
Anforderungen: Wegen eines Steilanstiegs ist ein wenig Kondition erforderlich; wegen der Macchia bedarf diese Tour robuster Kleidung und eines Stockes; bei oder nach Regen kann sie wegen lehmig-rutschiger Pfade unangenehm und gefährlich werden: Sie wird dann eine mittelschwere Tour!
Einkehr: In der Saison Restaurant in Mortola Superiore, ilcippo.it; Bar und Pensionen in Grimaldi und Mortola Inferiore.
Variante: Robust gekleidete »Pfadfinder« verlieren auf dem mittelschweren Expresssteig rascher an Höhe: Ab der Großen Kiefer schwenkt er nach rechts und folgt einem armdicken Wasserrohr. Leicht linkshaltend geht es anschließend auf breiterem, geröllig-rutschigem Pfad zwischen mächtigen Rosmarinsträuchern abwärts zur Stützmauer der Via Alpe Summa gegenüber von einem überdachten Gartentor. Vor der Mauerkrone geht man noch 25 m nach links und dann den felsigen Abhang 2 m zur Straße hinab. Der Via Summa folgt man dann 25 m nach links zur betonierten Zufahrtstraße der Ferienwohnanlage.

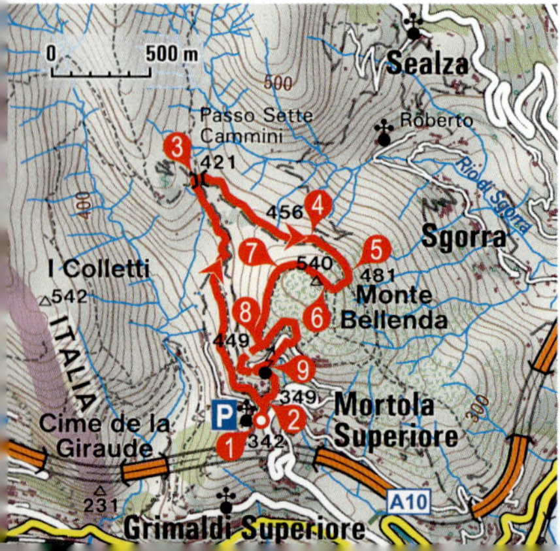

In **Mortola Superiore** ❶ verlassen wir den Parkplatz in nördlicher Richtung, halblinks von der Zufahrtstraße. Dort beginnt die Via Bellenda, eine kleine zementierte Mulattiera mit Wegweiser. Wir wandern auf ihr zwischen Gartenmauern aufwärts zu einer **Gabelung** ❷ im Dorf, wo wir links auf den rot-weiß markierten Weg G. Mondo abzweigen. Nach einer weißen Villa mit blauen Geländern endet dann der Beton und wir gehen auf schmalem Erdpfad weiter, mit schönem Blick zurück

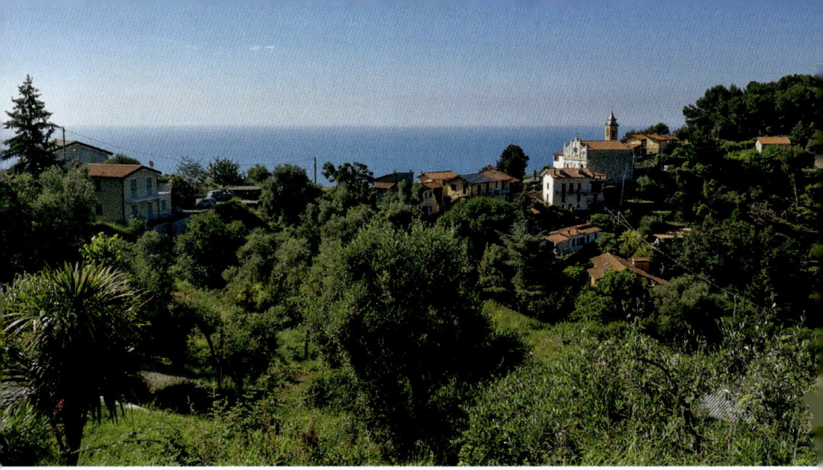

Der Wiesenpfad oberhalb von Mortola Superiore ist wegen seiner Aussicht die Wahl.

auf Mortola Superiore und Menton. Nach einer Serpentine (rot-weiße Markierungen) passieren wir an einem Findling eine gelbe und dann rot-weiß-rote Markierungen.
Nach einem schattigen Steineichenwald mit üppigen Rosmarinsträuchern mündet unser Erdweg in einen breiten Fahrweg. Ihm folgen wir halbrechts aufwärts zu einem Wegdreieck und passieren nach 50 m einen Pfahl (rot-weiß markiert). Zwischen Macchia und Weinbergen wandern wir auf dieser Strada Bianca weiter, die nach einem Canneto im Talschluss ansteigt. Oben angekommen gehen wir am **Passo Sette Cammini** ❸ nach rechts und folgen so dem rot-weißen Holzpfeil im Kurvenscheitel, der uns den Weg zu unserem Berg anzeigt. Wir passieren einen umzäunten Olivenhain mit origineller Vogelscheuche. Im folgenden schattigen Eichenwald geht erst ein verwucherter Expresssteig ab, wir gehen aber auf dem nach Regen oft aufgeweichten Weg 240 m weiter zum Osthang des Monte Bellenda und nehmen beim dortigen **Abzweig** ❹ den besseren Pfad rechts aufwärts. Selbst er ist schmal, gelegentlich wachsen auch hier im folgenden Adlerfarnfeld einige Brombeerranken über den Weg, die man von Hand oder mit dem Stock auf die Seite legt. Durch ein lichtes Kiefernwäldchen gelangen wir zum Südostausläufer, wo wir uns beim **Abzweig des**

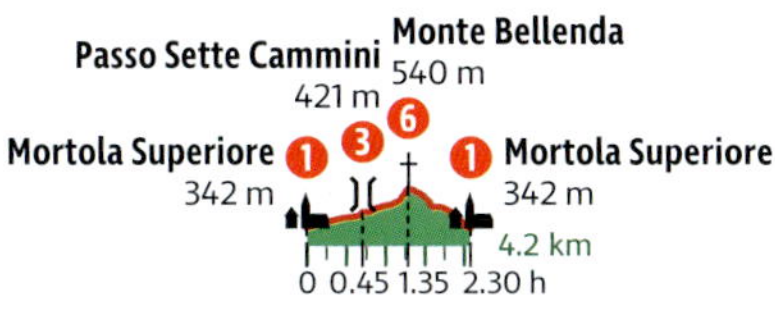

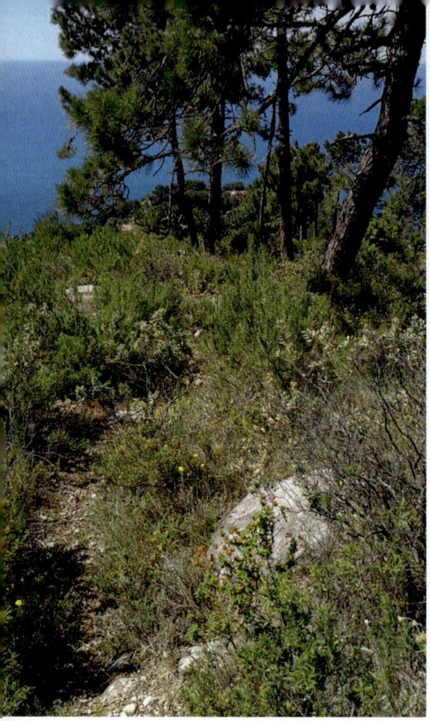

Nach den Kiefern am Kamm geht es durch Macchia nach links hinab zum Zufahrtssträßchen der Residence.

Gipfelpfades 5 rechts halten und steil zum breiten Kamm des Südausläufers ansteigen. Dort gehen wir auf dem weniger anstrengenden Kammpfad nach rechts weiter, umgehen dabei eine kleine Anhöhe auf ihrer linken Flanke und stehen kurze Zeit später vor dem gemauerten Gipfelblock des **Monte Bellenda 6**, 540 m. Nach einem Rundumblick folgen wir dem Kammweg weiter in einem Linksbogen hinüber zu einem kleinen **Kiefernwäldchen mit Findlingen 7**, die zur Rast im Schatten einladen.

Danach folgen wir dem Kammweg durch enger werdende niedrige Macchia mit vielen Zistrosen, duftendem Thymian und Ginster zum westlichen Vorgipfel, wo der Pfad nach links abwärts schwenkt. Er führt mittig auf dem mit Findlingen übersäten Macchia-Kamm, an denen man mit Glück auch Bergkristalle entdecken kann, leicht abwärts auf einen Leitungsmast zu. Der traumhafte Blick zum Meer entschädigt uns für die kommenden Strapazen: Wir wandern links am Mast vorbei und exakt auf dem Kamm zum Sporn mit den Aleppokiefern. Der Normalweg verlässt den Kamm 20 m vor der prominenten **Großen Kiefer 8**, Kaliber 80 cm (→ Variante), nach links auf der Höhenlinie zum Tor bei den Ferienwohnanlagen (Residenze), wo wir auf der betonierten Zufahrt rechts zu einer Wegeinmündung abwärtswandern. Etwa 50 m nach der Einmündung der Via Summa verlassen wir die Straße nach rechts auf einer betonierten **Zufahrt 9**. Es geht steil hinab auf ein Metalltor zu, bei dem wir die Zufahrt nach rechts verlassen und dem schmalem Wiesenpfad rechts der Einfriedung abwärts folgen. Kurz darauf mündet der Erdpfad über einen gepflasterten Weg in die Via Bellenda, auf der wir rasch und beständig an Höhe verlieren. Zwischen Einfriedungen, Gartenmauern und Häusern steigen wir weiter ab und gelangen so zur bekannten **Gabelung im Dorf 2**. Ab hier spazieren wir in wenigen Minuten bequem auf dem Herweg zurück zum Parkplatz vor der Kirche in **Mortola Superiore 1**.

↗ 580 m | ↘ 580 m | 8.2 km

TOP **2**

4.00 h

Apricale – Perinaldo

Malerische Bergdörfer im Hinterland von Ventimiglia

Diese Wanderung führt über eine selten gut erhaltene Mulattiera, wie sie früher viel begangen wurden – von den Menschen samt ihren Lastenträgern, den Mauleseln und Maultieren. Sie waren im bergigen Ligurien überall die Hauptverbindungswege der Dörfer mit der Küste und der Po-Ebene. Wer bereits einmal hinter einem Maultier hergegangen ist, weiß, wie extrem trittsicher und gutmütig diese Tiere sind, dabei belastbar wie ein Pferd und unempfindlich wie ein Esel: Exakt die Steine, die sie mit den Vorderhufen berühren, betreten sie auch mit den Hinterläufen. Vor oder nach der Wanderung sollte man unbedingt auch den malerischen mittelalterlichen Dorfkern von Apricale besuchen, der im Schatten einer Wehrburg entstand, die bis auf das 11. Jh. zurückgeht. Es lohnt sich!

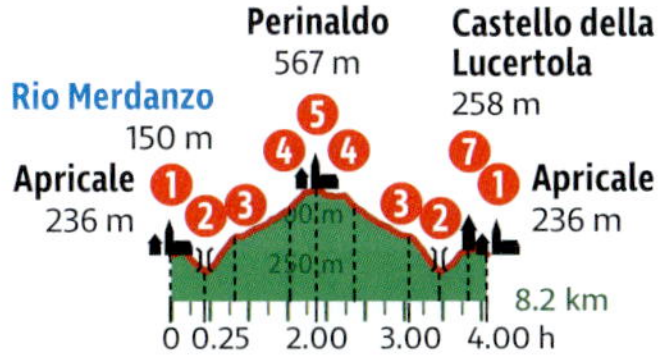

Ausgangspunkt: Apricale, 236 m, Parkplatz; von Ventimiglia über Isolabona nach Apricale, am Hang unterhalb des gut erhaltenen Bergdorfes an Letzterem vorbei, Parkplatz erst bei der Straßengabelung am Ortsende; Bus RT Linea 7 von Ventimiglia.
Anforderungen: Wegen des langen Steilanstiegs nach Perinaldo ist Kondition erforderlich. Es empfiehlt sich, ausreichend Wasser mitzunehmen.
Einkehr: Perinaldo: u. a. Bar-Ristorante Au Gaggian, Ruhetag Mo.; weitere Bars, Hotels und Restaurants in Apricale sowie in Perinaldo.

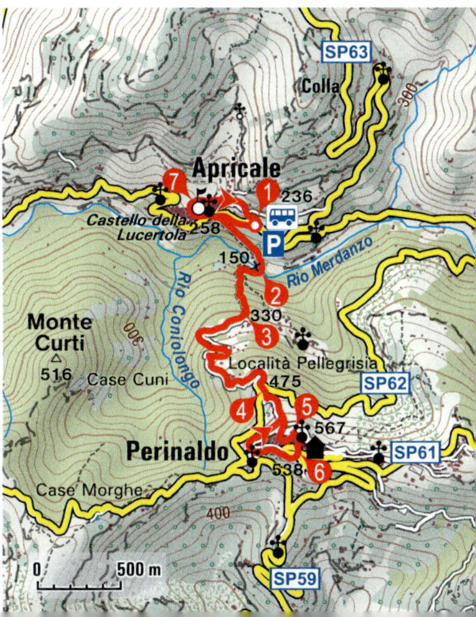

Wir gehen vom Parkplatz von **Apricale** ❶ die Straße entlang zurück bis zu einer abenteuerlichen Remise, die an der Straße kurz nach der Farmacia talseitig quasi schwebend auf Betonstelzen an den Hang gebaut wurde.
Vor ihr führt eine Treppe hinab auf einen Eselspfad, der als Terrasse im Hang angelegt ist. Auf ihm wandern wir markiert nach links talabwärts. Nach einer Serpentine kommen wir weiter unten an eine verfallene Ölmühle. Kurz nachdem wir unter

dem Bogen des Aquädukts hindurchgegangen sind, mündet eine zweite Mulattiera von links ein, auf der wir in einer Serpentine weiter zur Natursteinbrücke über den **Rio Merdanzo** ❷, 150 m, hinabgehen. Wir überqueren die aus Feldsteinen erbaute malerische Bogenbrücke.

Unsere Mulattiera führt danach links in einen ausgedehnten Steineichenwald hinein. Unser Weg ist aus senkrecht gesetzten Feldsteinen gefügt und hat sich über die Jahrhunderte bis heute gut gehalten. Nach der ersten Kehre führt er steil aufwärts mit einem roten Strich bis zu einem Wegweiser, wo wir rechts weiter ansteigen. In zahlreichen Serpentinen führt der Weg ein langes Stück durch den Schatten spendenden Wald am Steilhang hinauf. Wir gewinnen in diesem steten Zickzack rasch an Höhe und passieren auch zwei Raststeine mit rot-weißer Markierung (am Boden gelegentlich rote Striche, rot-weiße Markierung oder ein roter Kreis).

So gelangen wir nach 100 m beim **Wegweiser am Steineichenwaldrand** ❸ auf ein Betonsträßchen. Wir gehen hier rechts und folgen ihm Richtung Perinaldo, an vernachlässigten Weinbergen, Ölhainen und einigen Häuschen vorbei (weiß-rot markiert) hinauf zur Strada Provinciale **SP 62** ❹. Wir überqueren die Asphaltstraße und gehen weiter auf unserem steilen Betonsträßchen aufwärts zum nördlichen Parkplatz von Perinaldo.

Blick von der Natursteinbrücke hinauf nach Apricale.

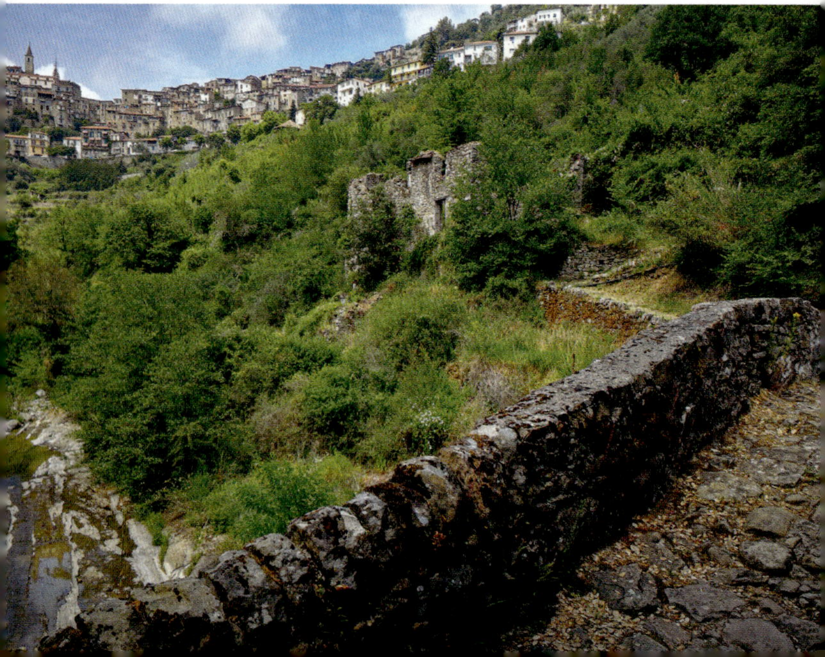

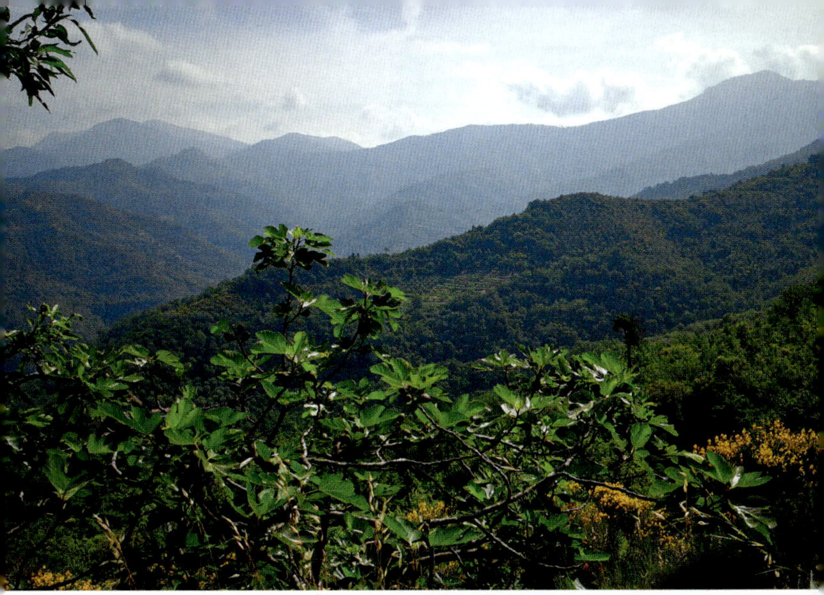

Über einen Feigenbaum hinweg blickt man auf die Vorberge des Monte Bignone.

Halbrechts wandern wir auf Asphalt bis zu den Häusern des alten Bergdorfes. Eine enge Gasse entlang, dann zweigen wir nach 20 m, der weiß-roten Markierung am Hauseck folgend, nach links in die nächste malerische Gasse ab. Am Wandbrunnen beim öffentlichen Waschhaus vorbei spazieren wir weiter geradeaus. Dann geht es halblinks mitten hinein ins Häusergewirr, durch dunkle Bogengassen und wieder hinaus zu einer Rampe, wo wir – wieder entlang von Markierungen – nach links zum Kirchplatz ansteigen. Die Kirche S. Niccolò di Bari ist einem Heiligen der Seefahrer geweiht – und das in einem Bergdorf! Der markierte Weg führt vor ihr links weiter hinauf zum höchsten Punkt von **Perinaldo** ❺, 567 m, der Piazza Castello beim ehemaligen Kastell, dessen Überreste nach der Zerstörung im 17. Jh. in die Häusermasse mit verbaut wurden.

Zurück am Kirchplatz genießen wir von der Brüstung einen Blick über die Täler zur Küste und von der Terrasse jenseits des Torbogens beim alten Municipio die Aussicht auf Bajardo und rechts zum Monte Bignone. Anschließend geht es zurück und nach dem dunklen Durchgang mit den Bildern links abwärts zum Bar-Ristorante **Au Gaggian** ❻ an der Straße. Nach einer gemütlichen Rast folgen wir dem Sträßchen abwärts zum Monumento und gehen erst geradeaus weiter, dann links an einem Haus vorbei. Das Sträßchen macht eine lange Rechtskurve und bringt uns dann hinauf zum vom Herweg bekannten Parkplatz nördlich des Dorfes, von wo aus wir wieder

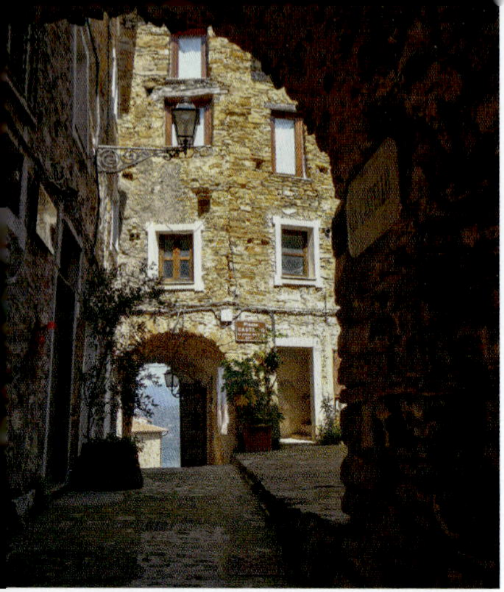

Das Castello della Lucertola dient heute als Museum.

hinabwandern zum **Wegweiser am Steineichenwaldrand** ❸ und zur Brücke über den **Rio Merdanzo** ❷. Ein letzter Anstieg bringt uns vom Ponte antico dann den Hang hinauf noch mal kurz ins Schnaufen und zurück an die Straße in Apricale, wo wir nur einige Meter nach rechts gehen und dann (oder zum Parkplatz zurück abkürzen) jenseits der Straße auf engen Gässchen ins pittoreske, mitelalterlich anmutende Häusergewirr von Apricale hinaufsteigen, bis wir zur Piazza mit der Chiesa della Purificazione di Maria Vergine gelangen.

Rechts von ihrer rosa Fassade folgen wir den roten Punkten durch einen Carruggio hinauf zur »Eidechsenburg« **Castello della Lucertola** ❼. Die verbliebenen Räume der einstigen Wehrburg (11. Jh.) beherbergen heute das örtliche Museum. Wir folgen diesem Gässchen in einem Bogen weiter, zurück zur Piazza von Apricale, 260 m. Rechts vom Kirchlein Oratorio di San Bartolomeo gelangen wir über die malerische Hauptgasse auf dem Kamm zum Dorfparkplatz.

Seine Zufahrtstraße verlassen wir 40 m später nach rechts und wandern auf einer alten, gepflegten Mulattiera mit Aussicht Richtung Perinaldo hinab zur Strada Provinciale, der wir nach links auf dem Herweg zum Parkplatz am Ortsrand von **Apricale** ❶ folgen, unserem Ausgangspunkt.

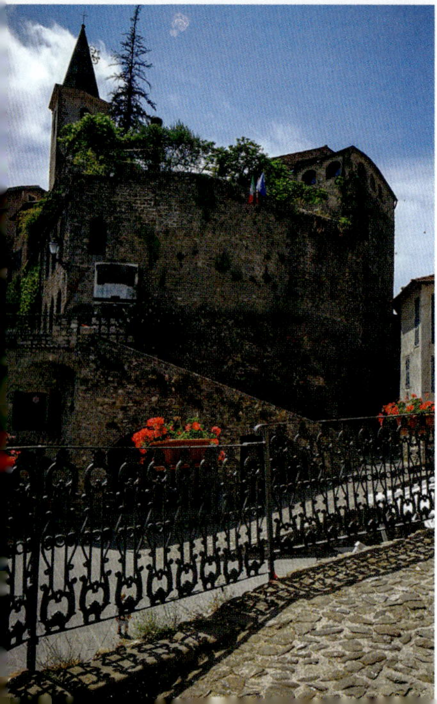

Hinter dem Castello geht man zur Piazza von Apricale hinab.

↗ 1050 m | ↘ 1050 m | 16.0 km

7.15 h

Monte Toraggio, 1972 m

3

Felsengipfel am Grenzkamm

Wer die Gefahren einer anstrengenden Bergwanderung mit ausgesetzten Passagen nicht scheut, sondern liebt, der kommt beim streckenweise seilgesicherten Nordwestanstieg zum Monte Toraggio voll auf seine Kosten. Eine Bergtour, die man eher in den Zentralalpen als in Ligurien vermuten würde. Deshalb sollte diese Tour alpin erfahrenen Bergwanderern vorbehalten bleiben, die sich freuen, gelegentlich ihre Hände am Fels zu haben.

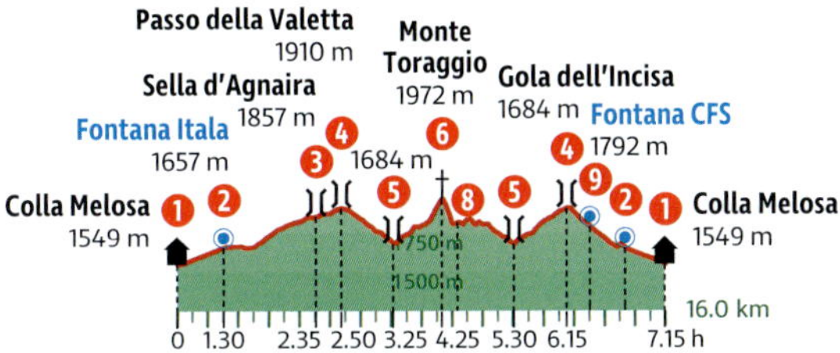

Ausgangspunkt: Colla Melosa, 1549 m, Wanderparkplatz; Anfahrt über den Colle Langan bis zum Ende der SP 67.
Anforderungen: Wegen der langen Bergwanderung ist eine gute Kondition Voraussetzung. Beim Aufstieg zum und beim Abstieg vom Monte Toraggio (T3, bei Schlüsselstellen T4) sind Schwindelfreiheit und Trittsicherheit erforderlich. Die Mitnahme von Sonnenschutz und viel Wasser ist wegen der Länge der Tour ratsam. Achtung! Die Tour ist bei Schnee und Eis als Wanderung nicht machbar, da wären Steigeisen, Bergseil und Pickel notwendig.
Einkehr: Nuovo Rifugio Allavena am Ausgangspunkt: Übernachtung, Restaurant und Bar ganzjährig, C.A.I. Bordighera, Tel. +39 0184 241155, nuovorifugioallavena.it.
Varianten: 1. Von der Colla Melosa kann man statt auf der ehemaligen Militärstraße auch auf dem Wanderpfad bis zur Einmündung in die Militärstraße unter dem Rifugio Grai ansteigen, dann links zur Schranke hinabgehen und auf dem Fahrweg nach der Schranke geradeaus zur Sella d'Agnaira leicht ansteigen.
2. Wenn der Aufstieg auf den Gipfel des Monte Toraggio ausgelassen wird, dann ist die Tour nur mittelschwer (T3); traumhafte Ausblicke und Einblicke in die steilen Felswände sind auch von hier garantiert!

Vom Wanderparkplatz an der **Colla Melosa** ❶ folgen wir der Asphaltstraße bis zu ihrem Ende und wandern ein langes Stück auf dieser im letzten Weltkrieg vom Militär aus dem Felsen gesprengten Bergstraße aufwärts. Teils ist sie grob geschottert, teils verläuft sie auf felsigem Grund. Talseitig geht man auf ihr aber recht bequem aufwärts, da sie moderat ansteigt. So geht es auch nach der **Fontana Itala** ❷ in einer Rechtskehre weiter. Nach der

Rechtskehre der folgenden großen Serpentine nähern wir uns dem Kamm und verlassen unsere Straße bei einer rotbraunen Schranke mit Wegweiser scharf links (Einmündung der Anstiegsvariante).

Wir folgen den Fahrspuren weiter, erst eben und nach einer Weggabelung rechts hinauf zum Wegweiser an der **Sella d'Agnaira** ❸. Auf der Alta Via dei Monti Liguri (rot-weiß-rote Markierung mit schwarzem AV auf dem weißen Mittelfeld) wandern wir ab dort gut markiert auf teils von Lärchen beschattetem Weg weiter zur Kehre am Kamm, oberhalb des **Passo della Valletta** ❹. Dann führt ein guter Wanderpfad, der am Steilhang brückenartig befestigt ist, auf der westlichen Seite des Kammes ein Stück weit über französisches Terrain (Grenzsteine mit schwarzem F). Nach dem Wald öffnet sich der Blick in grandioser Bergszenerie auf den Monte Toraggio.

Wir steigen in Kehren abwärts und queren dann hinüber zur markanten Scharte **Gola dell'Incisa** ❺. Auf unserem rot-weiß-rot markierten AV-Weg steigen wir Richtung Monte Toraggio leicht an. Wir queren durch Lärchenwald die Westflanke des langen Nordausläufers des Monte Toraggio und verlieren vor einem flachen Talschluss an Höhe. Dann steigt der AV-Weg wieder an zum Nordwestausläufer.

Wir könnten bequem immer unserem AV-Bergwanderweg leicht ansteigend zum Passo di Fonte Dragurina folgen. Als geübter Alpinist jedoch fordert uns der Expresssteig für Escursionisti Esperti (EE=T4 DAV/SAC) heraus, der hier links beginnt: Er zweigt gut markiert ab (Toraggio, rotes Dreieck, EE).

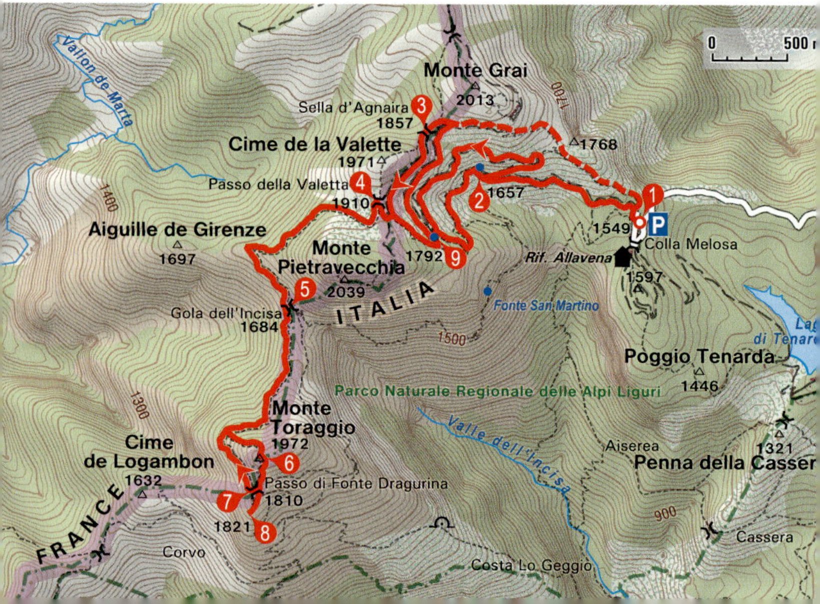

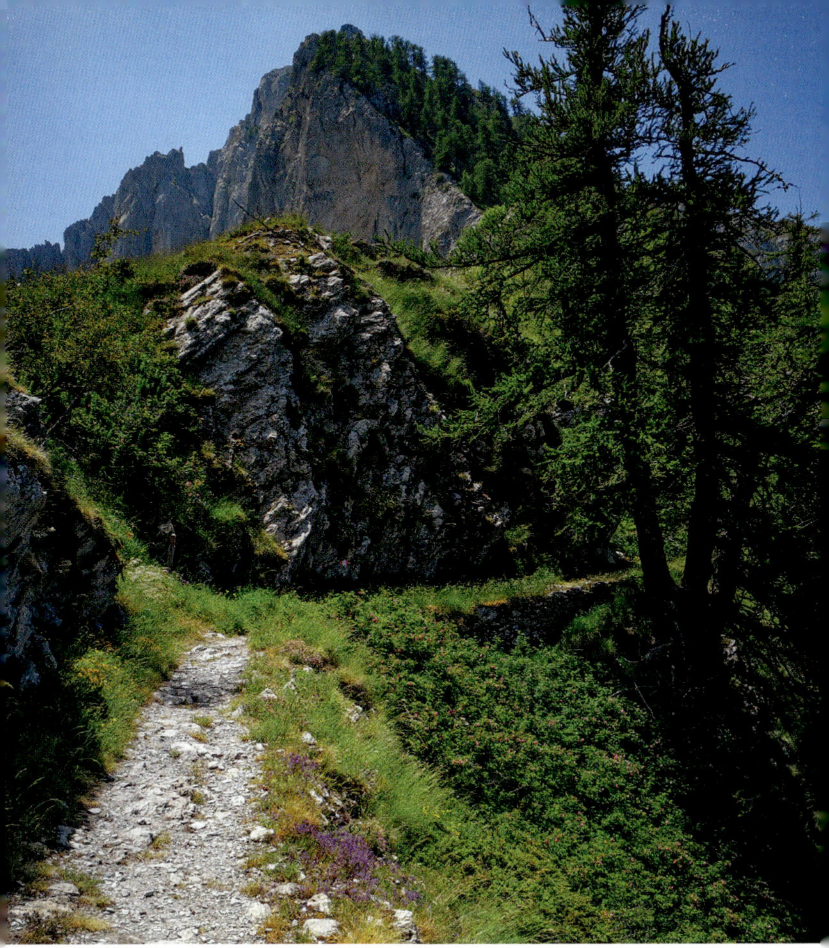

Am Kammweg südlich der Gola dell'Incisa.

Rote Dreiecke weisen den steilen Kammweg. An der ersten Schlüsselstelle (Stahlseil) sind wir auch mal mit den Händen am Berg. Die wunderschöne Felskulisse lässt uns die Anstrengung vergessen. Wenig später verlassen wir den Grat nach links und umgehen einen weit vorkragenden Felsen unter seinem Überhang (Wetterschutz). Nach dem folgenden Lärchenwald kommen wir wieder vor ein Felsriff, wo wir nach rechts durch ein enges kaminartiges, gerölliges Steilkar durch die zweite Schlüsselstelle (Stahlseile und

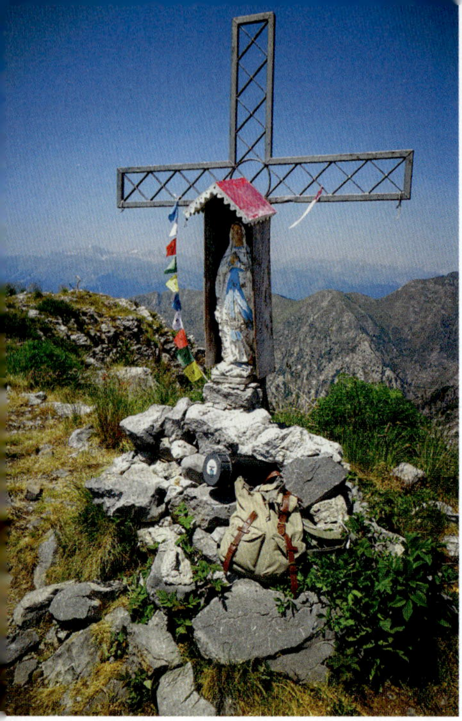

Das Gipfelkreuz am Monte Toraggio.

Hanftaue) ansteigen. Noch ein kurzes Stück über felsiges Terrain und wir erreichen den südlichen Vorgipfel. Ein Pfeil in Gegenrichtung belehrt uns, dass wir soeben den Passaggio Nordovest, die Nordwestpassage, gemeistert haben. Wenige Schritte bringen uns hinüber zum Gipfelkreuz des **Monte Toraggio** ❻, 1972 m (mit Gipfelbuch).

Nach einer grandiosen Rundschau über die Ligurischen Alpen und ausgiebiger Gipfelrast lernen wir, dass die Bezeichnung Normalweg für die Abstiegsroute täuscht: Sie ist so steil wie unsere Anstiegsroute und an den beiden Schlüsselstellen (EE/T4) ebenso anspruchsvoll. Hier gilt es, sich Zeit zu nehmen und genau hinzusehen, wohin man den Fuß oder die Hand sicher setzen kann. Viele rote Punkte an den Felsen weisen dabei den Weg. Ab dem markierten Einstieg am Fuß der Schrofen geht es in mehreren Serpentinen den jetzt grasigen Felshang auf einem Pfad hinab zum **Passo di Fonte Dragurina** ❼. Der **südliche Vorberg des Monte Toraggio** ❽, 1821 m, jenseits des Passes ist sichtbar das probate Ziel und der Rastplatz all jener Wanderer, die den Felsgipfel des Monte Toraggio den Bergsteigern überlassen.

Zurück am Wegweiser gehen wir auf dem AV-Weg Richtung Pas de l'Incise zurück. Wir passieren erst einen Felsenbrunnen und danach den Nordwestausläufer mit dem EE-Abzweig. Ab hier auf dem Herweg (AV-Weg) zurück bis zum **Passo della Valetta** ❹.

Beim nächsten Wegweiser gehen wir geradeaus abwärts und durch ein Wäldchen zum Vallone dei Camosci. Dann links durch Lärchenwald abwärts zum Brunnen **Fontana CFS** ❾, 20 m vor der Kehre der Militärstraße, die wir vom Anstieg kennen. Wir steigen aber erst ab zu einem felsigeren Terrain und dann nach links durch den Wald zum Wegweiser. Hier gehen wir halblinks weiter zur **Fontana Itala** ❷ an der ehemaligen Militärstraße. Nach rechts wandern wir schließlich auf dem bekannten Herweg bequem bergab und zurück zur **Colla Melosa** ❶.

↗ 800 m | ↘ 800 m | 11.8 km

6.00 h

TOP **4**

Sentiero degli Alpini

Wandern in der Wand

Bergfexe, die die Gefahren einer anstrengenden Bergtour mit sehr ausgesetzten Passagen nicht scheuen, kommen auf dem nur streckenweise stahlseilgesicherten Steilwandsteig Sentiero degli Alpini voll auf ihre Kosten: Über sich haben sie senkrechte oder überhängende hohe Felswände, neben sich den Abgrund – sensationelle Eindrücke garantiert! Diesen Felsensteig (DAV/CAS Schwierigkeitsgrad T3) würde man eher in den Dolomiten als in Ligurien vermuten. Deshalb muss diese Tour alpin erfahrenen Bergwanderern vorbehalten bleiben.

Ausgangspunkt: Colla Melosa, 1549 m, Wanderparkplatz; Anfahrt über den Colle Langan bis zum Ende der SP 67.
Anforderungen: Wegen der Ausgesetztheit des Sentiero degli Alpini sind alpine Bergerfahrung, absolute Schwindelfreiheit und Trittsicherheit unabdingbare Voraussetzungen. Die Summe der Anstiege erfordert zudem eine gute Kondition. Die Mitnahme von Sonnenschutz und ausreichend Wasser ist ratsam. Wer unsicher ist, engagiert am besten vorab einen Führer beim Nuovo Rifugio Allavena.
Einkehr: Nuovo Rifugio Allavena am Ausgangspunkt: Übernachtung, Restaurant und Bar ganzjährig, C.A.I. Bordighera, Tel. +39 0184 241155, nuovorifugioallavena.it.
Variante: Von der Colla Melosa kann man beim Anstieg statt auf der ehemaligen Militärstraße auch steiler auf dem Express-Wanderpfad über den Wiesenhang bis zu seiner Einmündung in die Militärstraße unter dem Rifugio Grai ansteigen und dann links zur Schranke beim Abzweig zur Sella d'Agnaira hinüberwandern.
Hinweis: Die Wanderung ist bei Schnee und Eis nicht machbar.

Der aus dem überhängenden Felsen gesprengte Sentiero degli Alpini.

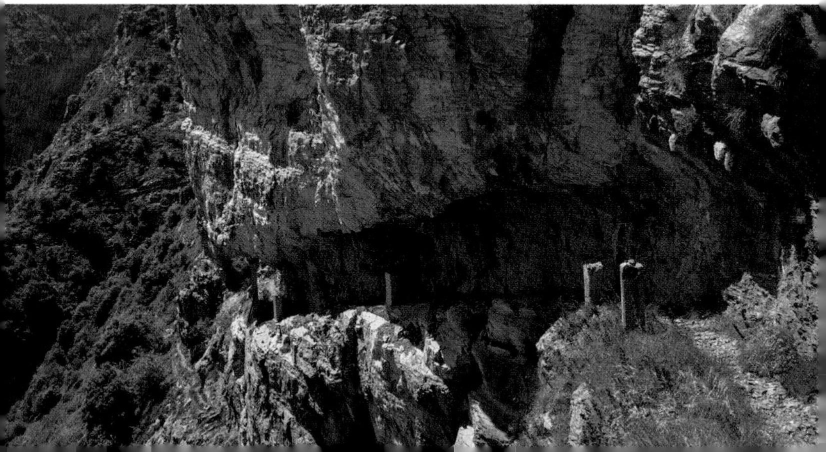

Vom Wanderparkplatz an der **Colla Melosa** ❶ folgen wir ein langes Stück der vom Militär im letzten Weltkrieg angelegten Versorgungsstraße an ihrem talseitigen Rand bequem aufwärts. Auch nach der **Fontana Itala** ❷ ist sie sehr grob geschottert oder aus dem Felsen gesprengt. Nach der großen Serpentine nähern wir uns dem Kamm und verlassen die Militärstraße bei einer rotbraunen **Schranke** ❸ mit Wegweiser scharf nach links. Wir wandern in südlicher Richtung aufwärts zum Wegweiser an der **Sella d'Agnaira** ❹. Auf der Alta Via dei Monti Liguri (rot-weiß-rote Markierung mit schwarzem AV auf dem weißen Mittelfeld) wandern wir nun auf teils von Lärchen beschattetem Weg weiter zum **Passo della Valletta** ❺. Jenseits des Kammes führt unser Wanderpfad auf französischem Terrain weiter (Grenzsteine mit schwarzem F), an Steilstellen ist er brückenartig befestigt. Später öffnet sich am Waldrand der Blick auf den Monte Toraggio.
Wir steigen in Kehren abwärts und queren hinüber zur markanten Scharte **Gola dell'Incisa** ❻. Am Wegweiser gehen wir nach links durch die Scharte zurück nach Italien, halten uns dann rechts und steigen in vielen felsigsteinigen Kehren ein Schuttkar hinab, das so steil ist, dass man sich des Öfteren per Hand vor dem Abrutschen sichern muss.
Nachdem wir zwei kleine Steinmänner passiert haben, erreichen wir den Beginn des **Sentiero degli Alpini** ❼, genauer den Einstieg zum nördlichen Abschnitt eines spektakulären Felsensteiges, der in den beiden Weltkriegen von den italienischen Gebirgsjägern, den Alpini, angelegt wurde: Er ist teils aus den Felswänden gesprengt, teils mühselig von Hand herausgehauen. Als schwindelfreie Alpinisten beobachten wir dabei unseren Felsenpfad genau und berücksichtigen auch kleine Hindernisse wegen des nahen Abgrundes. An mehreren Engstellen und einigen wenigen Stellen, wo der Weg talseitig beschädigt ist, ist der Steig stahlseilgesichert.
Nach einer tunnelartig aus dem Felsen gehauenen Passage mit Betonstütze verläuft der Weg auf Natursteinterrassen unter den Steilwänden. Ist der Pfad beidseitig vom Gras überwuchert, heißt es aufpassen: Beschädigte Mauerstellen oder -lücken können talseitig von hohem Gras tückisch

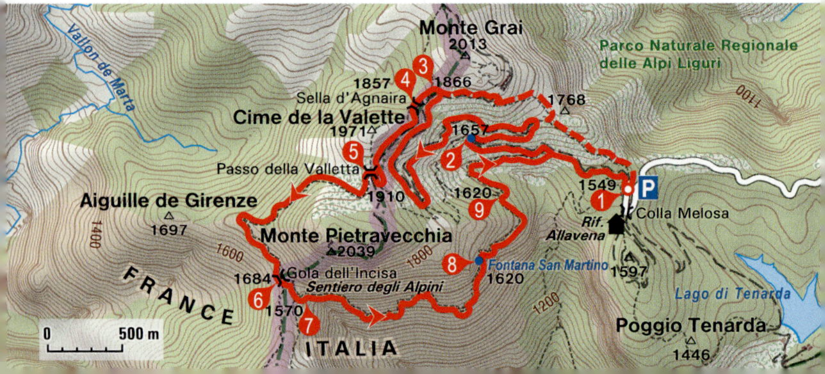

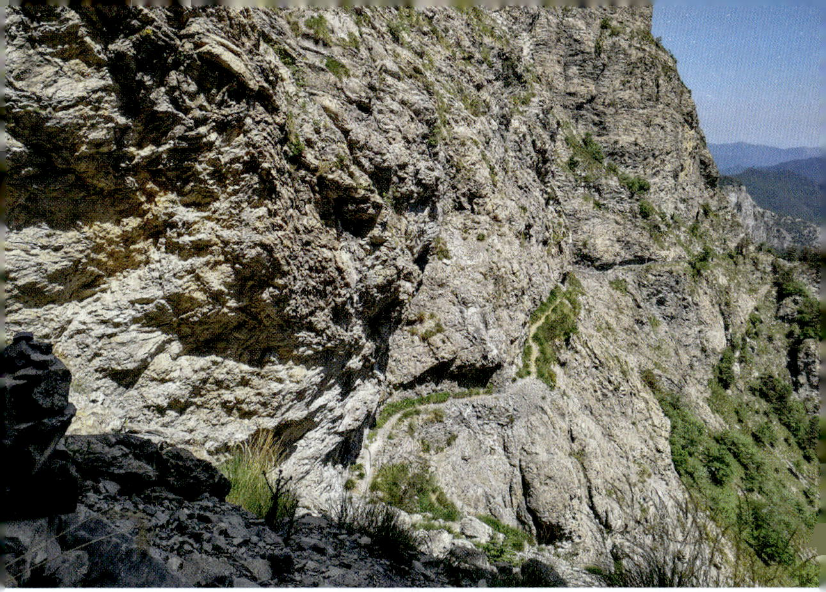

Der Einstieg des Sentiero degli Alpini nahe des Wandfußes der Pietravecchia-Südostwand.

versteckt sein! Gleich nach einem besonders engen Talschluss gelangen wir um die Felsen wieder zu einer Galerie mit vertikalem Felspfeiler. Kurz darauf wird der Steig in einer sanften Linkskurve um ein bauchiges Wandstück herum eng: Ausgerechnet hier hat das Stahlseil etwas Spiel, also Vorsicht! Hinter dem Sporn mit bergseitigem, spitzem Felsblock steigt unser Bergpfad in einer Serpentine an. Nach dem nächsten Felsvorsprung wird der Pfad unter überhängenden Kletterwänden (vertikale Plattenkletterei UIAA 6+ bis 9) enger und führt dann zu einem mächtigen Überhang. Auch hier wird der gewaltige Felsen von einem Betonpfeiler unterstützt, eher psychologisch denn physikalisch. An den Überresten weiterer Pfeiler entlang gehen wir unter dem Überhang weiter. Dann ist der Pfad über dem tiefen

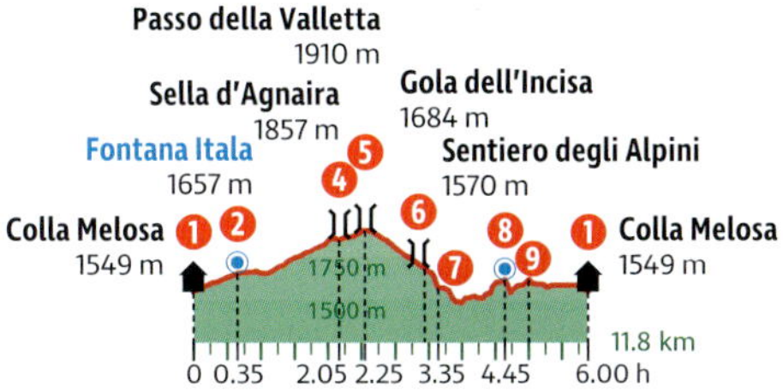

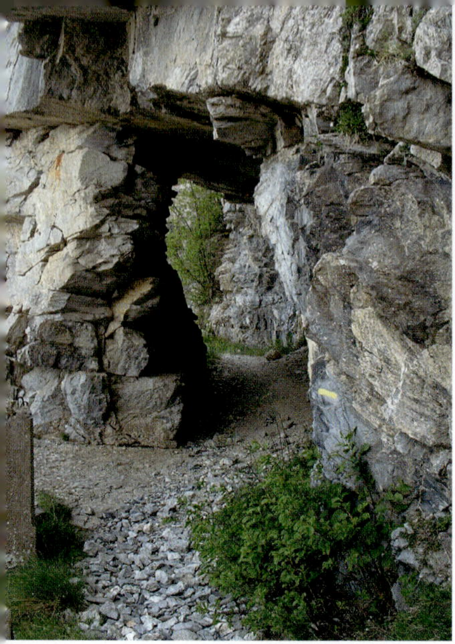

Eine der letzten Felsgalerien, dann geht es hinab …
… zur Fontana San Martino.

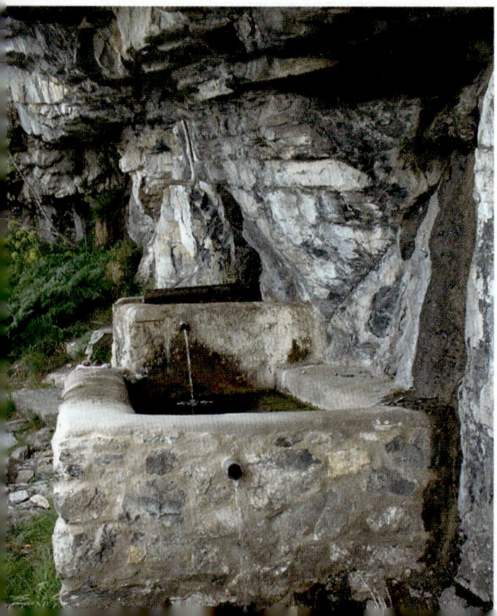

Abgrund talseitig wieder durch Natursteinmauern befestigt und steigt nun beständig an, auch in der Serpentine mit Blick hinüber zum Monte Toraggio und zum südlichen Teil des Sentiero degli Alpini.
Wir passieren weitere Serpentinen und herausgesprengte Steige. Nach einer Linkskurve mit markantem Felsblock unter einem vorkragenden Felsdach wandern wir durch einen kurzen Felstunnel weiter auf einen spitzen Felssporn zu, vor dem der Weg aber scharf links abbiegt. Er bringt uns als Schotterpfad unter den Steilwänden leicht hinab zu den zwei Brunnenwannen der **Fontana San Martino** 8, deren Wasser das ganze Jahr über aus einer kleinen Felsenquelle darüber gespeist wird.
Nach kurzer Rast geht es weiter, erst 500 m durch felsiges Terrain hinab und wieder hinauf.
Dann gelangen wir auf einem terrassenartigen Waldweg 200 m beständig aufwärts über ehemalige Schuttkare, die in der Blütezeit mit Almrausch geradezu überschüttet sind, zu einer **Gabelung mit Wegweiser** 9. Wir verlassen hier den Waldweg und folgen dem ebenen Pfad 30 m geradeaus zu einer Serpentine, auf der wir in einen engen, grünen Talschluss mit Wildbächlein absteigen.
Nach einem längeren, fast ebenen Stück mündet unser Weg in die vom Herweg bekannte ehemalige Militärstraße. Wir halten uns rechts und wandern relativ bequem abwärts zurück zur **Colla Melosa** 1, wobei wir uns schon auf eine willkommene Erfrischung beim Rifugio Allavena freuen können.

↗ 680 m | ↘ 680 m | 9.1 km

5.45 h

Monte Grai, 2013 m – Monte Pietravecchia, 2036 m

5

Zwei ligurische Zweitausender

Ein Teil der ehemaligen Kaserne am Monte Grai dient heute als schlichte Berghütte des C.A.I. Ventimiglia. Der Rest ist Ruine, in deren Windschutz biwakiert werden kann. Aber von der Terrasse aus genießt man, wie auch vom Monte Grai oberhalb, sensationelle Ausblicke, die den oft heißen Anstieg vergessen lassen.

Ausgangspunkt: Colla Melosa, 1549 m, Wanderparkplatz; Anfahrt über die Colla Langan bis zum Ende der SP 67.
Anforderungen: Beim Aufstieg ist Kondition erforderlich. Die Mitnahme von Sonnenschutz und ausreichend Wasser ist wegen des heißen Südanstieges ratsam.
Einkehr: Nuovo Rifugio Allavena, am Ausgangspunkt, Übernachtung, Restaurant und Bar ganzjährig, C.A.I. Bordighera, Tel. +39 0184 241155, nuovo-rifugioallavena.it; dort gibt es auch den Schlüssel für den Rifugio M. Grai, C.A.I. Ventimiglia, Tel. +39 0184 233428.

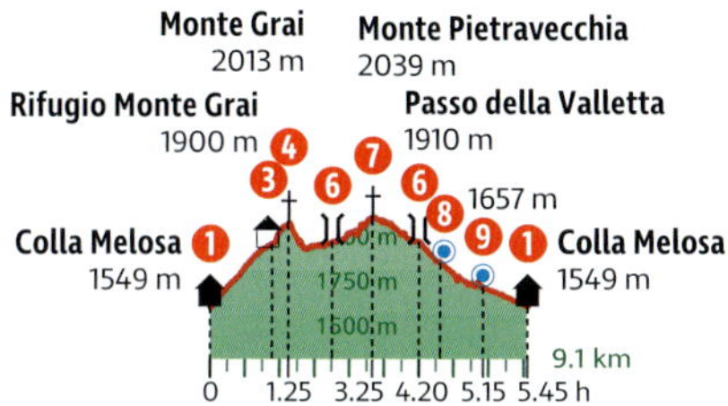

Hinweis: Die Tour ist bei Schnee und Eis nicht machbar – es sei denn, man hat Schneeschuhe dabei und kann sich im verschneiten Gelände orientieren.

Unweit des Nordendes des Wanderparkplatzes **Colla Melosa** ❶ beginnt am Ende der Asphaltstraße halbrechts der rot-weiß markierte Monte-Grai-Steig.
Nachdem wir ein Wäldchen durchquert haben, bleiben wir stets auf diesem gleichmäßig ansteigenden Wanderpfad. Er quert dabei diagonal den steilen Grashang des Südostausläufers, der vom Monte Grai herabzieht. Nur wenige einzelne Bäume spenden beim schweißtreibenden Anstieg Schatten. So gelangen wir zum Wegweiser, wo von links ein Verbindungsweg von der

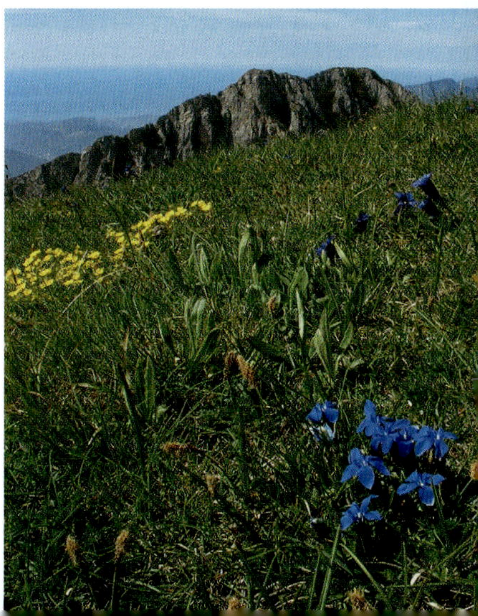

Blick vom Monte Pietravecchia zum Monte Toraggio.

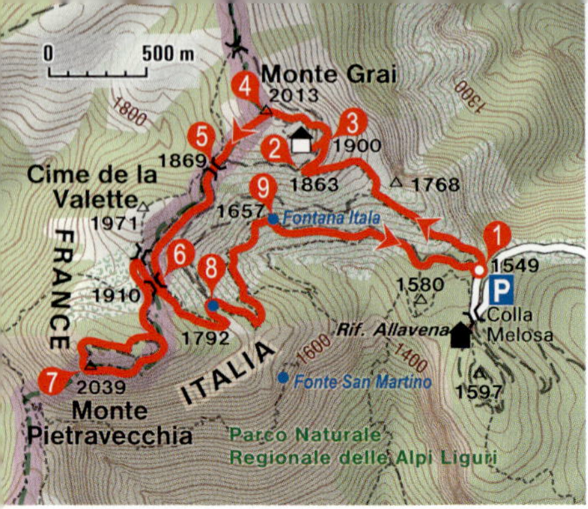

Militärstraße einmündet. Dann wird unser Pfad in einer Serpentine steiler und zieht den Berghang aufwärts. Beim gesamten Anstieg haben wir stets den Rifugio vor Augen. Im Sommer passieren wir viele Enziane und andere Alpenpflanzen. Nach einer großen Linkskurve führt der Pfad steiler werdend stark aufwärts und wir gelangen über Serpentinen in kurzer Zeit zur **Einmündung** ❷ in die ehemalige Militärstraße unterhalb der Hütte. Wir wandern auf der steinigen Straße etwa 100 m nach rechts, verlassen sie dann nach links aufwärts und erreichen nach wenigen Schritten den **Rifugio Monte Grai** ❸, 1900 m. Nach kurzer Rast geht es links des Gebäudes auf Pfadspuren immer steil aufwärts über Wiesen mit selten intakter Alpenflora bis zum Gipfelkamm. Ihm folgen wir halbrechts und kommen so zur aussichtsreichen Gipfelkuppe des **Monte Grai** ❹, 2013 m. Nach dem Genuss des Panoramas folgen wir linkshaltend den Pfadspuren an der Südwestflanke direkt entlang der französischen Grenze hinab auf ein lichtes Wäldchen zu und stoßen dort auf einen besseren Pfad. Auf ihm gehen wir links zum oberen Wegweiser der **Sella d'Agnaira** ❺ und weiter zu ihrem unteren Wegweiser. Auf der teils von Lärchen beschatteten Alta Via dei Monti Liguri (schwarzes AV auf weiß-rotem Grund) wandern wir geradeaus zum östlichen Wegweiser am **Passo della Valletta** ❻. Wir queren scharf rechts hinüber zu dessen westlichem Wegweiser und verlassen die Alta Via dort scharf nach links. Der Fahrweg führt uns in der Kammrichtung hinauf, durch den lichten Lärchenwald am sanften Nordhang, dessen Boden von ausgedehnten Almrauschsträuchern bedeckt ist. Ganze Matten davon blühen hier im Sommer prächtig, daneben bewundern wir eine Vielfalt von Alpenblumen. So ist auch nicht verwunderlich, dass die Gegend rundherum zum Naturschutzgebiet Parco delle Alpi Liguri erklärt wurde.

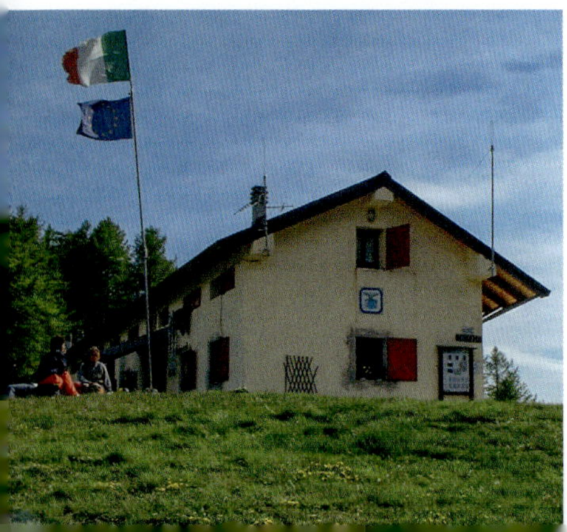

Der bewirtschaftete Rifugio Franco Allavena an der Colla Melosa gehört der C.A.I.-Sektion Bordighera.

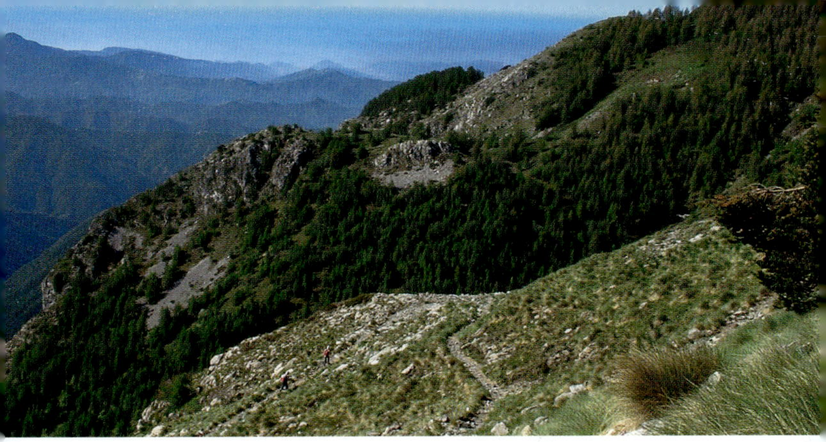

Vom Anstiegsweg zum Monte Grai sieht man hinüber zum Monte Ceppo.

Der Fahrweg teilt sich bei einer Gabelung im Lärchenwald. Wir verlassen ihn und folgen dem Pfad linkshaltend. Er verläuft in sicherem Abstand oberhalb der 160 m hohen Südsüdostwand, über deren vertikale Platten sechs Kletterrouten (6a/7c) heraufziehen. Vom Pfad aus haben wir oberhalb der Südwand einen prächtigen Ausblick über alle Ausläufer hinab zur Riviera. Noch etwas weiter, beim weißen Zylinder (geodätischer Punkt) der unscheinbaren Gipfelkuppe des **Monte Pietravecchia** 7, 2039 m, ist der Blick über die imposante Felsenszenerie des Monte Toraggio und über den südlichen Sentiero degli Alpini noch besser. Von hier können wir sehen, wo er vor mehreren Jahren durch einen Felssturz unterbrochen wurde: Ein extrem steiles Schuttkar aus feinem Schiefersplitt und Geröll ist geblieben und hat sich bis heute auf einer Breite von 30 Metern noch nicht gesetzt, weshalb dieser südliche Teil des Sentiero degli Alpini für den Wanderer tabu ist.
Wir gehen vom Gipfel aus auf dem nördlichen Fahrweg durch den Lärchenwald zurück zum westlichen Wegweiser und dann scharf rechts zum östlichen Wegweiser am **Passo della Valletta** 6, wobei wir bis zur Kehre auf dem Fahrweg bleiben, den wir vom Herweg kennen. Im Kurvenscheitel verlassen wir ihn und steigen geradeaus zwischen Rhododendronfeldern durch Lärchenwald ab. Wir verlieren schnell an Höhe und steigen in der Rechtskurve einer Serpentine 10 m nach links an zum Betonbecken der **Fontana CFS** 8, in das es im Juni nur noch tröpfelt. Wir gehen zurück zur Serpentine und linkshaltend abwärts weiter. Bald kommen wir in offeneres, felsigeres Terrain, durch das unser Bergpfad in einer leichten Rechtskurve führt, und stoßen bei der im Sommer trockengefallenen **Fontana Itala** 9 auf die Ex-Militärstraße. Wir halten uns rechts und wandern auf dem Fahrweg einigermaßen bequem und aussichtsreich abwärts zurück zum Ausgangspunkt an der **Colla Melosa** 1.

↗ 600 m | ↘ 600 m | 14.0 km

6 Lago Tenarda

5.00 h

Rund um den Trinkwassersee von Ventimiglia und Sanremo

Wem der Anblick von Zweitausendern genügt und wem Hütteneinkehr und Genusswandern wichtig sind, ist mit dieser Rundwanderung um den Lago Tenarda bestens bedient. Einen Teil der Wanderung vollzieht man sanft und gleichmäßig auf dem wenig befahrenen, teils sogar beschatteten Asphaltsträßchen zwischen Colla Langan und Colla Melosa.

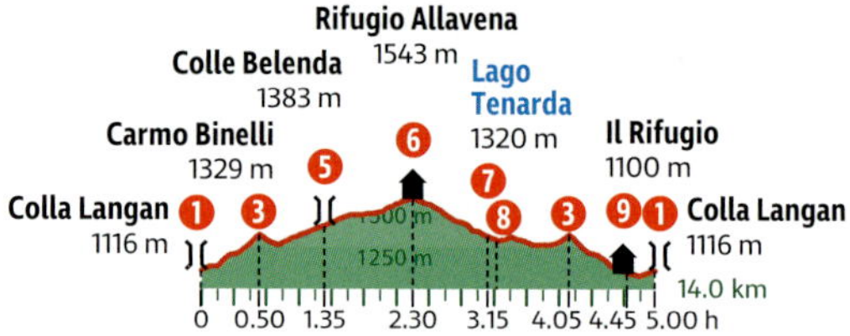

Ausgangspunkt: Colla Langan, 1116 m; Parken am Pass an der Verbindungsstraße SP 65 zwischen Pigna und Triora im Argentinatal.
Anforderungen: Auf einigen Passagen im Wald und beim Abstieg zum Damm ist etwas Trittsicherheit erforderlich, besonders nach Regen. Nach langen Regenperioden oder bei Starkregen ist die Tour nicht machbar.
Einkehr: Nuovo Rifugio Allavena, Übernachtung, Restaurant und Bar ganzjährig, C.A.I. Bordighera, Tel. +39 0184 241155, nuovorifugioallavena.it; Agriturismo Il Rifugio, saisonal geöffnet, Tel. +39 0184 241661 oder +39 329 0236494.
Hinweis: Ist der Kammpfad durch den Ginster seit Längerem nicht freigeschnitten, kann man von der Colla Langan bis zum Sattel auch parallel auf dem wenig befahrenen Asphaltsträßchen jenseits des Kammes gehen, vorbei an kleinen Höhlen im gelblichen Gestein des Carmo.
Tipp: Einen Kilometer unterhalb der Einmündung in die SP 65 (Richtung Pigna) sprudelt selbst in trockenen Jahren eine Trinkwasserquelle, deren sehenswerte Fassung die piemontesische Königin Margherita von Savoyen im vorletzten Jahrhundert gestiftet hat.

An der **Colla Langan** ❶ folgen wir dem Wegweiser »Colla Melosa«. Schon nach 15 m verlassen wir das Sträßchen nach links und wandern auf dem Kammpfad immer Richtung Nordwesten. Wir queren dabei den Kammhügel Carmo Langan, 1204 m, an seiner Südseite und kommen zum nächsten **Sattel** ❷ mit den Resten eines Bunkers, einem Bildstock und einem Wegweiser. Auf dem Kammweg umgehen wir auch den nächsten Kammhügel **Carmo Binelli** ❸ wieder südseitig zu einem **Sattel** ❹ mit Tangente zum Wanderweg. Ab hier folgen wir dem Asphaltsträßchen und gelangen zu einem freieren Kammabschnitt mit Ausblicken – rechts nach Triora hinab sowie vor uns auf die beiden felsigen Berggestalten des kubischen

Monte Toraggio und des runden Monte Pietravecchia mit seiner mächtigen vorgelagerten Felsbastion. Die Straße beginnt östlich der Kammhöhe Carmo delle Strade stärker anzusteigen und erreicht nach einer großen Serpentine mit Picknickbänken im lichten Kiefernwald den **Colle Belenda** 5 mit Wegweiser »Colle Melosa 45'«. Hier beginnt auch der zur Straße hin eingezäunte und vielerorts als Wasserschutzgebiet gekennzeichnete waldige Kessel des Lago Tenarda.

Im Halbkreis wandern wir nun um den Speichersee herum und schließlich wieder aussichtsreicher zur Colla Melosa mit der ganzjährig bewirtschafteten C.A.I.-Schutzhütte **Nuovo Rifugio Allavena** 6, 1543 m, die neben den vielen Wanderern und Bikern auch von Kletterern und Höhlenforschern als Ausgangspunkt für ihre Exkursionen genutzt wird.

Nach der verdienten Rast gehen wir auf der Straße vom Herweg 100 m zurück und setzen unsere Tour dort auf jenem Weg fort, der die

Blick vom Rifugio Monte Grai hinab zum Lago Tenarda und zur Colla Melosa.

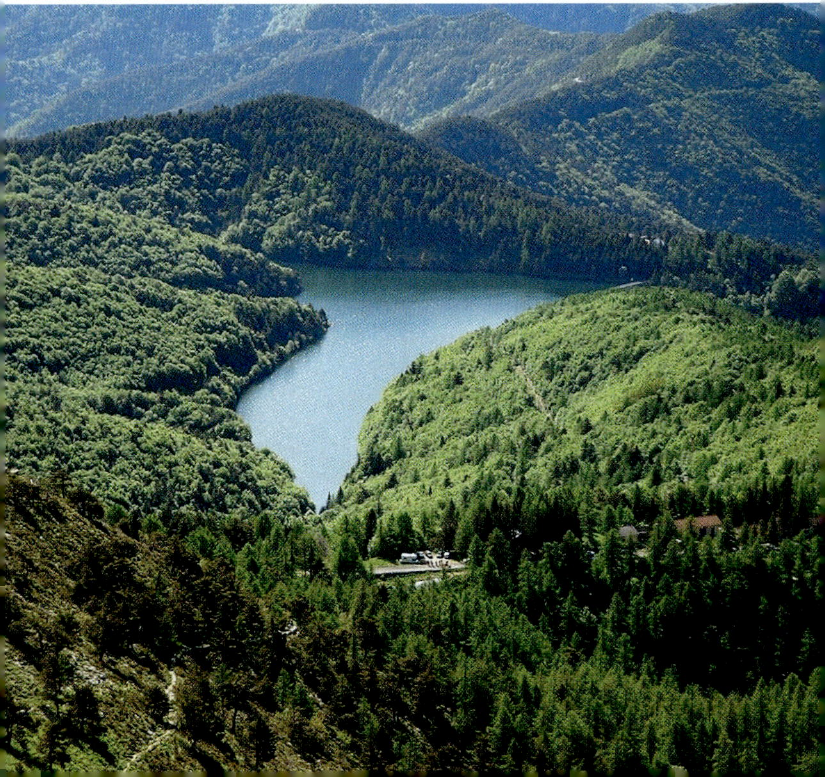

Zufahrtstraße in spitzem Winkel nach rechts verlässt. Wir kommen nach einer Rechtskurve am Nordostausläufer des Monte Coma in einen kleinen Taleinschnitt. Vor einer kleinen Brücke beginnt unser rot-weiß markierter Fahrweg in Serpentinen stärker zu fallen. Dann wandern wir geradeaus zur Dammkrone des **Lago Tenarda** 7, 1320 m, von wo wir die türkis glitzernde Wasseroberfläche des Stausees überblicken, der seit 2007 zum Nationalpark gehört.

Unser Weg führt noch 150 m weiter, dann schwenkt er scharf nach links und wir steigen steil und rasch hinab in das Kiesbett vor der 1963 erbauten Dammmauer, die 2 Mio. Kubikmeter Wasser zurückhält. Im Talgrund **Valle dell'Arme** 8, 1292 m, beschwören Schilder die Gefahr eines Dammüberlaufes bei sintflutartigen Regengüssen herauf. Das mulmige Gefühl, das einem die Blechtafel eingeflößt hat, weicht aber beim Gegenanstieg: Nach 10 Min. genießen wir vom felsigen Plateau der Colla Cautelletto den Blick über die Nerviaschlucht. Wir erreichen nach zwei Serpentinen nahe des Dammwärterhauses eine Anhöhe, wo wir auf dem teils schattigen Fahrweg weiterwandern. Südöstlich des Hügels Carmo delle Strade quert er beim **Sattel** 4 mit Tangente zum Wanderweg den letzteren und mündet gleich danach in die vom Herweg bekannte Asphaltstraße ein.

Auf dieser spazieren wir am **Carmo Binelli** 3 vorbei abwärts. Beim **Sattel** 2 mit dem Bildstock verlassen wir die Straße und zweigen scharf rechts in den Pfad Richtung Il Rifugio ab. Erst über offeneres Gelände mit Ginster, dann durch den Wald langen wir bald beim Agroturismo **Il Rifugio** 9 an. Anschließend nehmen wir die Zufahrt hinab zur Passstraße SP 65 und kehren auf dieser linkshaltend leicht aufwärts zum Ausgangspunkt an der **Colla Langan** 1 zurück.

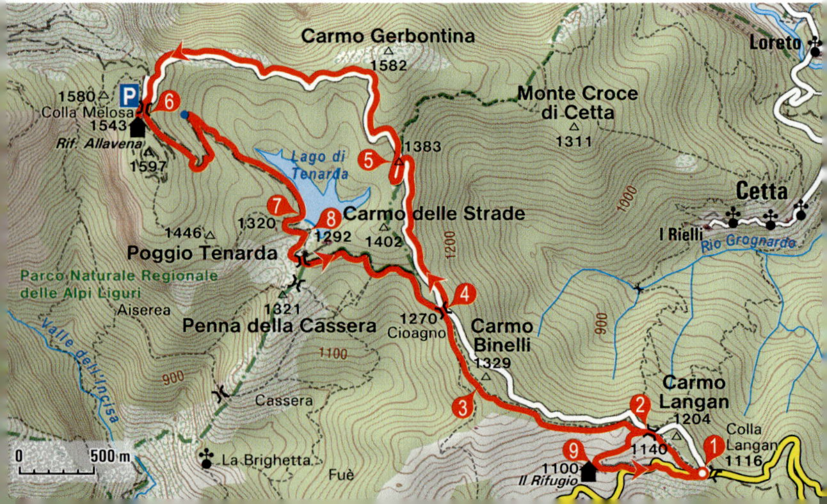

↗ 1050 m | ↘ 1050 m | 17.9 km

7.15 h

Monte Saccarello, 2201 m

7

Auf den höchsten Berg der Ligurischen Alpen

Alle, die lange Wanderungen mit weiten Ausblicken von Gipfelkämmen mögen, kommen bei dieser Tour zum höchsten Punkt Liguriens nach einem anstrengenden Fahrweganstieg auf ihre Kosten.

Ausgangspunkt: Monesi di Triora, 1374 m, Parkplatz an der SP 1; Anfahrt über San Bernardo di Mendatica.
Anforderungen: Gute Kondition ist wegen des langen Aufstieges Voraussetzung. Auf den Kammwegen und im Gipfelbereich ist Trittsicherheit erforderlich. Die Mitnahme von Sonnenschutz, Verpflegung und ausreichend Wasser ist ratsam.
Einkehr: Rifugio La Terza, Tel. +39 0183 54329, rifugiolaterza.it; Hotels, Bar-Restaurants in Monesi, Upega, San Bernardo di Mendatica, Mendatica und Montegrosso P.L. Das Rifugio Sanremo ist unbewirtschaftet, Schlüssel beim C.A.I. Sanremo, info@caisanremo.it, Tel. +39 0184 505983 oder +39 329 6723160.
Varianten: 1. Wer weniger Kondition hat oder nur eine Halbtageswanderung machen will, kann, wenn die Straße offen ist, wegen der Querwellen vorsichtig bis zum Ponte Bavera (ca. 1,5 Std. weniger Gehzeit) oder mit einem geländegängigen Fahrzeug sogar bis zum Abzweig unter dem Monte Tanarello (ca. 3,5 Std. weniger) anfahren und von dort aus loswandern.
2. Eine Zweitagestour (zusätzlich 250 Hm) mit Übernachtung in einer der beiden Hütten bietet bei sicherem Wetter die Möglichkeit, über den Passo di Garlenda, 2009 m, zusätzlich den Monte Frontè, 2152 m, in Angriff zu nehmen. Von dessen perfektem Gipfeltetraeder genießt man eine atemberaubende Rundsicht. Anschließend steigt man vom Passo di Garlenda nach Norden an der Westflanke des Tanarello-Taleinschnittes auf gut bezeichnetem Wanderweg zur Alm Margheria Tanarello, 1655 m, ab. Der Versorgungsweg und dessen Abkürzer führen hinab zu den vom Herweg bekannten Serpentinen oberhalb von Monesi di Triora.
Hinweis: Bei Gewitterneigung muss das Rifugio La Terza aufgesucht oder die Tour abgebrochen werden! Im Gipfelbereich kann man zur Not das Gewitter auch in einem trockenen Winkel der ehemaligen Kaserne oder nahe des Redentore in dem Schutzhaus neben dem Skilift abwarten (Abstand zur Tür 2 m).
3. Achtung! Die Tour ist bei Schnee und Eis nicht machbar, da wären Schneeschuhe und -stöcke notwendig.

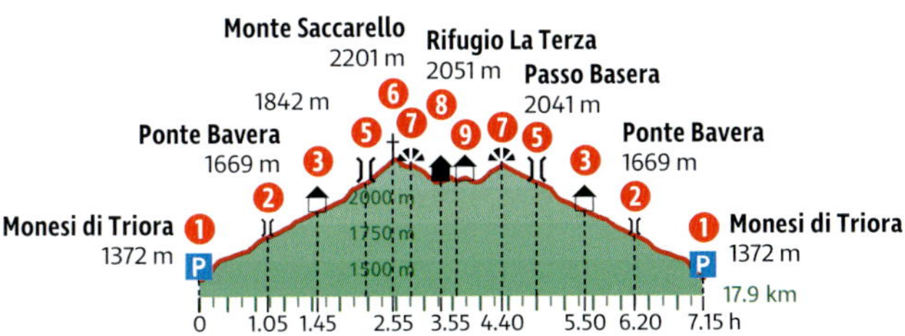

Vom Parkplatz gehen wir zur Bar am oberen Ortsende von **Monesi di Triora** ❶ und wandern auf einem schmalen, schon oft geflickten Asphaltsträßchen beständig aufwärts zum **Ponte Bavera** ❷. Dabei kürzen wir vom Gebäude mit der Bar die beiden ersten Serpentinen (Richtung Rifugio Sanremo) und ebenso später drei weitere Serpentinen auf einem Fußpfad ab. Ab dem Talschluss des Rio Bavera steigen wir ein längeres Stück steiler bergauf bis zu einer Weggabelung mit **Wetterschutzhäuschen** ❸. Wir folgen dem Wegweiser Richtung Monte Saccarello auf unserem lehmig-steinigen Fahrweg nach links und steigen in Serpentinen hinauf zum **Abzweig** ❹ unter dem Monte Tanarello, vor einem geschichteten Schiefermauerwinkel. Erneut nach links wandern wir weniger steil zum **Passo Basera** ❺, wo sich uns der Blick Richtung Norden zum höchsten Gipfel der Ligurischen Alpen öffnet, zur majestätischen Punta Marguareis, 2580 m, die bereits im Piemont liegt.

Hier verlassen wir den Fahrweg und gehen auf dem schmalen Wanderpfad durch blumige Almwiesen zur Einmündung der Alta Via dei Monti Liguri (AVML) weiter, die von rechts als steiler Expresssteig vom Passo di Collardente heraufkommt. Wir bleiben unserem Kammweg treu (blauer Punkt) und erreichen schließlich den Gipfelobelisken (neben der Grenzlinie auf französischem Boden) des **Monte Saccarello** ❻, 2201 m. Von diesem südlichsten Gipfel des Alpenhauptkamms aus überblickt man die ganze Provinz Imperia sowie den östlichen Teil der französischen Seealpen. Nach der Rundschau wandern wir zu alten Flakstellungen und danach auf

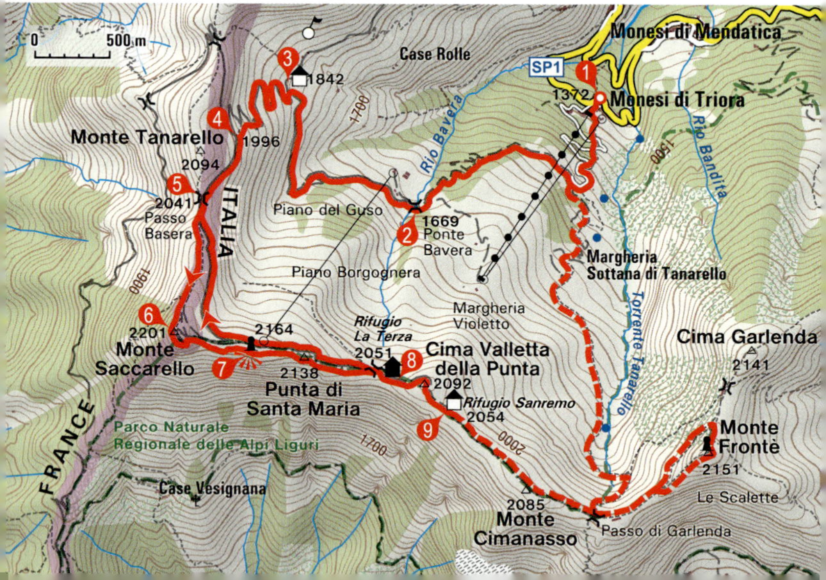

Die Erlöserstatue verschwindet gleich im Nebel.

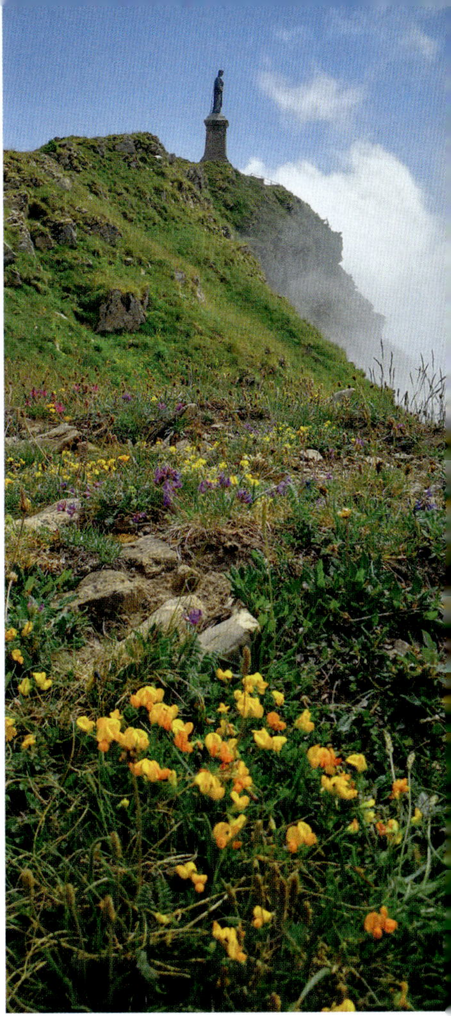

Pfadspuren (blauer Punkt) in gebührendem Abstand zu den jähen (!) Felsabbrüchen rechts hinab in einen Sattel zu einem kleinen Obelisken. Unser Kammweg (blaue Markierung) mündet jetzt in den Fahrweg, auf dem wir zum weithin sichtbaren **Redentore** 7 hinüberspazieren: Alle italienischen Provinzen sollten im Jahr 1900 nach dem Willen Papst Leos XIII. eine solche Erlöserstatue nahe ihres höchsten geografischen Punktes bekommen. Die hiesige (1901) hat sich erhalten.

Am Sockel der Statue vorbei gehen wir auf dem Kammweg in Kammrichtung oberhalb des Skiliftes und an einem Schutzhaus vorbei, über die Kuppe Punta di Santa Maria. Wir tangieren dann den Fahrweg (AVML, rot-weiß-rot markiert), auf dem wir 400 m später kurz nach der Sella della Valetta zum neuen **Rifugio La Terza** 8 gelangen, wo wir uns in der Saison an der Bar erfrischen oder auch richtig einkehren und übernachten können.

Viele gelbe Markierungen (Rifugio Sanremo) begleiten uns auf dem steinigen Wanderweg die letzten 600 m nördlich um den Kammgipfel Cima Valletta della Punta herum zur schlichteren C.A.I.-Hütte **Rifugio Sanremo** 9. Ihre traumhaft aussichtsreiche Lage macht eine Übernachtung für Selbstversorger (Trinkwasser!) zum Erlebnis. Das gilt ganz besonders für den Sonnenaufgang am nächsten Morgen. Im Regelfall der Tageswanderung aber kehren wir hier um und wandern auf dem Herweg zurück nach **Monesi di Triora** 1.

↗ 500 m | ↘ 1250 m | 14.3 km

8 San Romolo – Monte Caggio, 1090 m – Bordighera

6.30 h

Kammwanderung oberhalb von Sanremo und Bordighera

Diese Ganztageswanderung verbindet die Besteigungen des Monte Caggio, des Monte Carparo und des Monte Nero mit einer ausgedehnten Kammwanderung und schließt mit einem anstrengenden und oft heißen Abstieg nach Bordighera-Arziglia ab. Sie ist ganzjährig machbar, in dieser Länge im Sommer nur deshalb, weil drei Viertel der Strecke in schattigem Wald verlaufen. Vom Monte Caggio, am Monte Carparo und beim Drachenfliegerstartplatz hat man sensationelle Ausblicke!

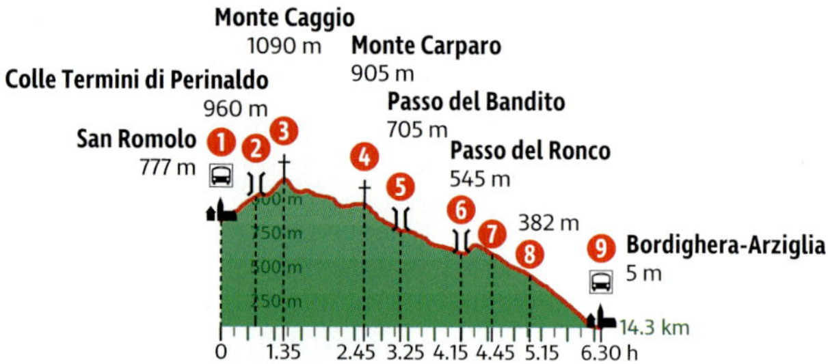

Ausgangspunkt: San Romolo, 777 m, Parkplatz. Am besten nimmt man für die Anfahrt die erste Corriera früh am Morgen, RT Linea 14/11 Sanremo–San Romolo ab der zentralen Autostazione Sanremo: Mo.–Sa. 6.10 Uhr, So. 9.00 Uhr, Endhaltestelle in San Romolo am Parkplatz.
Endpunkt: Bordighera-Arziglia, 5 m. Bushaltestelle an der Via Aurelia. Per RT Linea 2 Ventimiglia–Sanremo fahren wir zurück bis zu seiner Endhaltestelle Autostazione Sanremo.
Anforderungen: Wegen der langen Gratwanderung ist eine gute Kondition Voraussetzung. Beim Aufstieg zum Monte Nero und bei mehreren Abstiegspassagen ist Trittsicherheit erforderlich. Die Mitnahme von Sonnenschutz und viel, viel Wasser ist wegen des heißen Südabstiegs ratsam.
Einkehr: Bar-Ristorante in San Romolo; Bars, Hotels und Restaurants in Sanremo, Ospedaletti und Bordighera.

Von der Endhaltestelle am Parkplatz in **San Romolo** ❶ gehen wir den Park entlang Richtung Spielplatz, halten uns aber dann halbrechts und folgen ab der nordwestlichen Platzecke der hier beginnenden Mulattiera (rot-weiße Markierungen). Zwischen Ferienvillen und Gärten wandern wir stetig bergauf zu einer Gabelung beim Villino Vittoria und geradeaus (gelbe Markierung) weiter bis zur SP 61. Wir folgen der Asphaltstraße nach rechts und verlassen sie dann nach 20 m nach links: Auf dem Naturstein-Eselspfad (rot markiert) steigen wir im Zickzack hinauf zu einem Abzweig, folgen

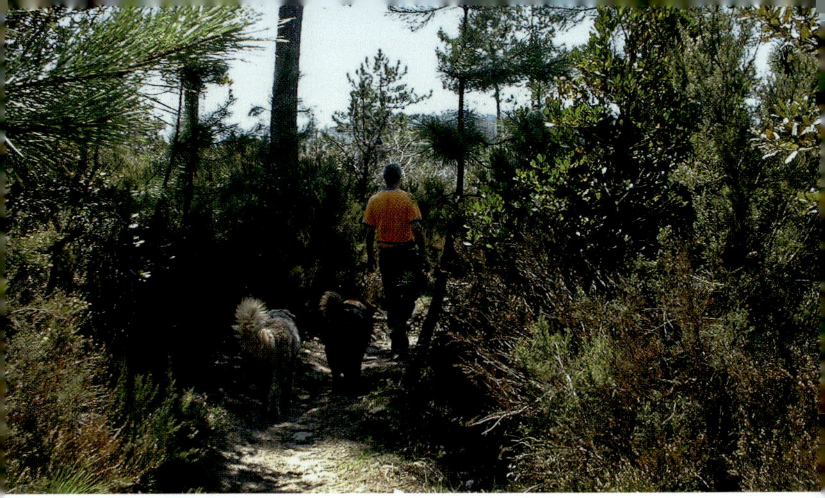

Auf dem langen Kamm spenden Kiefern Schatten.

aber weiter unserem Pfad halblinks Richtung Sentiero Cresta del Termine (weiß-rot). Der schattige Steineichenwald wird bald lichter und wir erreichen den **Colle Termini di Perinaldo** ❷. Hier gehen wir nach links auf dem schotterig-lehmigen Kammfahrweg (grün-weiß, rot-weiß, blau markiert) zwischen den Kiefern sanft aufwärts weiter. Bei der Dreizackgabelung verlassen wir ihn und wandern geradeaus. Auf dem felsigen Steig einer Nordostflanke geht es steil aufwärts. Beim Blick zurück haben wir den 200 m höheren Monte Bignone vor Augen. Im Kastanienwald passieren wir erst eine rot-weiße Markierung und dann den TV-Umsetzer. Bei der Terrasse mit Feuerstelle halten wir uns links und steigen in wenigen Schritten hinauf zum schlichten Gipfelkreuz am **Monte Caggio** ❸, 1090 m.

Nach dem Genuss von Rast und Rundschau gehen wir auf dem Herweg zurück bis zur Dreizackgabelung, wo wir jetzt scharf nach rechts (blauer Baumstumpf) abbiegen. Der erst erdige, dann steinige Pfad quert zwischen großen Felsen und Findlingen die Südflanke des Monte Caggio, wird immer steiler und mündet oben in einen sandigen Pfad, auf dem wir in der Folge zwei Überlandleitungen und Weggabelungen (Wegweiser) passieren. Wir behalten stets unsere Richtung (MTB Carparo) bei und wandern nach sanftem Auf und Ab hinaus zur markanten Schwarzkiefer am breiten Gipfel des aussichtsreichen **Monte Carparo** ❹, 905 m. Nach der Rast und einem schönen Blick über die Küste Richtung Sanremo gehen wir auf ein Wäldchen zu und halblinks (an einer alten grün-weiße Markierung vorbei) auf dem nun felsigen rot-weiß markierten Kammweg weiter bis zum sandigen Fahrweg, dem wir nach links folgen. Nach einer Serpentine kommen wir an einen Abzweig und gehen links weiter zu einem großen sandigen Platz am **Passo del Bandito** ❺ mit einer offenen Blechhütte. Wir überqueren ihn und gehen auf dem Fahrweg weiter. Vor drei Wasserbehältern verlassen wir den Fahrweg nach links und wandern auf dem schöneren Kammweg (roter Strich) weiter. Auf ihm vernichten wir rascher Höhenmeter, steigen aber nach einem Sattel, bei dem auch der Fahrweg ankommt, über Felsplatten aufwärts. Wir erreichen auf dem felsig-erdigen Kammweg erst einen, dann einen zweiten Wendeplatz, wo wir den Fahrweg verlassen und geradeaus über den Kammweg (abknickende rote Markierung) zum **Passo del Ronco** ❻ kommen. Auf einem sehr steilen, schweißtreibenden Felssteig gelangen wir zum oben aussichtslosen Gipfel des Monte Nero, 606 m, und dann abwärts zur **Gabelung** ❼ bei der Serpentine einer gekiesten Straße. Der Hang links fällt so steil ab, dass Gleitschirmflieger von hier wegstarten. Uns erwartet jetzt ein immer heißer werdender Abstieg, zu der auch

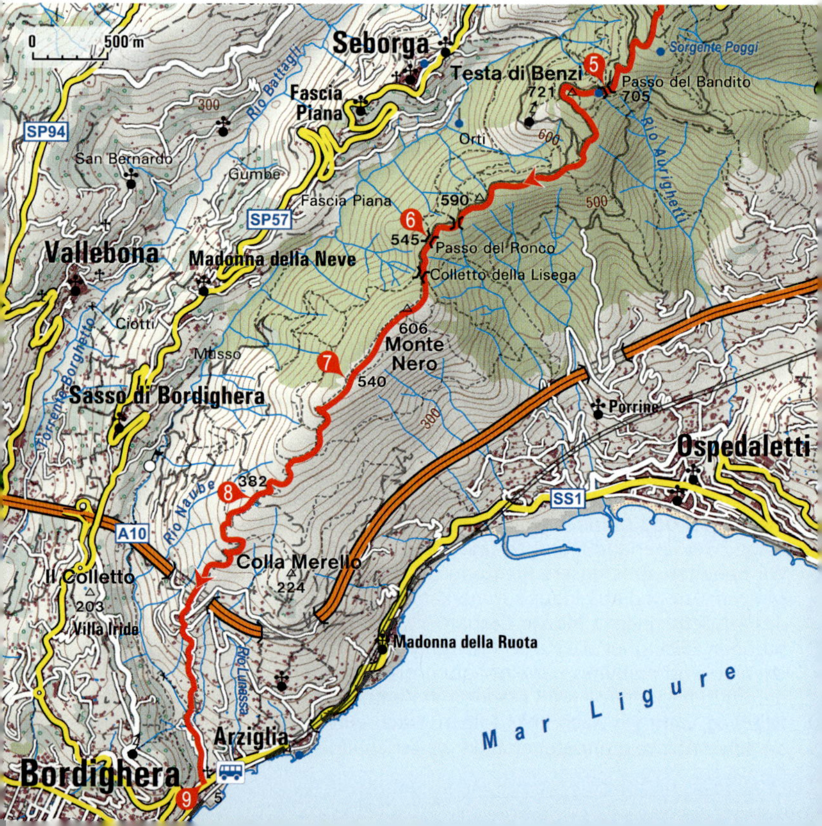

der hell reflektierende Schotter der strada bianca (weiße Straße) beiträgt. Unter einer Starkstromleitung hindurch, dann an einem Wegweiser vorbei, gehen wir geradeaus Richtung Bordighera, halten uns bei der nächsten Gabelung links (nach 10 m rot-weiße Markierung) und steigen steil ab zu einem **Buschbrand-Wasserreservoir** 8.
Wir gehen daran vorbei und geradeaus weiter steil abwärts. Nach zwei Serpentinen wendet sich das Brandschutzsträßchen Richtung Osten. Nach 200 m verlassen wir es scharf nach rechts und durch felsig-aride Macchialandschaft führt uns der Kammweg sehr steil abwärts bis zu den obersten bewirtschafteten Terrassen der hiesigen Bauern. Kurz nach einem Wasserbehälter kommen wir auf ein Betonsträßchen, das bald auf die Asphaltstraße stößt. Wir halten uns rechts und verlassen die Straße 100 m später nach links abwärts, überqueren die Asphaltstraße und folgen einem Sträßchen steil abwärts bis zu einem Anwesen mit großen Wasserbehältern. Erst auf Beton, dann als Mulattiera führt unser Weg weiter kammabwärts zur Strada Bemora bei den nächsten Häusern (rot-weiße Markierung). Ihr folgen wir nun unter Palmen und an Gartenzäunen sowie großen Feigenkakteen vorbei bis zur Brücke im Talgrund, die wir überqueren. Auf der Via al Camposanto spazieren wir am Friedhof vorbei bis zur Treppe bei den hohen Wohnhäusern von **Bordighera-Arziglia** 9 und steigen hinauf zur Via Aurelia mit der Bushaltestelle. Der RT-Bus bringt uns nach Sanremo.

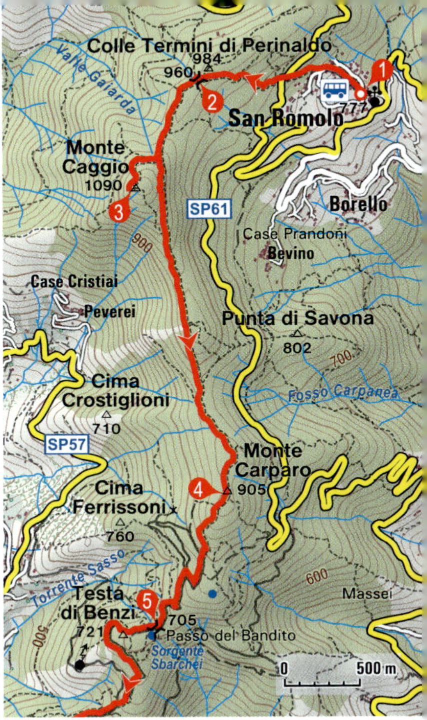

Blick vom Paragliderstartplatz zum Capo Nero.

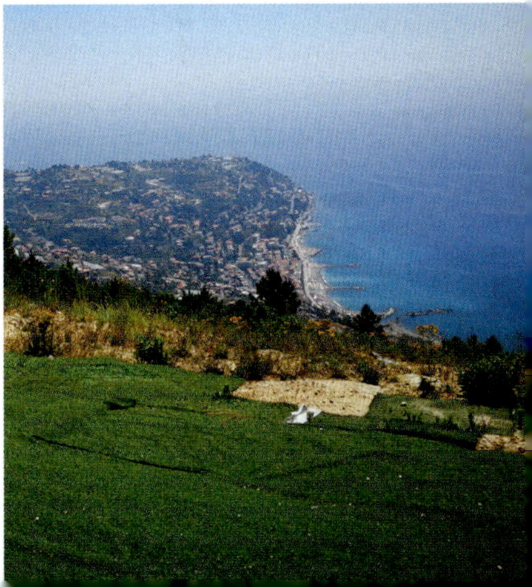

↗ 550 m | ↘ 550 m | 7.4 km

9 San Romolo – Monte Bignone, 1299 m

3.30 h

Der Hausberg von Sanremo

Der Monte Bignone im Hinterland von Sanremo ist mit seinen vielen Wanderwegen einer der vielbesuchten Berge in Ligurien, und das, obwohl die ehemalige Seilbahn stillgelegt ist und ihn heute viele TV- und Mobilfunk-Masten verunzieren. Der eigentliche Gipfel liegt mit seinem Rondell indes etwas nördlich und höher: Er bietet einen Weitblick über die westliche Ligurische Riviera und zu den höchsten Bergen Liguriens im Grenzkamm zu Frankreich.

Ausgangspunkt: San Romolo, 777 m, Parkplatz; RT Linea 14/11 Sanremo – San Romolo ab der zentralen Autostazione Sanremo: Mo.–Sa. 6.10 Uhr, So. 9.00 Uhr, Endhaltestelle in San Romolo am Parkplatz.

Anforderungen: Wegen der teilweise sandig-lehmigen Pfade ist Trittsicherheit Voraussetzung. Genügend Wasser mitnehmen!

Einkehr: Bar-Ristorante in San Romolo; Bars, Hotels und Restaurants in Sanremo.

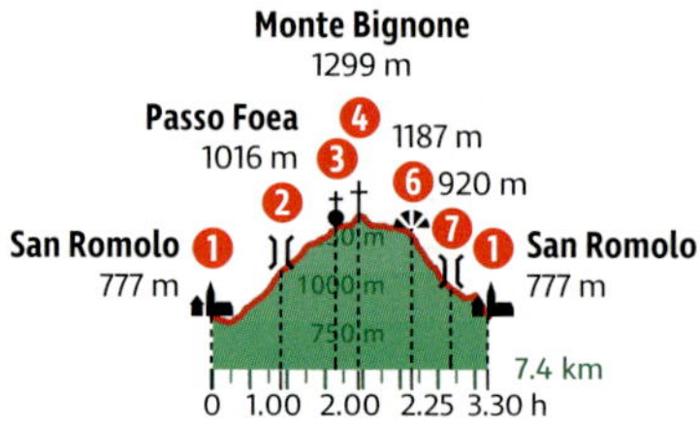

Von der Bushaltestelle am Parkplatz in **San Romolo** ❶ gehen wir ein Stück die Anfahrtsstraße zurück und an einer Pferdekoppel vorbei bis zur nächsten Kurve, wo wir die Asphaltstraße nach einer Rechtskehre links verlassen. Wir folgen dem Wegweiser (Itinerario 2) zum Bächlein, das wir ein Stück weiter überqueren. Danach schwenkt der Weg nach rechts und wird steiler. Durch Niederwald, dann zwischen Ginster- und Erikastauden, steigen wir auf dem lehmigen, oft hohlwegartigen Pfad den Steilhang bergan. Reifenspuren lassen erkennen, dass hier auch Cross-Biker unterwegs sind. Dann geht es durch einen Steineichenwald in einer weiten Linkskurve bergan und in einen Talschluss, wo wir ein meist trockenes Bachbett überqueren. Dann steigen wir zur Costa Campo Bandito an, einem Südausläufer des Monte Bignone. Wir erreichen den Kamm bei der Wegkreuzung am **Passo Foea** ❷, wo im Herbst (Mi., So.) nicht Banditen, sondern Jäger

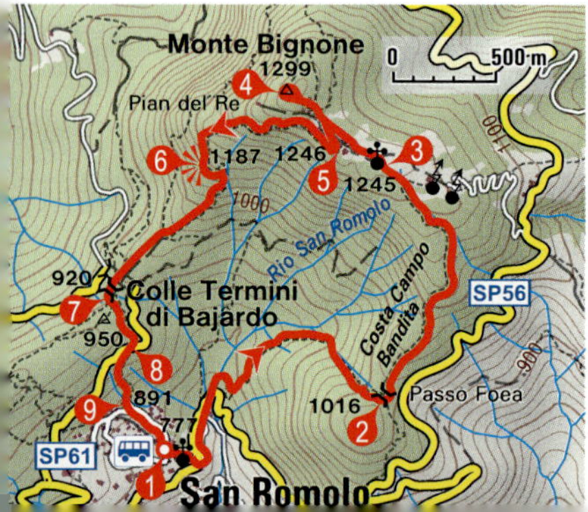

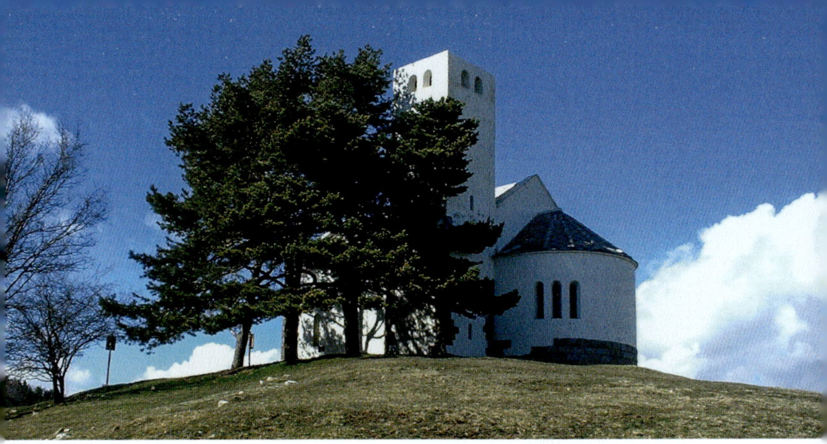

Die weiße Bergkapelle nahe der TV-Umsetzer am Monte Bignone sieht man schon von Weitem.

unterwegs sind. Unser Weg (Nr. 2, rot-weiß-rot markiert) führt halblinks den Kamm hinauf. Nur streckenweise hat sich die alte Mulattiera erhalten, ansonsten hat sie unter den Bremsmanövern der Mountain- und Motocrossbiker arg gelitten. Auf deshalb meist sandig-lehmigem Weg, der sich immer wieder aufgabelt und zusammenführt, wandern wir beständig aufwärts. Ein Stück weit etwas rechts unterhalb des Kammes, dann wieder auf ihm, kommen wir zu dem gelben Wegweiser »Monte Bignone«. Ihm folgen wir immer aufwärts. Der Wald wird bald etwas lichter und dann erspähen wir auch schon zwischen den Bäumen die weiße Capelletta **San Romolo** 3, zu der wir vom Waldrand noch ein Stück über die Wiese hinaufsteigen. Über Fahrwegspuren gehen wir von ihr zum Fahrweg, zuerst auf ihm zwischen Hausruinen und Funkmasten hindurch und immer geradeaus auf den Gipfel zu: An zwei fast 4 m hohen Zistrosensträuchern vorbei kommen wir zu einer Dreizackgabelung. Wir gehen hier auf dem mittleren Weg weiter, der als Mulattiera erst ein Stück geradeaus, dann halblinks zwischen zwei Häuschen und schließlich abgetreppt aufwärts zum Gipfelrondell des **Monte Bignone** 4, 1299 m, hinaufführt. Geschafft! Hier oben befand sich bereits im 6. Jh. v. Chr. ein Signalfeuerplatz, der dann auch nach den Römern weiter genutzt wurde. So belegt durch Funde einer archäologischen Grabung, die auch die Mauerreste eines mittelalterlichen Rechteckbaus neben dem Rondell ans Licht brachte.

Wir gehen auf dem Herweg zurück zu den Hausruinen und verlassen die Straße kurz vor der ehemaligen **Seilbahnstation** 5 nach rechts zum Wegweiser. Eine überdachte Karte zeigt unseren Abstiegsweg Itinerario 1. Über einen treppenartigen Pfad gehen wir Richtung San Romolo halblinks hinab und dann nach rechts und unterhalb eines Maschendrahtzauns an

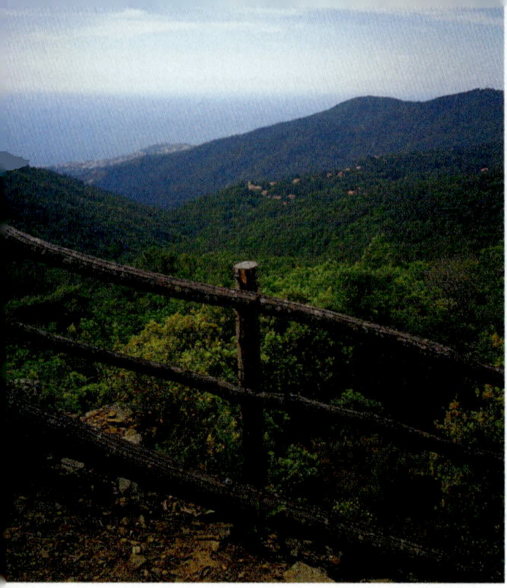

Der Abstieg durch die Rione Maurixe ist teilweise gesichert.

diesem entlang. Danach wandern wir im Wald abwärts, einmal auch unter einem umgestürzten Baum hindurch, und verlieren so am Westabhang langsam an Höhe. Schneller geht das dann, nachdem wir einen Ausläufer überquert haben, durch Buchenwald hinabgewandert sind und den nächsten Ausläufer erreicht haben. Denn nun wandern wir hinab zu einem meist ausgetrockneten Rinnsal, das wir im Talschluss queren, und vor dem nächsten Kamm in steilen Serpentinen abwärts. Weiter unten führt der Weg noch einmal nahe an den Bach heran, wendet sich aber dann zum Kamm rechts. Hier verlieren wir im Zickzack rasch an Höhe und kommen auf hohlwegartigem Pfad hinab zu einer Steigbefestigung mit talseitigem Geländer und einem mit Drahtgewebe verstärkten Boden. Weil der Wald am Kamm lichter wird, genießen wir dort wie schon am Geländer immer wieder schöne Ausblicke, erst recht bei den Kiefern in der Nähe des **Kammsporns** 6. Anschließend geht es durch immer grüneres Terrain durch die Rione Maurixe hinab zu einem Wetterhäuschen mit Bank und Tisch.

Nach kurzer Rast gehen wir geradeaus weiter und kommen an eine Wegkreuzung. Wir bleiben unserer Richtung treu und stehen bald am Wegweiser 15 m unterhalb des **Colle Termini di Bajardo** 7. Die angegebene Abstiegszeit für den Weg Nr. 1 nach San Romolo (20 Min.) gilt für Mountainbiker, nicht für Wanderer! Wir gehen geradeaus weiter abwärts. Unser Pfad weitet sich bald zu einem Schotterweg mit talseitiger Brüstung. Kurz darauf überqueren wir eine **Asphaltstraße** 8 (S. Romolo–Perinaldo) nach halblinks und gehen dann rechts zwischen einer Holzbarriere (gegen Motocross-Fahrer) hindurch. Etwas unterhalb passieren wir eine Einmündung und gehen geradeaus weiter den Weg hinab, in dem mittig eine gegabelte Kiefer steht. Immer weiter abwärts durch den Wald kommen wir so zum Ende einer Asphaltstraße am **Waldrand** 9. Auf ihr spazieren wir 100 m weit halblinks abwärts, bis wir sie gegenüber von einem hohen Sportplatzzaun nach rechts verlassen und auf einer Mulattiera zwischen Villengrundstücken hinabwandern. Die letzten Meter gehen wir dann über ein Sträßchen hinab zum Parkplatz in **San Romolo** 1 mit der Bushaltestelle, vor allem aber mit dem Bar-Ristorante, in dem wir uns, vielleicht beim Warten auf den Bus, eine verdiente Erfrischung genehmigen können.

↗ 500 m | ↘ 500 m | 11.6 km

4.15 h

Bajardo – Monte Bignone, 1299 m

10

Über den Westanstieg auf den Monte Bignone

Der aussichtsreichste Anstieg zum Monte Bignone verläuft an seiner Westseite und unterhalb der dortigen Steilabbrüche vom Passo Ghimbegna bis zum Colle Termini di Bajardo – mit freiem Blick auf den italienisch-französischen Grenzkamm und über den Südwestkamm hinauf zur Gipfelregion. Diese Bergwanderung sollte man deshalb früh am Morgen beginnen: Wenn die Sonne höher steht, wandert man angenehm durch den schattigen Wald an der Ostseite des Nordausläufers.

Ausgangspunkt: Passo Ghimbegna, 900 m, Parkplatz an der SP 56 unterhalb des Passes, östlich von Bajardo; Bus RT Linea 15 Sanremo–Bajardo.
Anforderungen: Wegen der teilweise sandig-lehmigen Pfade ist Trittsicherheit Voraussetzung; genügend Wasser mitnehmen.
Einkehr: Keine; Bar-Restaurants in Bajardo.
Tipp: Wenn man schon am Passo Ghimbegna ist, sollte man nach der Tour noch einen Abstecher zum nahen Bergdorf Bajardo, 900 m, machen. Nicht nur zum Essen: Tolle Aussichten genießt man von der Terrazza sulle Alpi am nordwestlichen Stadtrand oder bei der kleinen Chiesa di San Giovanni etwas unterhalb. Das gilt auch für das Belvedere am Ende der Via XX Settembre.

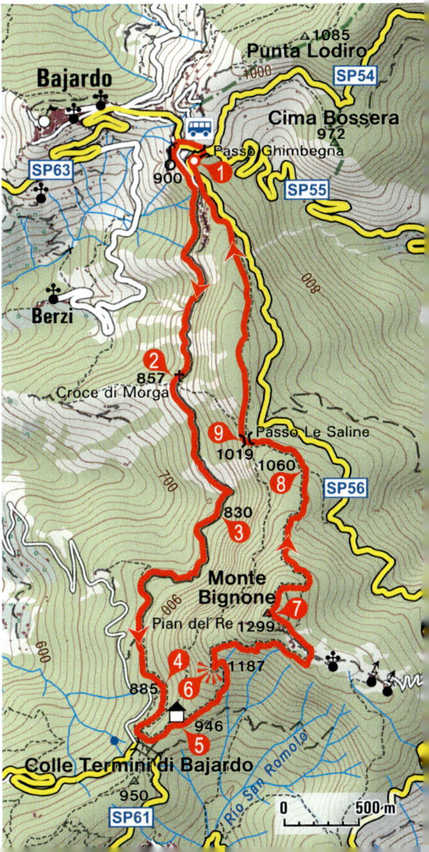

Vom Wanderparkplatz am **Passo Ghimbegna 1** steigen wir erst 50 m auf Asphalt hinauf zum Pass mit einem Bunker aus dem Zweiten Weltkrieg und weiter links aufwärts zur Dreizackgabelung am vernachlässigten Sportplatz von Bajardo. Wir folgen nun einem weiß-rot (»Perinaldo«) markierten Fahrweg unterhalb von Villen leicht rechts abwärts. Auf dem steinig-lehmigen Feldweg wandern wir ein langes Wegstück in sanftem Auf und Ab erst durch Mischwald, dann durch offenere Gelände mit niederer Macchia und kommen so zum Wegkreuz **Croce di Morga** ❷ an einer Gabelung, wo von rechts ein Fußweg von Apricale heraufkommt und als Expresssteig (SP 56) nach links zum Pass Le Saline / M. Bignone weiterführt.

Wir bleiben indes unserem Feldweg treu und passieren ein ehemaliges Weinberghäuschen mit verwildertem Garten und in der folgenden Senke eine Viehtränke. Etwas später überqueren wir einen **Bach** ❸ und ein Geröllfeld. Nach einer Macchiapassage kommen wir nach einem längeren Wegstück im Wald zu einer Gabelung, wo wir zweimal links (Pfeile, Steinmänner) auf dem weiß-rot markierten Waldweg weitergehen und schließlich dem Wegweiser »Colle Termini di Bajardo« folgen. Immer aufwärts auf dem felsiger werdenden Pfad kommen wir nun durch einen uralten **Kastanienwald** ❹, ein wahres Naturdenkmal.

Ein weiß-roter Linkswinkel an einem Stamm zeigt bald an, dass wir uns ein drittes Mal links halten müssen. Hier passieren wir jetzt steinalte Baumruinen, die, teils mehr als meterdick, erneut zum Leben erwacht sind und deren skurrile Rindenwülste und -auswüchse die Fantasie des Betrachters anregen. Nach diesem »Hexenwald« wandern wir auf dem gut markierten Pfad aufwärts und gehen nach einer grünen Motocrossbiker-Sperre zur Gabelung beim **Wetterhäuschen** ❺ und dann wieder links.

Der Kammweg wird nun erst ein wenig, dann im Wald richtig steil, wo wir auf felsigem Steig schnell an Höhe gewinnen und zu einem geländergesicherten Wegstück mit Aussicht zur Küste kommen. Danach an einer verzwirbelten riesigen Kastanie vorbei und hinauf auf den **Kammsporn** ❻, von dem man dann schöne Aussichten zu den höchsten ligurischen Bergen genießt.

Auf ausgewaschenem Pfad steigen wir im Mischwald an und folgen schließlich einem Maschendrahtzaun. Wenig später macht der Pfad eine starke Linkskehre und wir steigen über einige Treppenstufen hinauf zum Kammplateau mit Hausruinen und vielen Sendemasten. Rechts sehen wir die weiße Capelletta San Romolo, gehen aber nach links auf dem Feldweg weiter zu einer Dreizackgabelung, dann mittig weiter und links auf der abgetreppten Mulattiera zwischen zwei Häusern aufwärts zum Gipfelrondell des **Monte Bignone** ❼, 1299 m, mit geodätischem Punkt auf einem Pfeiler im Zentrum. Eine halbrunde Blechplatte links indiziert uns die Namen der Berge am westlichen Horizont.

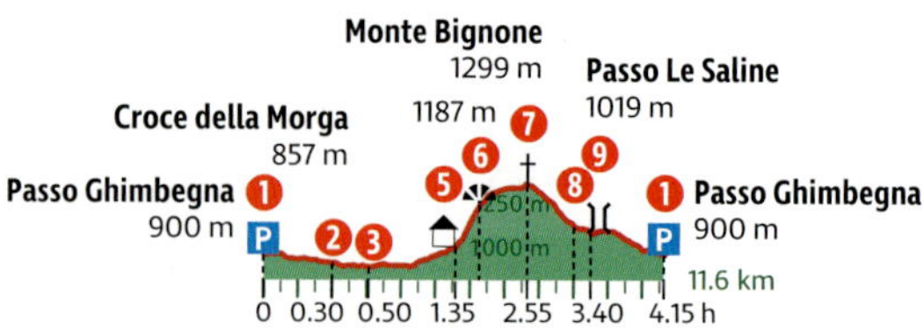

Die teils vertikalen Westabstürze am Nordwestausläufer des Monte Bignone.

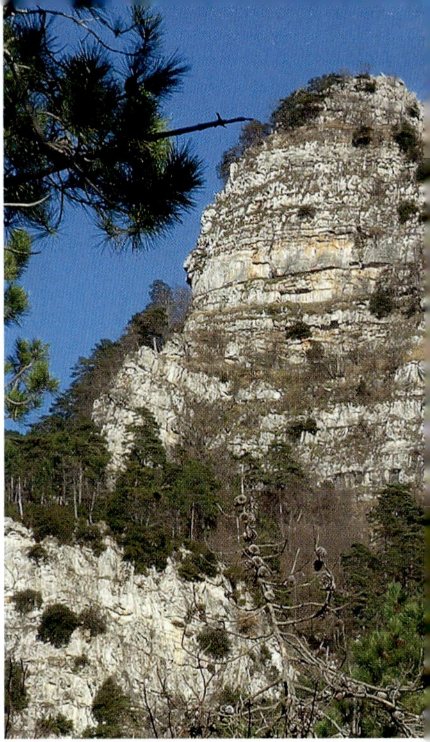

Nach dem Genuss des Gipfelpanoramas wandern wir im Wald auf Pfadspuren weiter in nördlicher Richtung ein Stück abwärts zu beschatteten Picknickbänken mit Kinderrutsche und einem Wetterunterstand.

Nach der Rast gehen wir auf dem Kamm noch ein Stück geradeaus, wenden uns dann aber noch vor dem Umsetzer nach rechts und folgen den zahlreichen weiß-roten Markierungen abwärts. Wo der Weg jeweils einen Schwenk macht, weisen auch L-förmige Zeichen an Stämmen oder Felsen darauf hin. Die vielen Baummarkierungen machen Sinn, denn im Herbst und Winter ist hier der Boden von Kastanienlaub übersät und man sieht den Pfad nur sporadisch. Insgesamt macht der Weg dabei eine Wendung hinab auf die Ostflanke des Nordausläufers. 150 m nach einer unscheinbaren Pfadkreuzung und verschiedenen Fahrspuren der Crossbiker kommen wir zur markierten **Weggabelung 8**, wo von rechts ein Pfad von der SP 56 einmündet. Wir gehen hier linkshaltend Richtung Bajardo leicht abwärts weiter und kommen schließlich nach einer leichten Linkskurve zum lichteren Kamm, wo beim **Passo Le Saline 9** der Expresssteig vom Croce di Morga heraufkommt.

Wir gehen am Pass halbrechts Richtung Bajardo weiter, wie es die Felsmarkierung zu unseren Füßen anzeigt. Auf lehmig-sandigem Pfad kommen wir unter einigen umgefallenen Stämmen hindurch. Streckenweise ist der Weg auch hohlwegartig ausgewaschen oder von Motocrossmaschinen herausgefräst. Wir kommen an eine Weggabelung, wo wir rechts auf dem weißrot markierten Wanderweg weiterwandern. Nach einer gut markierten eckigen Rechts-Links-Kurve verläuft der Weg wieder hohlwegartig weiter durch den Mischwald, den wir schließlich bei der Südwestecke des ehemaligen Bolzplatzes von Bajardo verlassen. Rechtshaltend erreichen wir direkt auf einem leicht fallenden Pfad durch den Wald wieder den Parkplatz am **Passo Ghimbegna 1**.

TOP

↗ 450 m | ↘ 450 m | 5.4 km

11 Monte Ceppo, 1627 m

3.15 h

Der zentrale Panoramaberg im Hinterland der Blumenriviera

Diese Wanderung ermöglicht die Besteigung des Aussichtsberges Monte Ceppo mit seiner Rundumschau über Berge und Täler im Hinterland der Blumenriviera. Dabei wandert man, außer an den Grasgipfeln selbst, angenehm auf schattigen Waldpfaden. Zum Bergkirchlein San Giovanni dei Prati mit einem Portal von 1522 wallfahren die Leute von Triora jedes Jahr am 24. Juni.

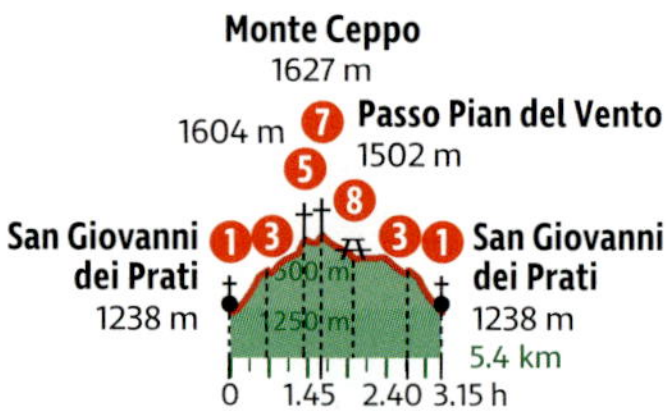

Ausgangspunkt: San Giovanni dei Prati, 1238 m; Anfahrt am besten von Arma di Taggia aus über Molini di Triora, Parkmöglichkeiten an der Kirche.

Anforderungen: Etwas Kondition ist bei den Gipfelanstiegen Voraussetzung. Auf den beiden Gipfelpfaden und bei wenigen Passagen im Wald ist Trittsicherheit erforderlich. Die Mitnahme von Verpflegung und ausreichend Wasser ist ratsam.

Einkehr: Keine; Agriturismo Il Rifugio, 1,5 km westlich von der Colla Langan, saisonal geöffnet, Tel. +39 0184 241661 oder +39 329 0236494, agriturismoilrifugio.it; Hotels, Bars und Restaurants in Bajardo und in Molini di Triora.

Tipp: Fährt man über Triora zurück, sollte man nicht versäumen, sich bei der Bäckerei ein Pane di Triora mitzunehmen. Dank des leichten Wassers vom Monte Frontè backt der Panificio Angiolino Asplanato das beste Brot an der ganzen Blumenriviera.

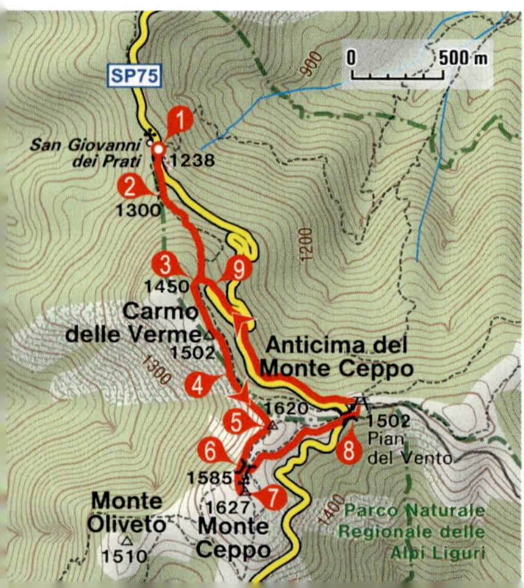

Vom Bergkirchlein **San Giovanni dei Prati** ❶, das wir zunächst kurz umrunden, wandern wir Richtung Süden aufwärts an einem kleinen Anwesen vorbei und über einige Schieferfelsen in den Wald. Unser Wanderpfad hält fast permanent die Richtung bei: erst auf dem Kamm, dann immer etwas links unterhalb, immer aber durch lichten Buchenwald. Nachdem wir einen markanten **Kammfelsen** ❷ passiert haben, schreiten wir auf der mit Findlingen und Felsen durchsetzten Flanke beständig bergan. Reifenspuren verraten, dass hier gelegent-

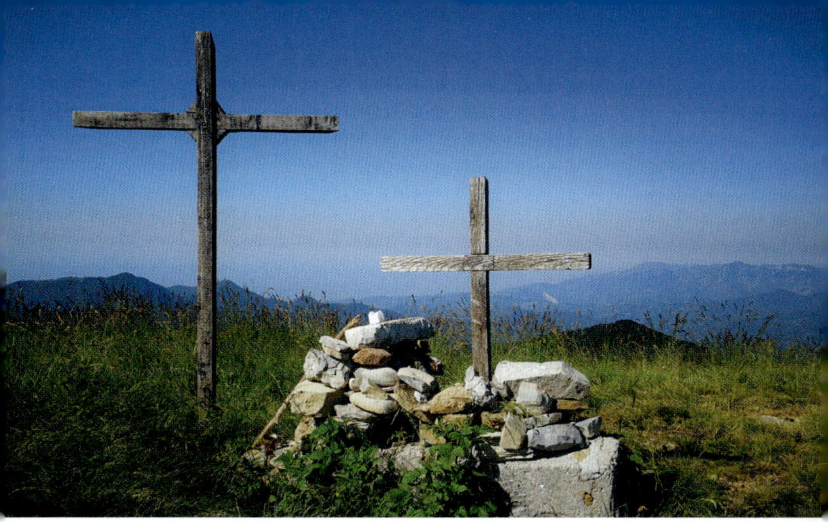

Am Gipfel des Monte Ceppo stehen zwei Kreuze.

lich Mountainbiker herabbrettern (weiße Plastikbandagen). In einer großen weiten Serpentine wird der Weg etwas steiler (weiße Plastikmarkierung), dann geht es weiter in mittlerer Steigung. Nach 200 m kommen wir zu der an einer Buche mit »10|9« weiß markierten **Einmündung** ❸, wo von links ein ausgewaschener steiler Pfad von der SP 75 heraufkommt. Nach zwei im Abstand von 10 m aufeinanderfolgenden »Raststeinen« zweigt rechts ein Expresssteig (Pfadspuren) zum Waldrand über uns ab. Wir bleiben aber auf dem Waldweg, der sich ein kurzes Stück lang senkt, nur um sogleich wieder im Schatten hoher Buchen durch die mit Felsbrocken übersäte Flanke ebenfalls zum **Waldrand** ❹ anzusteigen. 100 m weiter öffnet sich rechts erstmals der Blick über den Kamm auf das italienisch-französische Grenzgebirge. Bevor der Weg wieder im Wald verschwindet, verlassen wir ihn halbrechts zum grasigen Kamm und gehen auf erdigem Pfad steiler aufwärts. Wir passieren einige grün-weiß-rot markierte Felsen und gelangen dann nach der schweißtreibenden Direttissima bei der **Anticima** ❺ an, dem nordöstlichen Vorgipfel mit einem hölzernen Gipfelpfosten neben einer grün-weiß-roten Felsmarkierung.

Nach ausgiebiger Rundschau lassen wir einen zweiten Expresssteig, der nach Osten abwärts führt, links liegen und wandern auf dem Kammweg nach kurzem Auf und Ab in einen **Sattel** ❻, wo von links ein Pfad einmündet. Ein hölzerner weißer Wegweiser weist uns indes den Weg geradeaus zum nächsten hohen Grasgipfel: Wir steigen noch einmal auf dem Kammpfad steil an, dann wird der Wiesenpfad allmählich flacher und wir erreichen das Doppelkreuz am Gipfel des **Monte Ceppo** ❼, 1627 m.

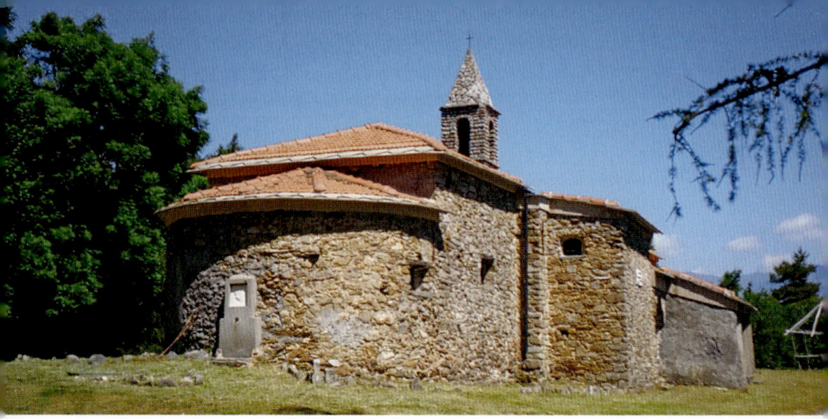

Die ebenso einsame wie malerische Bergkirche San Giovanni dei Prati.

Der Gipfel bietet, wie bereits der Vorgipfel, dank seiner Höhe das beeindruckendste freie Panorama über das Hinterland der Blumenriviera. Besonders spektakulär präsentieren sich die vertikalen Felsabstürze der beiden benachbarten Gipfel Monte Toraggio und Monte Pietravecchia mit ihrer charakteristischen Scharte dazwischen, der Gola dell'Incisa. Bereits aus dieser Entfernung macht man den in ihre vertikalen Felswände gehauenen, ausgesetzten Sentiero degli Alpini aus. Etwas rechts davon zieht der Kamm vom Monte Saccarello, dem höchsten Berg Liguriens und zugleich südlichsten Alpenhauptkammgipfel, nach Osten zum Monte Frontè.

Nach der Gipfelrast steigen wir auf dem Herweg wieder ab in den **Sattel** ❻. Dort halten wir uns jetzt halbrechts und queren auf dem gelb markierten, erdigen Normalweg den grasigen Südhang der Anticima hinüber zum Kamm ihres Ostausläufers, wo der Expresssteig von der Anticima einmündet. Jetzt spazieren wir ein Stück weit eben auf dem hier breiten Kammrücken. Anschließend verlieren wir auf dem steinigen Pfad zwischen einzelnen niederen Schwarzkiefern, die sich wie Latschenkiefern an den Hang ducken, rasch an Höhe und gelangen schließlich bei der SP 75 zum Pass **Pian del Vento** ❽. Einige Felsblöcke laden im Schatten zum Rasten ein. Ein paar Schritte weiter gibt es auch ein umzäuntes Areal mit Picknickbänken und Feuerstellen.

An ihnen links vorbei gelangt man zurück zur SP 75, auf der wir nun rechtshaltend etwa 700 m am talseitigen Straßenrand bequem und zumeist im Schatten bis zur ersten **Serpentine** ❾ hinabspazieren. Im Kurvenscheitel verlassen wir die Bergstraße (weiße Markierung abknickende Linie/10) nach links und steigen auf dem Express-Verbindungssteig hinauf zur **Einmündung** ❸ nahe der weißen Markierung »10|9«. Auf dem vom Anstieg bekannten Weg wandern wir nach rechts im Buchenwald bequem abwärts zum Ausgangspunkt bei der Bergkirche **San Giovanni dei Prati** ❶.

↗ 500 m | ↘ 500 m | 7.4 km

3.45 h

Cascate d'Arroscia **12**

Wasserfälle unter dem Monte Frontè

Wer an heißen Sommertagen der Hitze an der Küste entfliehen will, findet an dieser Wanderung Gefallen, führt sie doch zum Großteil durch Wälder zu kühlen Wasserfällen. Und dort, wo das nicht der Fall ist, genießt man schöne Ausblicke zur Costa Muralta oder über das wegen seines Wasserreichtums fruchtbare Arrosciatal. Zusätzlich Zeit einplanen sollte man für einen lohnenden Rundgang durch die beiden sehr malerischen Bergdörfer Montegrosso Pian Latte und Mendatica.

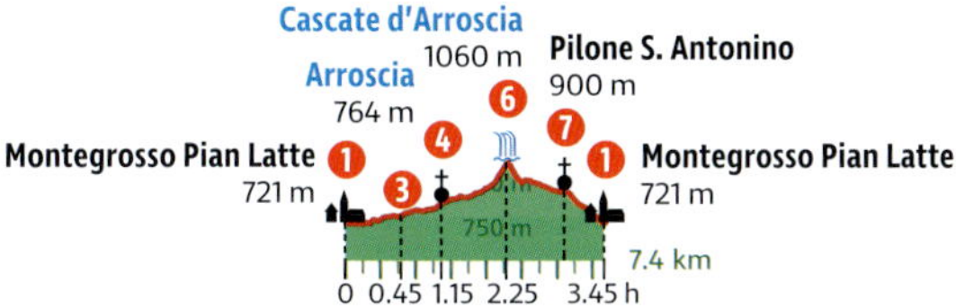

Ausgangspunkt: Montegrosso Pian Latte, 721 m; Anfahrt von Imperia über Pieve di Teco. Man parkt am besten kurz nach dem Brunnen Fonte S. Marco oder am Ortseingang, wo unsere Wanderung beginnt.
Anforderungen: Etwas Kondition ist beim Schlussanstieg zu den Wasserfällen Voraussetzung. Auf den Hangwegen und Maultierpfaden ist etwas Trittsicherheit erforderlich.
Einkehr: Hotels, Bars und gute Restaurants in Montegrosso Pian Latte, u.a. Osteria del Rododendro, Sa./So., Tel. +39 0183 752530; Mendatica: Bar-Pizzeria U Tecciu, Tel. +39 366 8360151.

Etwa 20 m nach dem Ortsschild von **Montegrosso Pian Latte** ❶ führt rechts die Circonvallazione (Umfahrungsstraße) bergan. Im Kurvenscheitel der ersten **Serpentine** ❷ verlassen wir das Asphaltband, überqueren ein Rinnsal und beginnen unsere Wanderung in leichtem Auf und Ab auf einem längeren Waldpfad (9, rot-weiß-rot markiert). Nach dem zweiten

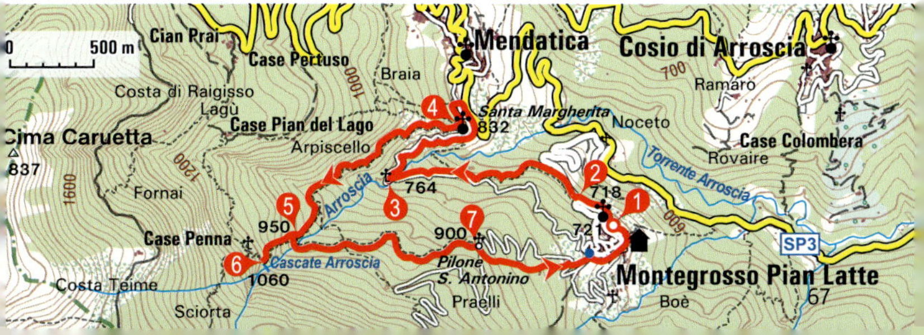

Rinnsal stoßen wir auf eine Strada Bianca, der wir nach rechts abwärts zur stählernen Bogenbrücke über die **Arroscia** 3 folgen. Jenseits setzen wir beim Bildstock mit Madonnina unseren Weg auf einer Serpentine fort, die terrassenartig in den Schieferhang gebaut ist, sodass wir den freien Blick über das obere Arrosciatal genießen, und wandern bequem ein längeres Stück auf der Strada Bianca weiter. Die letzten 100 m vor dem Wegweiser gehen wir auf Asphalt und schwenken dann scharf links Richtung »S. Margherita / Cascate dell'Arroscia«. Nach wenigen Metern öffnet sich der Blick auf die frisch renovierte Feldsteinbergkirche **Santa Margherita** 4, zu der wir über eine Treppe hinaufsteigen.

Zurück auf dem Weg kommen wir zu einer hölzernen Aussichtsplattform, von der man einen guten Blick hat, auch zum Monte Frontè und dem vorgelagerten Felsabbruch Sciorta mit einem Felssporn darüber. Auf alter Mulattiera und über Schieferplatten wandern wir nun in angenehmer Steigung taleinwärts, zuerst aussichtsreich (weiß-rot markiert) am Hang der schieferigen Costa delle Forche, dann durch Stieleichenwald und über kleine Rinnsale. Danach kommen wir an einen Steilhang, wo der Weg bergseitig aus dem Schieferfelsen gehauen und talseitig durch ein Holzgeländer gesichert ist. Dann verlieren wir im Wald an Höhe und überqueren auf einer Natursteinbrücke den Bergbach Rio dei Gruppin. Einige Schritte auf dem Pfad nach rechts und man sieht von der Seite erstaunt, wie dünn das Bogenmauerwerk oben ist. Jenseits finden wir auch eine Picknickbank.

Durch den feuchten Wald und zwischen großen Findlingen hindurch queren wir auf weiß-rot markierter Mulattiera ins Tal der obersten Arroscia hinüber und steigen rechts oberhalb des Wildbachs (orografisch links) noch 50 m zu einem **Wegweiser** 5 an. Wir folgen dem Hinweis »Cascate Arroscia« nach rechts und steigen über ein Bergsturzfeld weiter in vielen kleinen Kurven auf der steinigen, felsigen und oft verzweigten Mulattiera sehr steil bergan, bis uns im Buchenwald schließlich die Tafel »Cascate Arroscia« anzeigt, dass wir beim aussichtsreichen Rastplatz angekommen sind. Von hier aus und auch beim Bergbach, zu dem ein kurzer Pfad hinabführt, hat man einen schönen Blick auf die **Arroscia-Wasserfälle** 6, 1060 m, deren weiße Wasserbäche in tosenden Kaskaden über mehrere teils über 20 m hohe abgetreppte Schieferschichten insgesamt 70 m zu Tal stürzen und mit Gischt und Nebel eine feucht-kühle Atmosphäre bewirken – eine Wohltat nach dem letzten schweißtreibenden Anstieg! Mächtiges Treibholz verrät, dass über die Kaskaden bei und nach der Schneeschmelze oder Starkregen die auf etwa 6 km^2 (bei bis zu 1000 m Höhendifferenz!) gesammelten Wassermassen oberhalb der Felswand Sciorta sowie vom Monte Frontè urgewaltig herabstürzen.

Den Rückweg treten wir nach dem Naturschauspiel auf dem bekannten Herweg an und steigen im Zickzack hinab bis zum **Wegweiser** 5. Hier verlassen wir den Herweg und folgen dem Hinweis »Pilone S. Antonino / Montegrosso P.L.«. Wir überqueren nun den Arroscia-Wildbach auf

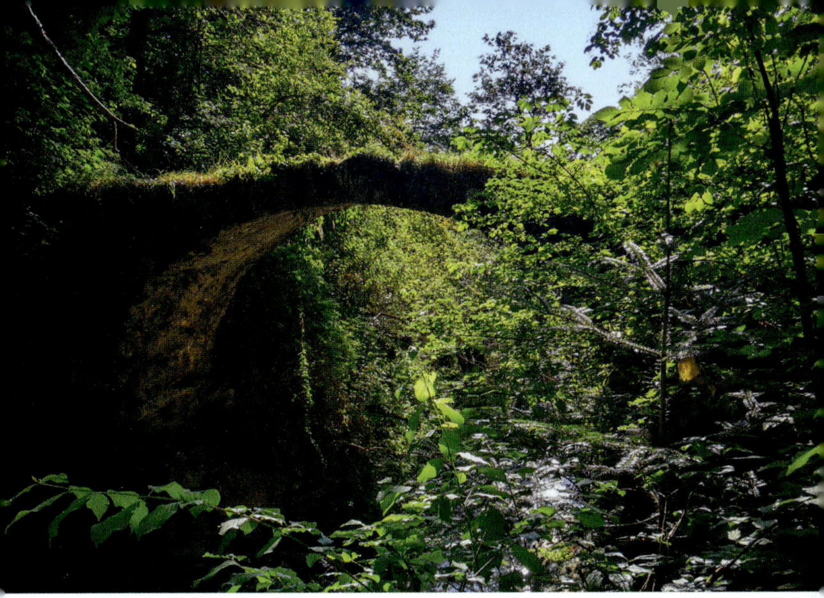

Diese Brücke ist Jahrhunderte alt.

einer Holzbrücke und steigen dann wieder bergan. In leichtem Auf und Ab queren wir den Hang der Costa dell'Avea und einige Rinnsale. Wir passieren dabei auch gewaltige Kastanienstümpfe, die mit ihrer enormen Rindenwulstigkeit die Fantasie beflügeln. Nach einem steileren Wegstück erreichen wir schließlich die Teerstraße beim **Pilone S. Antonino** 7. Wir gehen hier rechts zum Brunnen (weiß-rote Markierung am Boden) und zu einem Steinhaus. Dort überqueren wir diagonal die Straße und wandern auf einem breiten Ziehweg abwärts, der häufig weiß-rot markiert ist. Wir tangieren die Teerstraße (Recyclinghof) und gehen geradeaus auf dem markierten Waldweg am Bachlauf entlang. Beim nächsten Anwesen überqueren wir die Teerstraße erneut und wandern an einer Viehweide entlang bergab. Unser weiß-rot markierter Wanderweg endet weiter unten an der Teerstraße, nicht aber die Markierungen. Jenseits der Straße passieren wir das Brunnenhaus von Montegrosso Pian Latte mit Gratis-Mineralwasser auf der Via IV Novembre und spazieren auf ihr (weiß-rot markiert) in den malerischen Ortskern hinab. Beim Municipio biegen wir links ab zum Kirchplatz mit dem Ristorante Rododendro. Wer früh genug aufgebrochen ist, kann sich hier ein erstklassiges Mittagsmenü schmecken lassen.
Schließlich verlassen wir linkshaltend das Bergdorf und kehren auf seiner Zufahrtstraße zurück zum Ausgangspunkt am Ortseingang von **Montegrosso Pian Latte** 1.

↗ 430 m | ↘ 430 m | 5.5 km

13 Monte Grande, 1418 m – Monte Carpasino, 1413 m

3.45 h

Zwillingsgipfel oberhalb von Carpasio

Wer an heißen Sommertagen der Hitze an der Küste entfliehen will, findet an dieser Rundwanderung oberhalb von 1000 Meter Gefallen, wo es auf den Kammwegen luftiger und angenehm kühler ist als am Meer. Unsere Wanderung umrundet dabei die Wiesenhangarena südlich der beiden Panoramagipfel, die den Rio Rivaira speist.

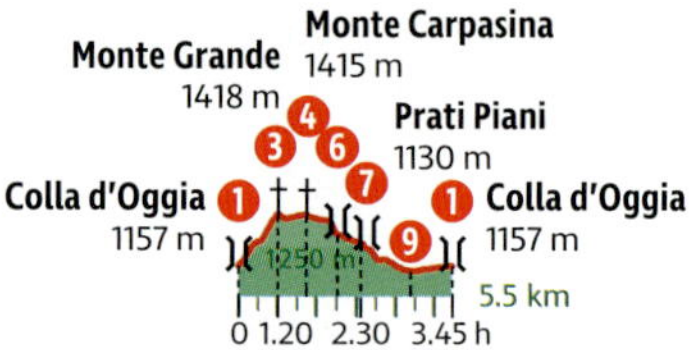

Ausgangspunkt: Colla d'Oggia, 1157 m. Drei Straßen winden sich aus drei Tälern herauf, von Carpasio, Borgomaro und von Rezzo, jenseits des benachbarten Passes San Bernardo di Conio.
Anforderungen: Etwas Kondition ist beim Anstieg zum Monte Grande hilfreich. Auf dem Kammweg sowie auf den Wiesenpfaden unterhalb des Passo di Sogli ist etwas Trittsicherheit erforderlich. Wegen dürftiger Markierungen sollte man des Kartenlesens kundig sein.
Einkehr: Keine; Mitnahme von Brotzeit und vielen Getränken empfehlenswert; Hotels, Bars und gute Restaurants in Badalucco, Carpasio und Molini di Triora.
Variante: Einen kürzeren, v. a. bei Hitze empfehlenswerten Rückweg gibt es für »Pfadfinder« , da unmarkiert auf Pfadspuren (in mancher Karte euphemistisch als MTB-Strecke bezeichnet), von der Senke 200 m nach dem Monte Carpasino: Er führt von hier halbrechts abwärts und quert die weite, grasige und im Sommer heiße Südflanke, zumeist unterhalb der Almweiden und ihres Weidezauns, insgesamt auf der Hanglinie oder nur sehr leicht fallend hinüber in den Almsattel unterhalb des Gipfelkegels des Monte Grande. Ab dort auf dem Herweg abwärts zur Colla d'Oggia (1,6 km und 1 Std. weniger).
Tipp: Gruppen oder große Familien können auch die Ferienhäuser Prati Piani als Standquartier buchen, Tel. +31 6 51403943, pratipiani.it.

Das Panorama am Monte Carpasino.

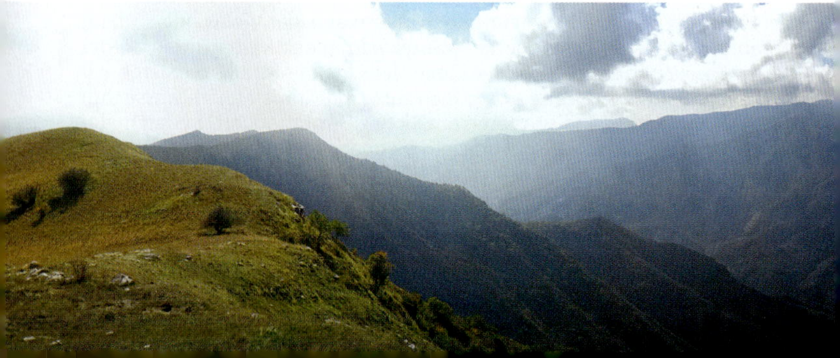

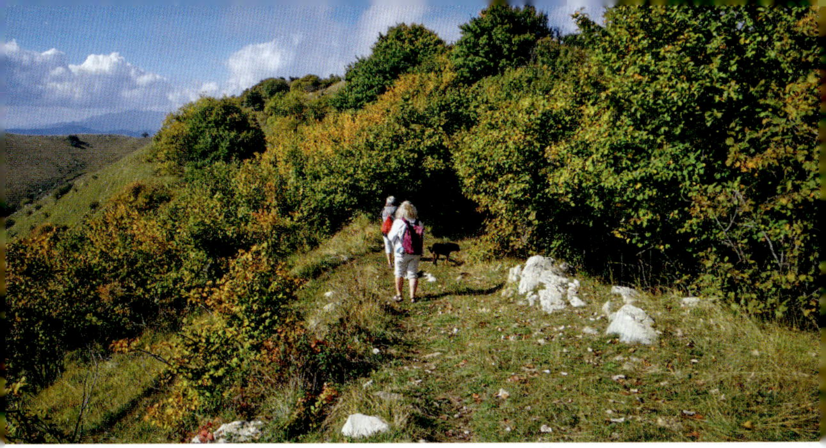

Am Kamm zwischen Monte Grande und Monte Carpasina.

Vom Pass **Colla d'Oggia** ❶ geht man auf dem Asphaltsträßchen 20 m Richtung San Bernardo di Conio, bevor man halblinks in Form von Wegspuren, die kurz vor den Felsen beginnen, den Einstieg zur Rundtour findet. Ein kurzes steiles Stück bringt uns zwischen Thymian und Zistrosensträuchern zur Mitte des Ausläufers, wo wir bald auf dem dort gut erkennbaren Pfad einen steilen Grashang erreichen, der dann über den Nordhang oberhalb von lichtem Niederwald und Macchia verläuft, und auf dem im Sommer Kühe weiden. Auf dem erdigen Pfad steigen wir nach dem Vorgipfel stetig an zum **Almsattel** ❷. Wir steigen ab hier immer auf dem Kamm bleibend steiler aufwärts und passieren einen Weidezaun. Auf Pfadspuren, die ihre Existenz mehr den Kühen als den Wanderern verdanken, gelangen wir nach diesem anstrengenden Schlussanstieg auf dem Südostausläufer kurz vor einem umzäunten Gipfelhäuschen zum eisernen Gipfelkreuz des Grasgipfels **Monte Grande** ❸, 1418 m. Dieser belohnt uns mit einem Ausblick, der vom Monte Armetta und dem Monte Galero im Norden über den Castell'Ermo,

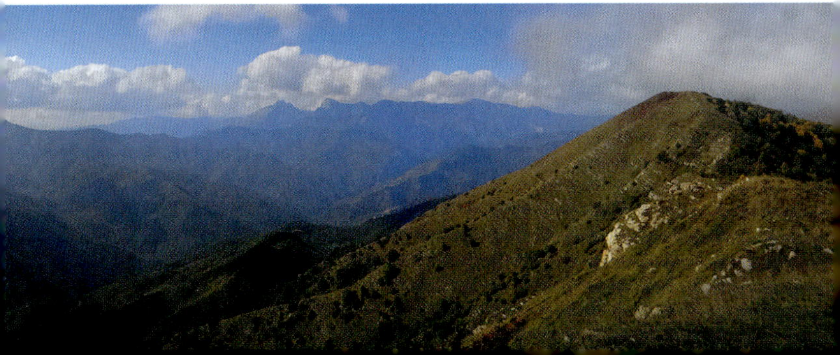

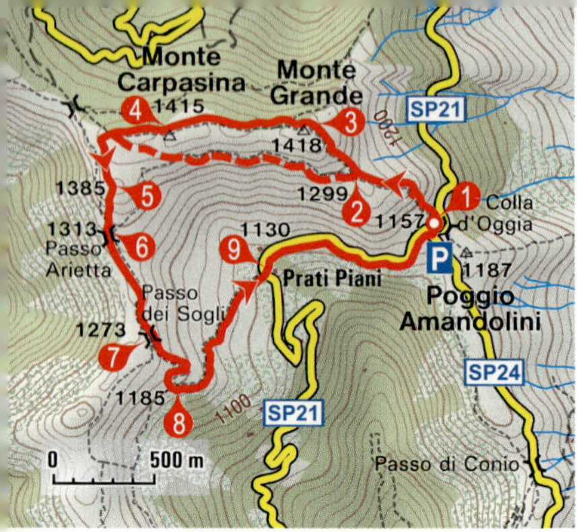

den Pizzo d'Evigno genau im Osten bis zum relativ nahen Monte Faudo im Süden reicht.

Vom Gipfel führt ein schmaler Kammweg 700 m zu seinem Zwillingsgipfel **Monte Carpasina** ❹, 1415 m. Falls es sehr heiß ist, kann man auch ein paar Meter tiefer auf einem Ziehweg im Schatten hoher Haselstauden bis zur Senke (→ Variante) zum Monte Carpasina hinabwandern. Zwischen Silberdisteln und Schlehensträuchern spazieren wir vom Monte Carpasina auf dem Kammweg nach Süden zum Steinmann am **westlichen Vorgipfel** ❺ des Monte Carpasina. Erst er macht das Panorama und die Gipfelschau komplett, denn hier öffnet sich nun auch der Blick nach Westen auf die charakteristischen felsigen Berggestalten des Monte Toraggio und des Monte Pietravecchia sowie auf die felsigen Vorgipfel, darunter die weniger prominenten nördlichen Nachbargipfel Monte Grai, Cima di Marta und Monte Collardente: 400 m fallen die Ostwände des Monte Gerbonte ab. Den Bric Castellaccio erkennt man an tief eingeschnittenen Erosionsschluchten. Im Nordwesten sieht man den mit 2201 m höchsten ligurischen Berg, den Monte Saccarello, den Monte Cimonasso sowie den Monte Frontè und rechts hinter dem Monte Monega leuchten vom Piemont die verschneiten Spitzen des Mont Mongioie, 2630 m, Bric Conoia und Pizzo d'Ormea, herüber. Sie ragen über dem Valle d'Upega auf, das im Herbst an Farbenpracht wegen seiner Buchen-, Fichten- und Lärchenwälder der in den Dolomiten in nichts nachsteht.

Von diesem Westgipfel gehen wir nach Süden zum Kammsporn, steigen von dort steil ab zum **Passo Arietta** ❻ und dann auf gut erkennbarem Fußpfad über den steinigen Südgrat steil hinab zu einer kleinen Steinhütte am **Passo dei Sogli** ❼. Unser Fußpfad zweigt links der Hütte ab und quert auf dem Nordosthang des Sporns Colla Carparo hinab zum Ostausläufer. Bei oder nach Regenwetter kann der Erdpfad bei den Haselsträuchern in der Hangmitte sehr rutschig sein. Auf dem deutlicheren Pfad am grasigen Kamm des Ostausläufers geht es dann steil abwärts bis zu einer **Weggabelung** ❽ oberhalb einer Hausruine, wo wir auf einem aus der üppigen Grasnarbe gewaschenen Pfad jetzt weniger steil über Almweiden nach **Prati Piani** ❾, 1130 m, hinabwandern, wo wir im Schatten hoher Ulmen einen Trinkwasserbrunnen finden. Das Anwesen war ursprünglich der Sommersitz der Pasta-Fabrikantenfamilie Agnesi. Nach der Rast gehen wir von Prati Piani auf der Passstraße stetig aufwärts zurück zum Ausgangspunkt an der **Colla d'Oggia** ❶.

↗ 280 m | ↘ 280 m | 3.6 km

TOP

14 2.00 h Monte Aurigo, 1122 m – Monte delle Vallasse, 1206 m

Zwei einfache Aussichtsgipfel über einem abgelegenen Pass

Wer diese Wanderung zu den Grasbergen oberhalb vom Passort San Bernardo di Conio im Frühsommer macht, sollte sich einen Tag mit etwas Wind aussuchen. Beim Anstieg zum Monte Aurigo gibt es noch etwas Schatten im Hainbuchenwäldchen, dann wird es zunehmend grasiger, offener und deshalb auch aussichtsreich und sonnig-heiß. Umso angenehmer ist die Wanderung deshalb im Frühjahr oder im Herbst. Und im Winter kann man diese Tour bei Schnee und Sonne als traumhafte Schneeschuhwanderung machen.

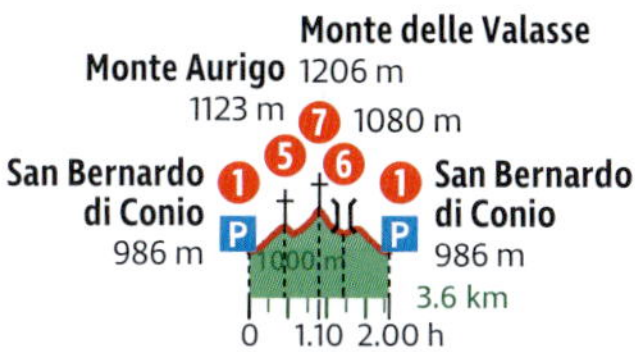

Ausgangspunkt: San Bernardo di Conio, 986 m, Parkplatz am Pass; Anfahrt von Imperia-Oneglia auf der SS 28 bis Ausfahrt Cesio; dann auf der SP 95 nach Colle San Bartolomeo und auf der SP 21 nach San Bernardo di Conio.
Anforderungen: Wanderung auf einem rot-weiß markierten, lehmig-steinigen Pfad, der über Wiesen, durch Niederwald und über den Graskamm führt. Sonnenschutz, Verpflegung und ausreichend Wasser empfehlenswert.
Einkehr: Keine an der Route; Casoni Guardiabella, 6,8 km entfernt: Bar-Pizzeria Al Boschetto, Tel. +39 0183 54449; Colle San Bartolomeo, 9,2 km entfernt: Bar-Ristorante La Pineta, Tel. +39 0183 55023.
Variante: »Pfadfinder« mit geländetauglichem Outfit können bei Gewitter vom Sattel 6 per Expressteig erst nach Südosten und nach dem zweiten Bächlein auf Pfadspuren zur SP 21 absteigen und auf der Straße nach rechts (Westen) zum Ausgangspunkt zurückwandern.
Kombinationsmöglichkeit: Mit Tour 17 über den Passo del Lupo und den Monte Guardiabella zum Colle di San Bartolomeo (ratsam bei drohendem Gewitter).
Hinweis: Bei drohendem Gewitter muss man wegen der Exponiertheit sofort umdrehen!

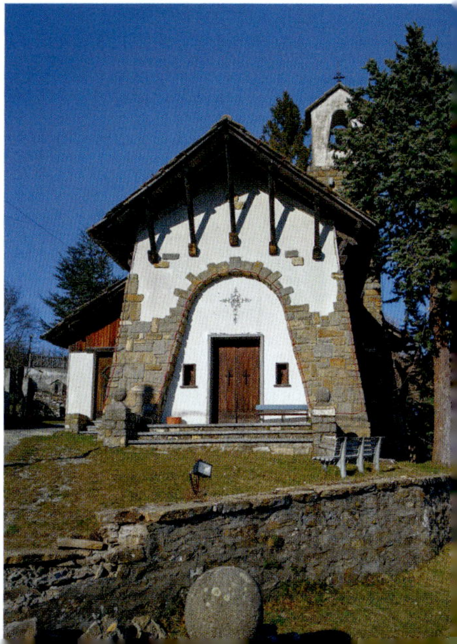

Die Passkapelle in San Bernardo di Conio.

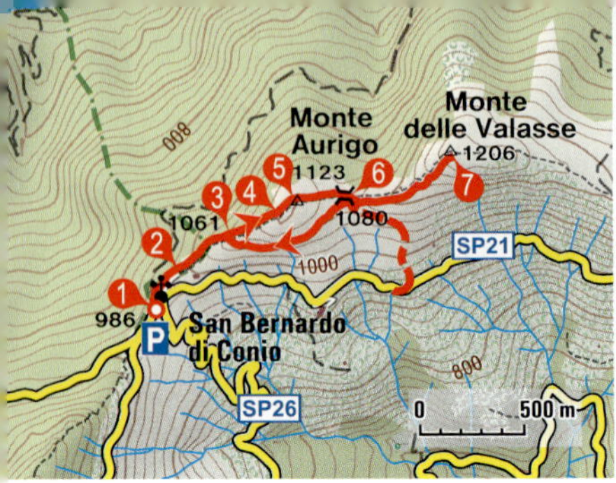

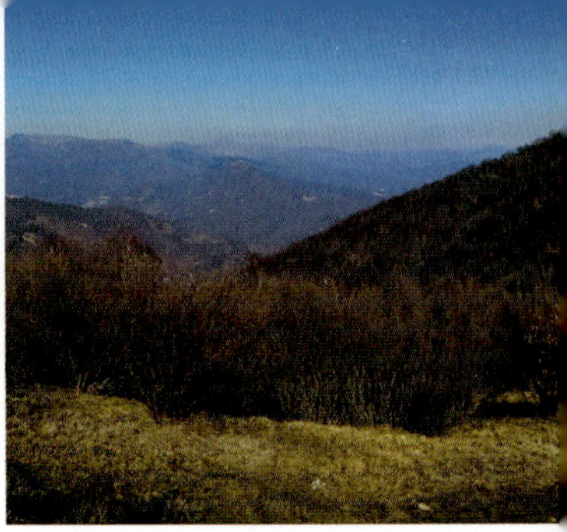

Vom Wanderparkplatz am Pass **San Bernardo di Conio** ❶ wandern wir ein kurzes Stück auf einem Asphaltfahrweg links an der Passkapelle und einigen Häusern vorbei zum **Wegweiser** ❷ am Beginn des Kammpfads in der Kurve. Hier gehen wir auf dem Wiesenpfad halblinks aufwärts.

Über eine erste Almwiese steigen wir an, queren ein markiertes kleines Felsband und kommen bald in ein Hainbuchenwäldchen, wo der hier oft weiß-rot markierte Wanderweg etwas steiler und felsig-steiniger wird. Nach dem Wäldchen passieren wir die **Einmündung** ❸ eines Pfades von

Beim Eisenkreuz hat man einen guten Blick auf die umliegenden Berge.

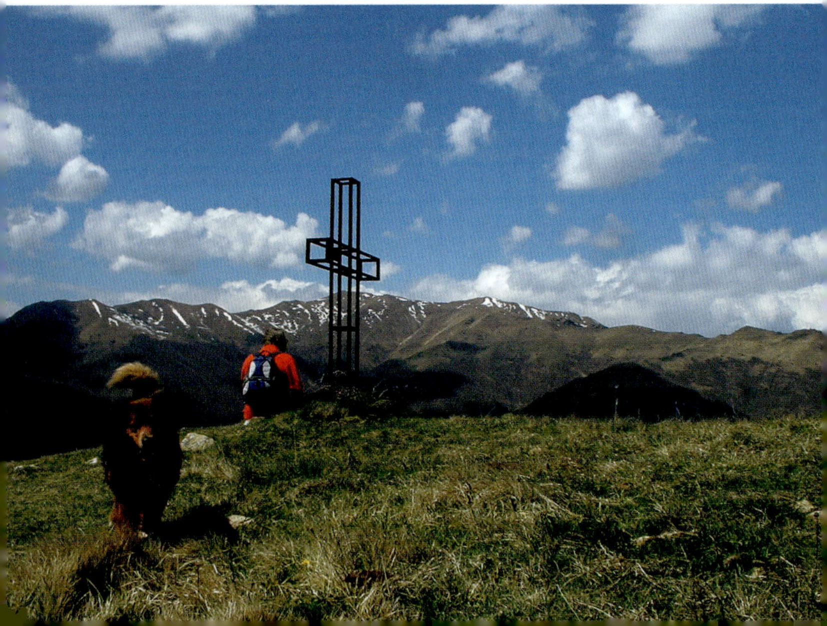

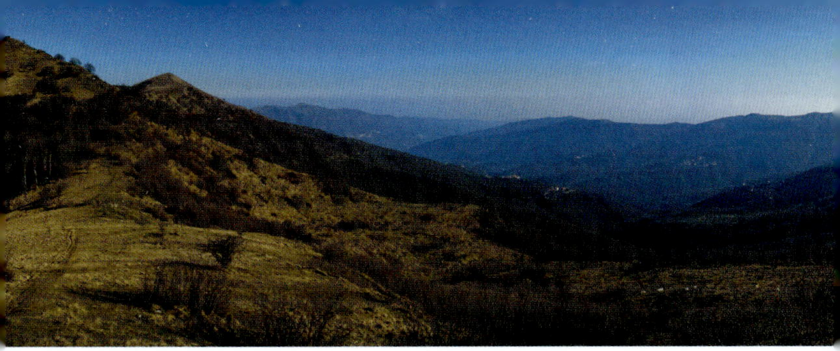

Am Ostkamm des Monte Aurigo genießt man den weiten Ausblick.

rechts (Rückweg) und steigen länger bergan über eine Wiese, auf der im Mai blauer Enzian blüht. Weiter oben öffnet sich nach einem Gebüsch der Blick über den mit flachen Felssteinen durchsetzten, grasigen Gipfelhang, dessen Nordseite mit dornigen Sträuchern bewachsen ist. Wir passieren ein eisernes **Kreuz** ❹ am westlichen Vorgipfel und stehen 50 m später am Gipfel des **Monte Aurigo** ❺, 1123 m, der auch Monte Prezoane oder Monte Prazuane genannt wird. Wegen einiger Dornsträucher genießen wir das Panorama hier oben von drei verschiedenen Standplätzen aus.
Am MTB-Wegweiser (71T) vorbei gehen wir dann in östlicher Richtung auf dem Kammweg weiter. Er bringt uns auf den tief in die Grasnarbe gebremsten MTB-Reifen rasch hinab in einen **Sattel** ❻. Dann geht es wieder aufwärts, erst durch ein lichtes Niederwäldchen, das bis über den Kamm reicht. Anschließend steigen wir auf dem steiler werdenden, schweißtreibenden Weg bergan. Nachdem wir einen Kammbuckel gequert und dann in einer Serpentine Buschgruppen hinter uns gelassen haben, umgehen wir einen Felsensporn auf seiner linken Flanke und stehen schließlich nach dem felsbestückten letzten Wiesenkamm am Gipfel des **Monte delle Valasse** ❼, 1206 m. Mehr noch als am Monte Aurigo sind wir hier in der Gesellschaft von Gestrüpp. Östlich davon haben wir den freien Blick über den Passo del Lupo (→ Kombinationsmöglichkeit) hinüber zur baumlosen Graspyramide des benachbarten Monte Guardiabella, zu dem Fahrspuren schnurstracks hinaufführen.
Nach der Gipfelschau und -rast drehen wir um und wandern auf dem Herweg zurück zum Hainbuchenwäldchen. Dabei können wir jetzt ab dem **Sattel** ❻ südseitig den Monte Aurigo auslassen, indem wir Pfadspuren auf der Höhenlinie bis zur **Einmündung** ❸ in den Herweg folgen.
Beim Abstieg haben wir die Zwillingsgipfel Monte Grande und den Monte Carpasina vor Augen, bis wir schließlich wieder die Häuser und die Passkapelle passieren. Ein paar Schritte weiter kommen wir zurück zu unserem Ausgangspunkt beim Wanderparkplatz am Pass **San Bernardo di Conio** ❶.

↗ 1000 m | ↘ 1000 m | 14.5 km

15 Monte Follia, 1031 m – Monte Faudo, 1149 m

6.15 h

Der aussichtsreiche Südanstieg von Pietrabruna

Dank seiner Nähe zur Küste ist der Monte Faudo nicht nur ein idealer Platz für Mobilfunkmasten, sondern er bietet uns auch einen großartigen Rundblick über einen vergleichsweise wenig verbauten Abschnitt der Blumenriviera und deren Hinterland. Unsere lange Rundwanderung führt über die Kammwege seiner Ausläufer und wir überqueren im waldigen Tal dazwischen den Rio Merea auf der alten Natursteinbrücke Ponte Martelli.

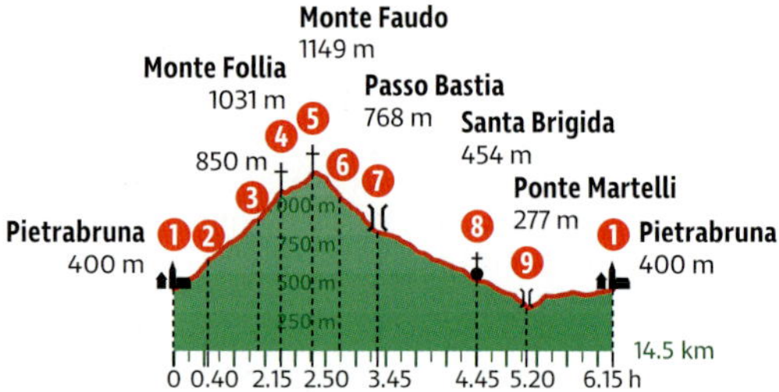

Ausgangspunkt: Pietrabruna, 400 m, Parkplatz auf der Piazza S. Giovanni XXIII am Ende der SP 45 am oberen Ortsrand; Anfahrt von San Lorenzo auf der SP 45; Bus RT Linea 21 San Lorenzo – Pietrabruna, Fermata Pietrabruna.
Anforderungen: Beim Aufstieg ist Kondition erforderlich. Die Mitnahme von Sonnenschutz, Proviant und ausreichend Wasser ist wegen des heißen Südanstieges und auch wegen der Länge der Kammwanderung ratsam.
Einkehr: Übernachtung (Agriturismo), Restaurant und Bars in Pietrabruna.
Variante: Wer nach den beiden Gipfeln Monte Follia und Monte Faudo gleich wieder nach Pietrabruna absteigen will, kann vom Wegweiser bei ❻ statt kammabwärts auf dem Fahrweg weitergehen. Nach einer kleinen Fattoria mit Pferden und Eseln beim Brunnen Fonte Bramusa verlässt man den Fahrweg auf dem Pfad halblinks abwärts, quert dreimal kurz den Wald an seinem oberen Ende und geht dann beständig weiter abwärts zum Sattel mit Wegweiser ❸, den wir vom Aufstieg her kennen. Von dort auf dem Herweg zurück nach Pietrabuna (7 km weniger, 3 Std. Zeitersparnis).
Tipp: Nach der Tour sollte man das malerisch-urige Bergdorf Pietrabruna mit seinen vielerorts überbauten Carruggi erkunden.

Vom Parkplatz auf der Piazza S. Giovanni XXIII in **Pietrabruna** ❶ wandern wir 50 m auf der Anfahrtsstraße zurück und beginnen unseren Anstieg gegenüber von einem Parkplatz: Wir folgen den Einstiegs-Wegweisern »Monte Follia« sowie »Monte Faudo« und steigen auf der Salita Monte Faudo bis zu einer auffälligen Schieferfelswand an. Hier verlassen wir das

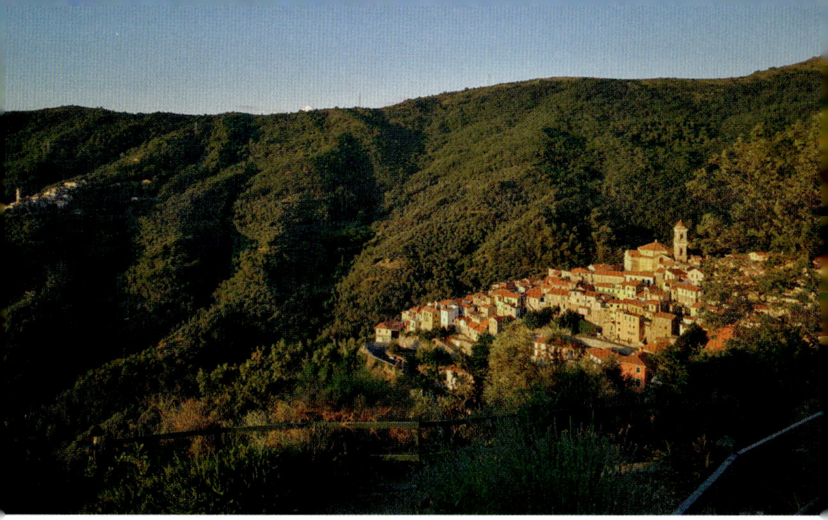

Pietrabruna kurz nach Sonnenaufgang.

Sträßchen im Kurvenscheitel nach rechts (weiß-rote Markierung, »M.te Faudo, M.te Follia«) und kürzen auf einer steileren Mulattiera zum Kammrücken ab, wo das Asphaltsträßchen nach dem Wasserreservoir (weiß-rote Markierungen) endet. Auf dem Fahrweg zum Wegweiser »M. Faudo M. Follia« (rot-gelb) für den Kammweg-**Abzweig** **2**. Wir gehen dort links

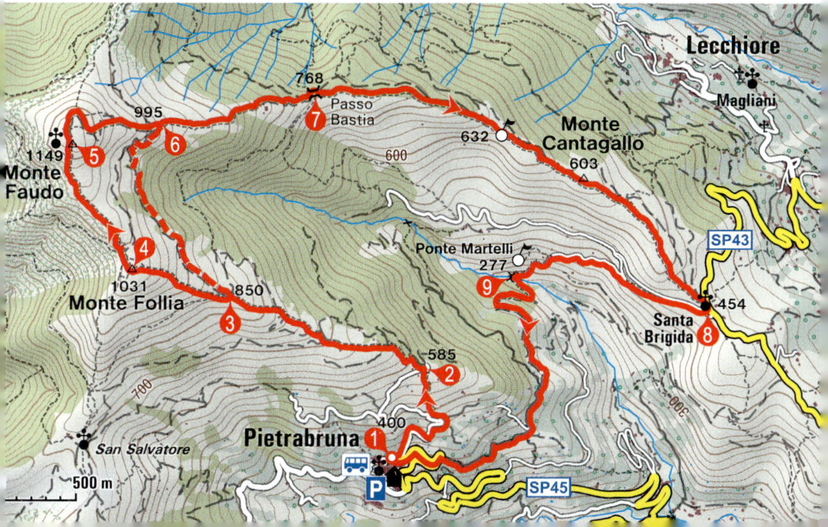

und steigen immer auf dem Kamm (weiß-rot markiert) zur nächsten Gabelung an. Wir wandern links aufwärts (weiß-rot) weiter, überqueren den Fahrweg und kommen zu den Ruinen der Costa dei tre Cammini und einem Eisenkreuz an der Hangkante. Auf dem Fahrsträßchen wandern wir halbrechts zur nächsten Gabelung. Auf dem Kammweg (Doppelpunkt und Dreieck) steigen wir parallel zur Stromleitung an und überqueren dann den Fahrweg halbrechts (beidseitig weiß-rot markiert) hinauf zum Sattel mit **Wegweiser 3**. Dort steigen wir Richtung Monte Follia über Schieferplatten an steingedeckten Stallruinen vorbei steil bergauf und meistern die letzten, schweißtreibenden 200 Höhenmeter per Expresssteig zum Gipfelkreuz auf dem **Monte Follia 4**, 1031 m.
Nach ausgiebigem Rundblick steigen wir nordseitig in den Sattel zum Wegweiser »S. Salvatore / Castellaro / M. Faudo« ab. Bergsteiger können hier auf dem Pfad im Zickzack durch den Felshang direkt hinauf zu einer Felskrone steigen, über sie hinweg und im Schatten einiger Bäume in den Sattel mit dem Kammweg. Wir Wanderer umgehen den steilen Kammfelsen rechtsseitig zum selben Sattel. Ab hier gewinnen wir in leichtem Auf und Ab über drei Sättel und drei Vorberge zusehends an Höhe. Beim letzten Sattel gehen wir wegen der Hütehunde einer stationären Ziegenherde 20–30 m rechts des Kammes. Den Endspurt nehmen wir per Expresssteig teils im Zickzack in Angriff. Vom hohen Metallkreuz des **Monte Faudo 5**, 1149 m, genießen wir unter Sendemasten den Meerblick und spazieren über das Gipfelplateau zum Sender.
Dann wandern wir auf dem rudimentären Zufahrtssträßchen mit Blick bis zum Capo Berta zum Südostausläufer hinab. Bei einem Wetterschutzhäuschen kürzen wir zum Pferdestall ab und folgen dann dem Sträßchen zum Wegweiser beim **Fahrwegabzweig 6** in der Kurve (kurzer Rückweg nach Pietrabruna → Variante).
Wir verlassen hier die talseitigen Fahrwege, gehen mittig auf dem breiten grasigen Kammrücken steil abwärts und queren bald ein Schiefer-Riff (rote Pfeile in Gegenrichtung). Auf der alten Kamm-Mulattiera wandern wir immer bergab und erreichen über die Betonzufahrt des Öko-Partisanen-Vereinsheimes den **Passo Bastia 7**. Dort verlassen wir den breiten Fahrweg S. Brigida – M. Faudo nach rechts und gehen ein längeres Stück auf dem nach S. Brigida ausgewiesenen, teils schattigen Kammweg weiter. Bei eine Kehre des Faudo-Zubringers folgen wir dem Wegweiser »Passeggiata del Bosco«. Wir wandern an der romantischen Kapellenruine San Bernardo vorbei und danach über Abschnitte einer Mulattiera hinab zur Bergkirche **Santa Brigida 8** mit Brunnen und Infotafeln. Hier verlassen wir den Kamm nach rechts und wandern 300 m auf dem Fahrsträßchen am Westhang unseres Ausläufers zu einer Gabelung. Wir gehen links bis zum Ende des Asphalts und 50 m danach beim Wegweiser »Ponte Martelli« scharf nach links. 150 m danach biegen wir bei einem weiß-rot markierten Baum scharf rechts auf eine schmale Mulattiera ab, verlieren im Zickzack rasch an

Höhe und gelangen so in den Talgrund des Rio Marea. Jenseits der Natursteinbrücke **Ponte Martelli** ❾, 277 m, steigen wir wieder an, passieren erst eine Kehre mit Wegweiser (rot-weiße Markierung), dann einen Steinmann und durchqueren den Niederwald in sanften Kurven zu einer Casetta (rote Markierung). Ab dem nahen Wendeplatz folgen wir einem Feldweg nach links zu einer Gabelung (weiß-rote Markierung auf dem Boden) und gehen halbrechts talauswärts weiter. Nach einem Garten mit Wasserreservoir kommen wir an die nächste Gabelung. Hier geradeaus aufwärts zu einem ersten Teersträßchen, auf dem wir 50 m steiler nach halbrechts zum Abzweig Ponte Martelli an einem zweiten, größeren Teersträßchen ansteigen: Auf ihm wandern wir links Richtung Pietrabruna weiter, passieren einen großen runden Wasserbehälter und stoßen nach einer rosa Villa auf eine Kehre der SP 45. Halbrechts hinauf spazieren wir zu unserem Ausgangspunkt in **Pietrabruna** ❶, wo wir uns in einer Bar erholen können.

Beim Wegweiser am Sattel nach dem Monte Follia.

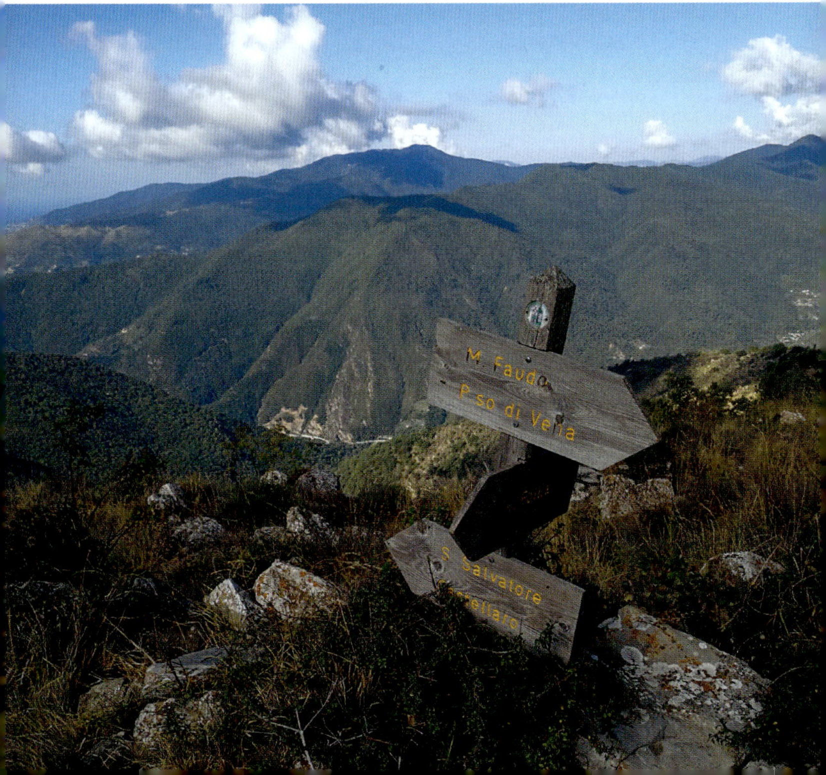

↗ 270 m | ↘ 270 m | 6.5 km

16 Monte Selletta, 579 m – Monte Pian delle Vigne, 541 m

2.15 h

Auf den Ausläufer hoch über dem Valle San Lorenzo

Diese familienfreundliche Rundwanderung bringt uns auf den aussichtsreichen Ausläufer, der sich vom Monte Faudo über San Salvatore und den Monte Sette Fontane bis nach Cipressa und Costarainera hinzieht. Beim Rückweg genießt man auf einem wenig befahrenen Teersträßchen erst den schattigen Stieleichenwald und dann den Fußweg zwischen Nutzgärten und Olivenhainen zurück zum malerischen Bergdorf Boscomare.

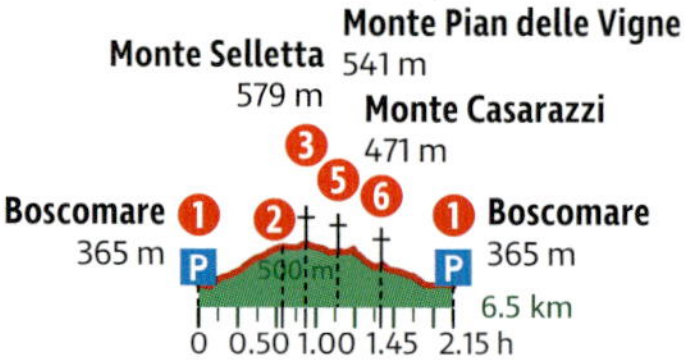

Ausgangspunkt: Boscomare, 365 m, Parkplatz am Ortseingang kurz vor der Bushaltestelle bei einer aufwendig bemalten Betonmauer; Anfahrt von San Lorenzo auf der SP 45 bis zum Abzweig 50 m vor der Brücke über den Rio San Lorenzo, linkshaltend auf der SP 46 nach Boscomare; Bus RT Linea 21 San Lorenzo–Pietrabruna, Fermata Boscomare.
Anforderungen: Beim Aufstieg ist etwas Kondition erforderlich. Die Mitnahme von ausreichend Wasser ist wie bei jeder Kammwanderung ratsam.
Einkehr: Keine; Übernachtung (Agriturismo), Restaurant und Bars in Pietrabruna, Camping (Agriturismo) in Torre Paponi.
Variante: Wer mit dem Linienbus nach Boscomare angefahren ist, kann vom Monte Pian delle Vigne auch dem erdig-steinigen Kammweg hinab zum Monte della Costa folgen und von dort über den Abzweig am Monte Tedesco nach Cipressa (Bushaltestelle), 236 m, absteigen.

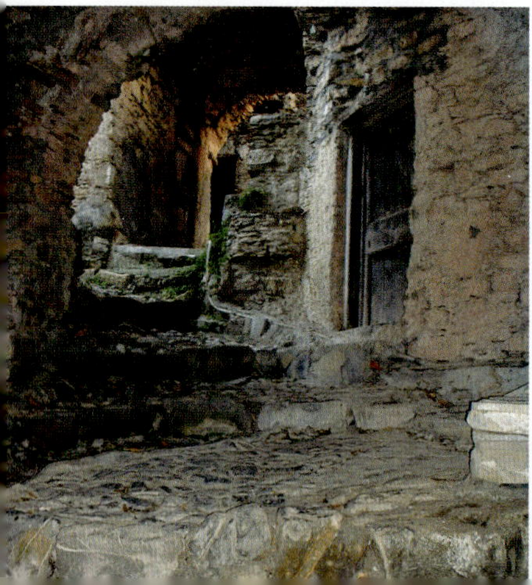

Vom Parkplatz am Ortseingang von **Boscomare** ❶ gehen wir auf dem gepflasterten Weg Via 25 Aprile in das Bergdorf hinein. Er bringt uns zur zentralen Piazza vor der 1797 erbauten spätbarocken Pfarrkirche San Bernardo, wo wir halblinks auf dem Carruggio weitergehen. Dann tangieren wir die Umgehungsstraße Via Pietrabruna und steigen links auf dem geteerten Fahrweg an. Er führt uns in einer großen Linkskurve durch Gärten und Olivenhaine zum

Die Carruggi in Boscomare führen auch unter Häusern hindurch.

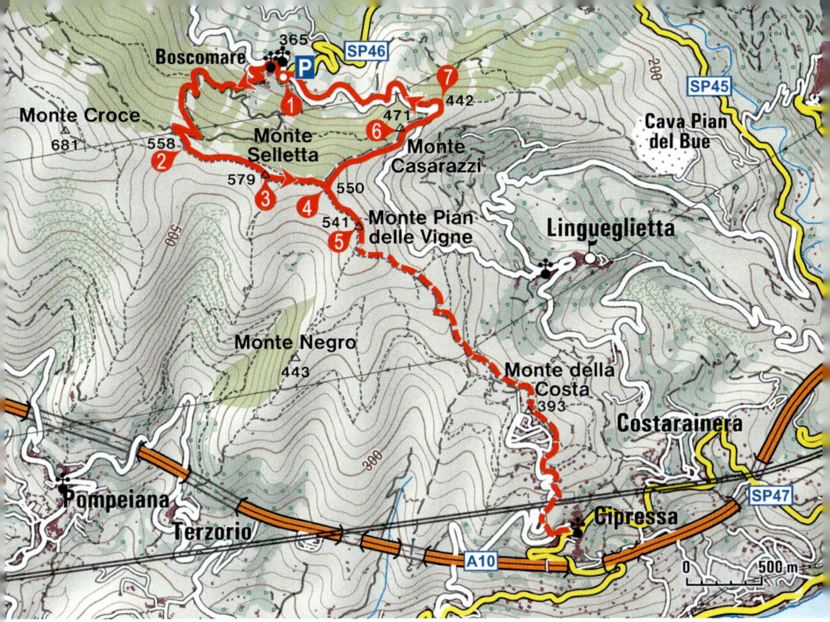

runden Sarazenenturm (Mitte 16. Jh.) am oberen Ortsende hinauf. In einer Kehre gehen wir zwischen den Häusern hindurch und folgen kontinuierlich dem bald steinig-erdigen Fahrweg erst durch Olivenhaine, später durch die Brüghi, macchiaähnliche Baumheidefelder mit Ginstergebüsch.

Schließlich unterqueren wir auf einer Serpentine zweimal die große Hochspannungsleitung und bleiben bei einer Gabelung am Waldrand unserem Fahrweg nach links treu. Nachdem er die Überlandleitung ein weiteres Mal unterquert hat, mündet er weiter oben in den **Kammweg** ❷ des Südostausläufers, der vom Monte Follia über San Salvatore, den Monte Sette Fontane und den Monte Croce herabzieht. Wir halten uns auf ihm links Richtung Meer. Bei der folgenden x-förmigen Wegüberschneidung wandern wir halbrechts auf dem aussichtsreichen Kammweg weiter und stehen bald darauf am Tetraeder des **Monte Selletta** ❸, 579 m, wo wir die spektakuläre Rundschau über das Valle San Lorenzo mit seinen Bergdörfchen Pietrabruna und Civezza wie auch zum Argentinatal mit Taggia im Westen genießen.

Nun folgen wir dem Kammweg leicht bergab in einen breiten Sattel. Der Gegenanstieg führt uns auf das eingezäunte Geviert des Gasdotto (Erdgas-Pipeline) an der nächsten baumbestandenen **Kammkuppe** ❹ zu, wo sich der Kamm gabelt. Wir umgehen die Kuppe halbrechts und machen einen 400-m-Abstecher zum benachbarten **Monte Pian delle Vigne** ❺,

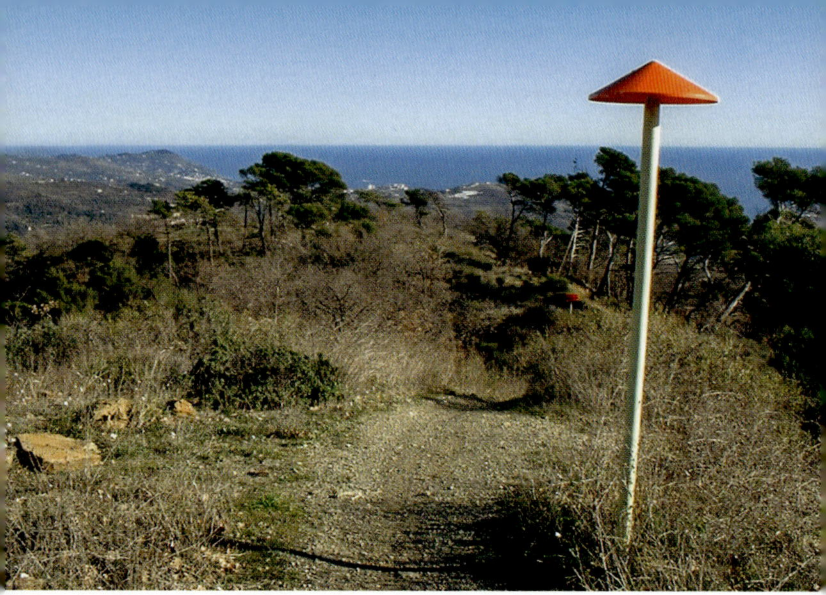

Am Monte Pian delle Vigne.

541 m, mit Ausblick auf den schönen Küstenabschnitt der Riviera zwischen Imperia und Sanremo (→ Variante: Abstieg zur Bushaltestelle in Cipressa). Hier kehren wir um und gehen zurück zur **Kammkuppe** ❹ beim Gasdotto. Diesmal wandern wir vor den Bäumen halbrechts auf jener breit frei gerodeten Trasse weiter, wo unter uns die Gasfernleitung am Ostnordostkamm verläuft. Ihre auch bei stärkstem Nebel sichtbaren Markierungen sind beim nun folgenden steinigen Abstieg unsere Begleiter. Wir queren dabei einige Felsenbänder und gelangen schließlich zu einem kleinen Gegenanstieg, der uns durch Niederwald binnen Kurzem auf die Kuppe **Monte Casarazzi** ❻, 471 m, bringt.

Jenseits steigen wir auf unserem Kammweg weiter ab und erreichen bald die Kehre des wegen seiner Schlaglöcher wenig befahrenen kurvigen **Teersträßchens** ❼ zwischen Lingueglietta und Pietrabruna. Ihm folgen wir nun nach links und wandern bequem leicht abwärts durch waldiges Terrain in einige Talungen hinein und zu den Ausläufern des Monte Pian delle Vigne wieder hinaus. Dann lichtet sich der Wald und wir spazieren zwischen Olivenhainen und rustikalen Bauerngärten auf gleicher Höhe weiter. Nachdem wir in einer weiten Rechskurve einen spätbarocken Bildstock mit Madonnina passiert haben, erreichen wir die ersten Häuser und gelangen nach einer Rechtskehre am Parkplatz wieder zur Bushaltestelle von **Boscomare** ❶.

↗ 620 m | ↘ 620 m | 13.6 km

4.30 h

Monte Guardiabella, 1218 m

17

Der Panoramaberg über dem Imperotal

Der Monte Guardiabella erscheint aus der Distanz als Grasberg harmlos. In der Realität entpuppt sich unsere Wanderung aber als leichte Bergtour. Schattenlos wie der Berg ist, sollte man ihn von September bis Dezember oder im April/Mai besuchen. Weil seit 1980 ein langer Straßentunnel das Talbecken des Impero mit dem Arrosciatal verbindet, hat der Pass Colle San Bartolomeo seine frühere verkehrstechnische Bedeutung verloren. Außer bei gelegentlichen Bergrennen ist das ansonsten ruhige Passdorf Ausgangspunkt für Wanderungen.

Ausgangspunkt: Colle San Bartolomeo, 625 m, sicheres Parken beim Albergo; Anfahrt von Imperia-Oneglia auf der SS 28, Ausfahrt Cesio.
Anforderungen: Kondition ist beim Anstieg vor dem Monte Ritto und dem Monte Guardiabella hilfreich, insbesondere wegen der Länge der Tour; insgesamt leichte Wanderung auf einem gelegentlich asphaltierten, aber meist lehmig-steinigen Fahrweg und auf dem Pfad am grasigen Hauptkamm, den ersten und den letzten Kilometer der Tour auf einer wenig befahrenen Asphaltstraße.
Einkehr: Albergo La Pineta am Ausgangspunkt, Tel. +39 0183 55023; an der Variante: Trattoria Al Boschetto, Tel. +39 0183 54449; Mitnahme von Verpflegung und viel Wasser ist empfehlenswert.
Kombinationsmöglichkeit: Voraussetzung dafür sind zwei Fahrzeuge: Wir deponieren eines in San Bernardo di Conio und kombinieren die Höhenwege der Touren 14 und 17 ab dem Colle San Bartolomeo zu einer wegen ihrer Länge mittelschweren Streckenwanderung nach San Bernardo di Conio.
Varianten: 1. Droht ein Gewitter, sollte man vom östlichen Vorgipfel 5 auf dem deutlichen Expresssteig zum Fahrweg und zu 8 absteigen.
2. »Pfadfinder« mit robustem Outfit können bei der Gabelung am Passo del Lupo auch jenen mittelschweren Jägerpfad (Richtung Aurigo, 15 m vor dem MTB-Pfosten) nehmen, der gegenüber der Baumgruppe nördlich des Kammweges scharf nach links beginnt und nach 30 m etwas deutlicher die grasige Südflanke des Monte Guardiabella mit zwei Talschlüssen stets leicht fallend quert: Nach jedem Talschluss gibt es eine Gabelung, wo man jeweils rechts abwärts auf erneut rudimentären Pfadspuren weitergeht. Der steile Kammpfad auf dem Südausläufer bringt einen dann express hinab zum Abzweig, wo man links auf dem Pfad und ab einer Fattoria auf einem Fahrweg rot markiert zur Asphaltstraße SP 21 absteigt. Falls geöffnet, kann man bei Gewitter in Casoni Guardiabella auch in der Trattoria Al Boschetto das Gewitterende abwarten. Von dort links 2,5 km zum Ausgangspunkt zurück.
Tipp: Der Monte Guardiabella ist bei Schneelage im Jan./Feb. ein Traumziel für Schneeschuhwanderer!

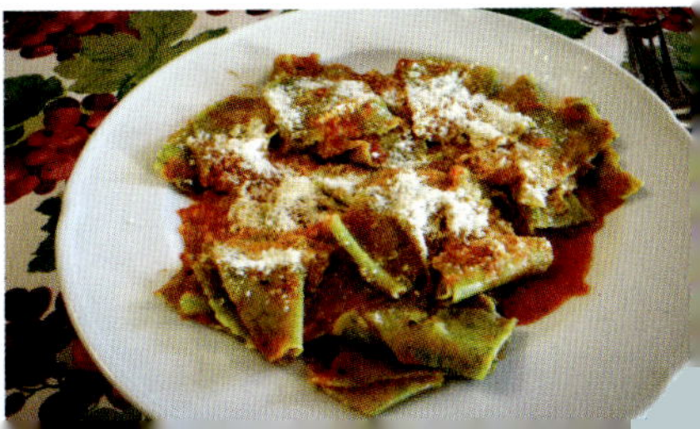

Nach der Tour kann man sich in Colle San Bartolomeo verwöhnen lassen.

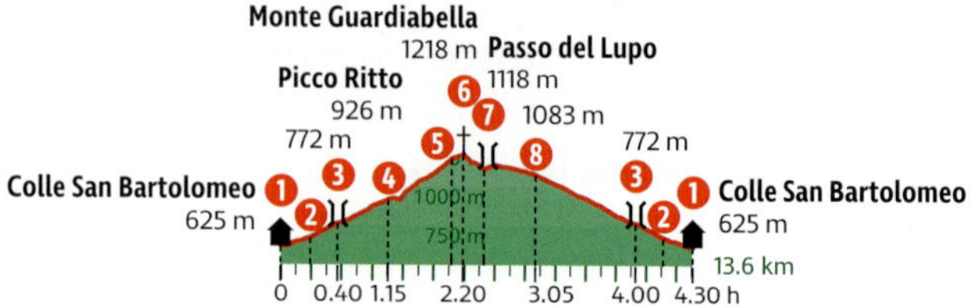

Unseren Pkw lassen wir auf dem sicheren Parkplatz beim Albergo-Ristorante La Pineta in **Colle San Bartolomeo 1**, 625 m. Das rechtfertigt die 800 m auf der Panoramastraße SP 21 Richtung San Bernardo di Conio, bis wir beim **Wegweiser 2** »Monte Guardiabella« in einen Schotterweg rechts einbiegen, der uns bald zu einer Kehre am Kamm bringt. An der Nordflanke dieses Ostausläufers entlang gewinnen wir auf dem manchmal ausgespülten Fahrweg beständig an Höhe zu einem **Wiesensattel 3**. Nach Überquerung eines Zuflusses des Rio Buscio steigt der Fahrweg dann stärker an und bringt uns in zwei großen Serpentinen hinauf zu den Almwiesen am Sattel westlich des **Picco Ritto 4**.

Ab dem Picco Ritto wandern wir (scharf rechts) immer den Kammrücken entlang, tangieren dabei 80 m den Fahrweg und folgen dem Kammweg weiter geradeaus. Schattenlos steigen wir auf dem lang gezogenen, aussichtsreichen Ostausläufer Costa Collabassa immer geradeaus bergan, dabei passieren wir ein windgekrümmtes Bäumchen. Rechts unterhalb sehen wir eine aus Feldsteinen gefügte Casella. An einem Feldmäuerchen entlang und an einem Steinmann vorbei wandern wir zum windgekrümmten, gnädig Schatten spendenden Bäumchen am letzten der Coletti genannten Kammhügel, dem **östlichen Vorberg 5** (→ 1. Variante, v. a. bei Gewitter) unseres Gipfelzieles, das wir jetzt unverstellt vor Augen haben.

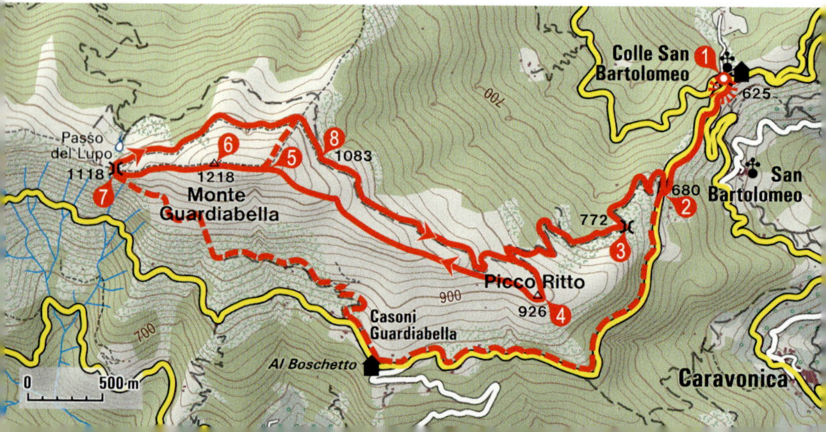

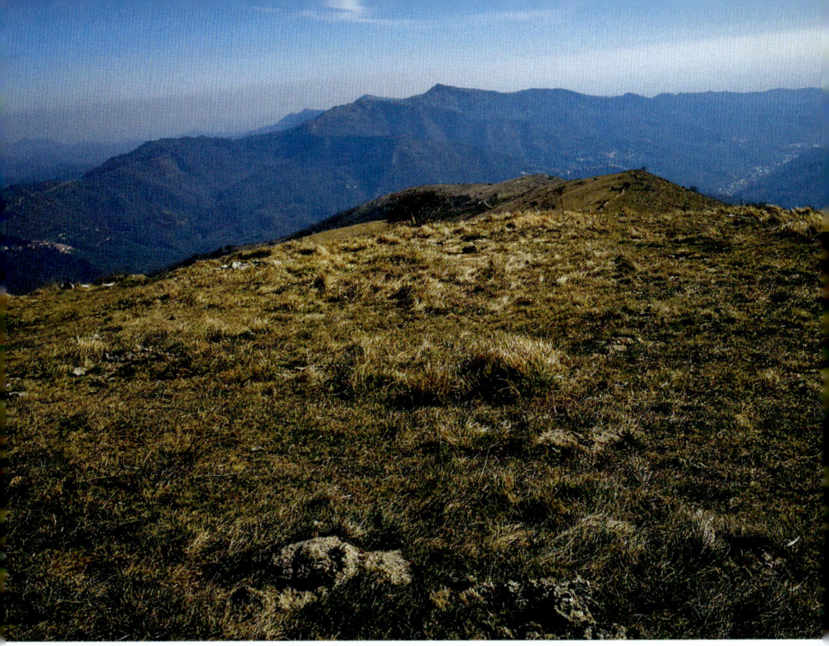

Vom östlichen Vorberg hat man bereits einen prachtvollen Blick über das Imperotal.

Unser Pfad mündet kurz danach in Fahrspuren. Auf ihnen erreichen wir nach 200 m den Gipfel des **Monte Guardiabella** 6, 1218 m. Bei klarem Wetter genießen wir seine »schöne Aussicht«: Den Kamm entlang blicken wir zu den Zwillingsgipfeln Monte Grande, 1418 m, und Monte Carpasino, links davon zum senderbekrönten Monte Faudo im Süden. Und im Norden reicht der Blick in die Alpen bis zum majestätischen Monte Mongioie, 2630 m, und zur Punta Marguareis, 2651 m.
Für den Rückweg könnten wir schon von hier auf dem Herweg nach Osten absteigen. Wir aber folgen den Pfadspuren auf dem Graskamm Richtung Westen zur Pfadkreuzung am Sattel **Passo del Lupo** 7 (→ 2. Variante über Casoni Guardiabella, Trattoria Al Boschetto; → Kombinationsmöglichkeit). Vom Pass aus gehen wir scharf rechts weiter in einen Talschluss und wieder hinaus zum Nordausläufer des Monte Guardiabella. Kurz nach der Expresssteig-Einmündung vom östlichen Vorberg passieren wir eine **Fahrweggabelung** 8, später eine Ruine und einen Offenstall und kommen dann auf dem vom Herweg bekannten Fahrweg, den Picco Ritto rechts liegen lassend, zurück in den **Wiesensattel** 3. Ab hier wandern wir bergab zum **Wegweiser** 2 an der Straße SP 21 und auf ihr zurück zum Ausgangspunkt beim Albergo-Ristorante La Pineta in **Colle San Bartolomeo** 1.

TOP

18

San Lorenzo – Costarainera – Cipressa

↗ 330 m | ↘ 330 m | 9.2 km

4.00 h

Über Sant'Antonio zum Torre Gallinara

Bei dieser Wanderung von der Küste der Blumenriviera hinauf in ihr Hinterland durchwandert man Olivenhaine und Schwarzkiefernwälder, die Macchia mit Baumheide und Ginster sowie beim Rückweg am Meer auch die Garrigue oberhalb der Steilküste mit ihren Agaven, Aloen und Asphodelen.

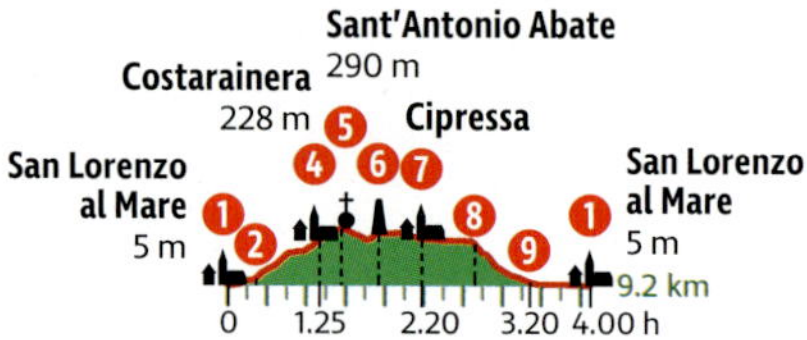

Ausgangspunkt: San Lorenzo al Mare, 5 m, Bushaltestelle; Parkmöglichkeiten am Friedhof; Linea 12 Sanremo–Andora, Fermata San Lorenzo.
Anforderungen: Wegen der Länge der Tour braucht man ein wenig Kondition.
Einkehr: Hotels und Agroturismi in San Lorenzo und Santo Stefano al Mare. Bar-Restaurants auch in Cipressa; die Mitnahme von Getränken ist empfehlenswert.
Tipp: Am Friedhofseingang von San Lorenzo bemerken wir eine lateinische Inschrift über dem Portal »Hodie mihi cras tibi« – das gibt es ganze fünfmal in Italien: in Mortola Superiore, in S. Anna Valdieri, Monteggiori, im apulischen Squinzano und hier. Ein Sensenmann mit demselben Spruch an der Chiesa del Purgatorio in Terracina macht unmissverständlich klar, wie der lateinische Satz gemeint ist – »heute holt er mich, morgen dich«.

Vom Rathaus in **San Lorenzo al Mare** ❶ gehen wir über eine Treppe abwärts auf die Via Vignasse. Ihr folgen wir bis zur nächsten Kreuzung, gehen links zum Friedhof, den wir linksseitig tangieren, und wandern dann auf der SP 77 Via Cipressa bergan. Nach einem Hang mit Feigenkakteen verlassen wir die Straße am **Abzweig** ❷ auf dem Wanderweg nach links. Gut markiert (weiß-rot 225) steigen wir zwischen Einfriedungen auf einem steilen

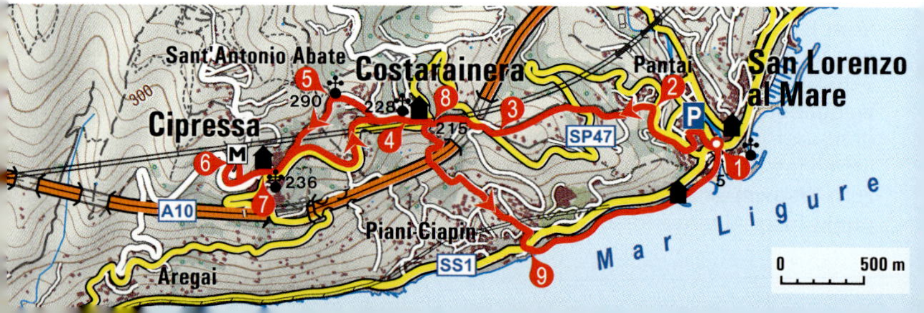

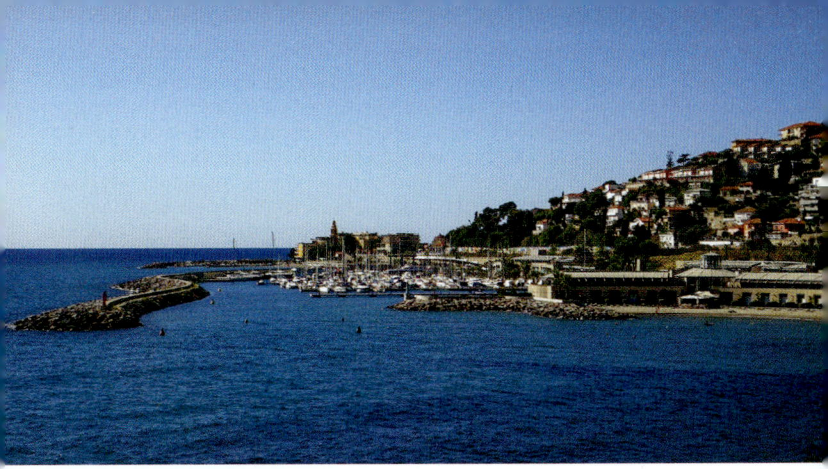

Die Marina di San Lorenzo al Mare.

Sträßchen bergan und wandern auf einer gepflegten Mulattiera zwischen Olivenhainen weiter. Nach der Querung (halbrechts) der SP 47 wandern wir im Schatten von Kiefernbäumen zum Wegweiser am **Torre del Poggio** 3 hinauf. Nachdem wir die SP 47 dort ein zweites Mal überquert haben, führt unsere Olivenhain-Mulattiera noch steiler werdend zum Wegweiser am östlichen Ortsrand von Costarainera hinauf, wo wir die SP 77 ein drittes Mal überqueren. Leicht links versetzt wandern wir auf einem gepflegten Carruggio zur Piazza Vittorio Emmanuele II° in **Costarainera** 4 hinein. Die Ursprünge dieses Bergdörfchens reichen bis ins 13. Jh. zurück. Jenseits der Piazza geht es geradeaus zwischen hohen Häusern die Via Sant'Antonio hoch, die teilweise überbaut ist, und zum Schluss tunnelartig durch ein rosa getünchtes Haus. Die Via Sant'Antonio führt danach außerorts kontinuierlich aufwärts, erst asphaltiert, dann als breite Mulattiera bis zu der von Zypressen und Palmen umgebenen Bergkirche **Sant'Antonio Abate** 5, die wohl von Benediktinern im 12./13. Jh. erbaut und im 14. Jh. mit Portalreliefs geschmückt wurde. Geradeaus ginge es am Kammweg weiter zum Monte Pian delle Vigne, wir wandern aber auf dem Fahrweg links bequem im Schatten von Schwarzkiefern weiter, passieren bei der Regione Soto eine gepflegte Villa und wandern erst auf Asphalt und dann auf dem enger werdenden Weg ins Bergdorf Cipressa. Auf dem Carruggio gehen wir zwischen malerischen Häusern abwärts zur Via Cascione, der wir 200 m halbrechts aufwärts bis zu einem Rampenabzweig folgen, und steigen dann in spitzem Winkel rechts an. Eine schmale Mulattiera bringt uns an einem Bauerngarten vorbei und durch einen Ginsterhang rasch hinauf zum Ture de Gaina, dem Sarazenenturm **Torre Gallinara** 6 aus dem 16. Jh. (Steinbearbeitungsmuseum) in einem Park mit Amphitheater.

Nach Cipressa zurück spazieren wir auf der Strada Antica Torre mit Blick über die Blumenriviera hinab zum westlichen Ortsrand. 15 m vor dem spitzwinkeligen Rampenabzweig steigen wir rechts auf einer Treppe mit Metallgeländern hinab und schwenken links in die pittoreske Via Roma mit ihren Schwibbögen und Balkonloggien. Wir unterqueren ein Haus und steigen rechts vom Kriegerdenkmal nach rechts hinab zum Zentrum von **Cipressa** 7, zur Piazza Mazzini mit der Radrennfahrer-Bar Buona Vita: Cipressa ist das stets vom Helikopter aus gefilmte Highlight der vorletzten Bergstrecke beim alljährlichen Radrennen Milano–Sanremo.

Dann überqueren wir die SP 77 und den Kirchplatz mit Oratorio und Barockkirche (17. Jh.). Jenseits gehen wir eine Treppe hinab und dann links 100 m zur platanenbeschatteten Fußgängerpromenade an der Via Matteotti (SP 77). Auf ihr spazieren wir jetzt am rötlich getünchten Municipio sowie einem Eukalyptuswäldchen vorbei und dann sehr aussichtsreich oberhalb von Weinbergen. Kurz vor dem Wegweiser beim bemalten Bushäuschen von Costarainera, den wir vom Anstieg kennen, verlassen wir, 30 m vor dem Kurvenscheitel, die SP 77 am markierten **Abzweig** 8 Richtung Meer nach rechts. Wir steigen (weiß-rot markiert, 225) zwischen Häusern und Gärten 180 m steil ab zum Querweg und gehen scharf rechts weiter. Nach einem 90°-Schwenk nach links unterqueren wir auf abgetrepptem Weg eine Brücke der A 10 und wandern auf der restaurierten Mulattiera durch Macchia hinab zur Straßenkurve.

Wir folgen im meernahen Teil von Costarainera der Via Piani Panarello (weiß-rot markiert) nun beständig Richtung Meer bis zu einer Treppe mit Metallgeländern (Markierung am Boden), steigen ab zur SS 1 Via Aurelia und überqueren diese etwas weiter rechts beim Zebrastreifen.

Wieder gehen wir rechts weiter und verlassen die SS 1 nach 120 m beim **Abzweig** 9 »Sentiero Mare« nach links auf einem Teersträßchen. Wir gehen abwärts und am Caravan-Parkplatz vorbei zur Weggabelung, wo wir uns scharf links nach Osten wenden und nun auf dem gepflegten Fußwanderweg Sentiero Mare entlang der

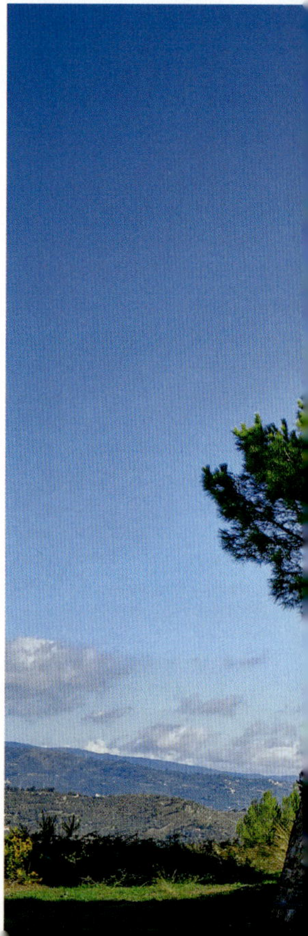

Sant'Antonio Abate.

Küste weiterwandern. Später flanieren wir nach der querab gelegenen Tunnelöffnung etwa 100 m auf der ehemaligen Bahntrasse, die heute asphaltiert als Fußgänger- und Radweg dient. Dann etwas rechts davon auf der Küstenpromenade mit Blick auf Kiesstrände, Garrigue und Felsenküste bis zur Strandbar U Nostromu in San Lorenzo hinab.
Wir stoßen links auf die Piazza Garibaldi, verlassen sie an ihrer linken Ecke, gehen nach einer kleinen Unterführung auf der Via Roma rechts weiter und zweigen dann nach 100 m links in die Via Vignasse ab. Kurz vor dem Fußgängertunnel steigen wir bei der Bäckerei links ein Treppchen hoch zur SS 1 Aurelia, wo wir rechtshaltend nach 40 m wieder zur Bushaltestelle in **San Lorenzo al Mare** 1 gelangen.

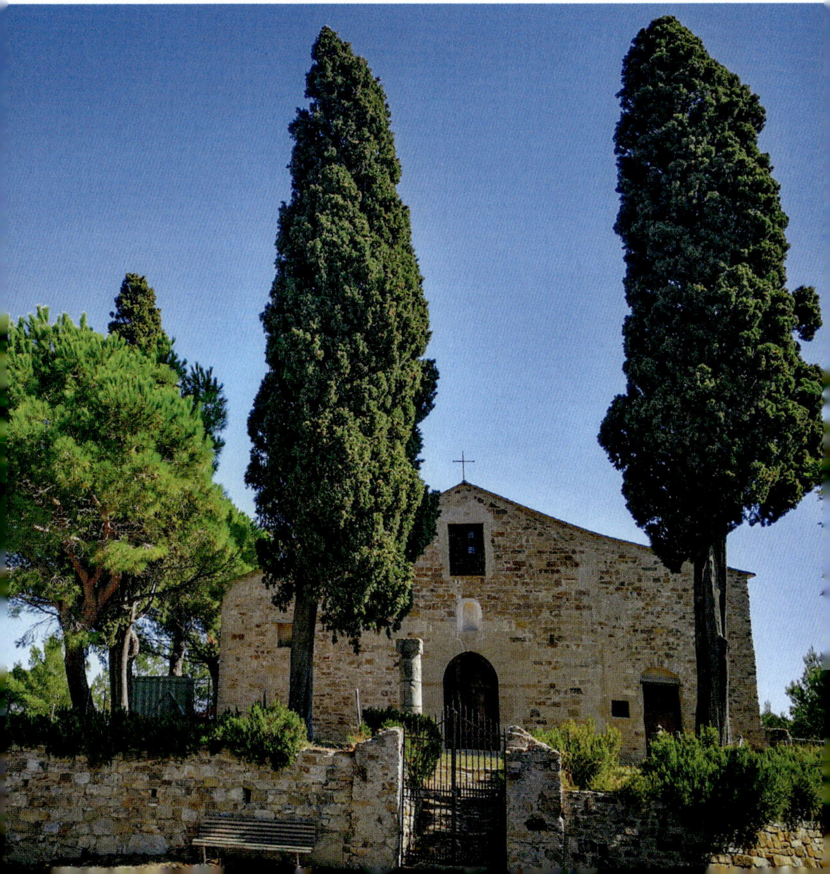

↗ 530 m | ↘ 530 m | 11.8 km

19 Monte Acquarone, 735 m – Monte dei Prati, 784 m

4.00 h

Auf dem Kamm zwischen Lucinasco und Vasia

Vom Bergdorf Lucinasco aus wandert man im Hinterland von Imperia auf einen sehr aussichtsreichen Kamm und zu dreien seiner Gipfel – und man passiert dabei auch drei Sakralbauwerke. Neben der Kirche Santo Stefano am weidenumstandenen Weiher bei Lucinasco sind das die mitten im Wald erbaute Wallfahrtsbasilika La Maddalena sowie die Passkapelle Nostra Signora della Cappelletta.

Ausgangspunkt: Lucinasco, 483 m, Parkplatz am Ortseingang; Anfahrt von Chiusavecchia über die SP 30; Bus RT Linea 28 Oneglia (L. Nanollo. P.) – Lucinasco.
Anforderungen: Beim Aufstieg von der Wallfahrtskirche zum Monte Acquarone ist etwas Kondition erforderlich. Die Mitnahme von Sonnenschutz und ausreichend Wasser ist wegen der Kammwanderung ratsam.
Einkehr: Lucinasco: Bar-Ristorante; Übernachtungsmöglichkeiten (Agriturismo).
Variante: Mit Orientierungs-App oder Karte und Kompass ausgerüstete »Pfadfinder« können am Monte dei Prati den Kammweg verlassen und auf dem schmalen Nordkammpfad express absteigen. Man passiert nach 150 m ein größeres Gebüsch und verlässt den Kammweg 50 m später auf Pfadspuren, die durch eine felsig-steinige Schneise halbrechts nach Osten abwärts zu einem Wendeplatz im Niederwald führen. Ab hier steigt man auf Ziehweg-Serpentinen ab und erreicht nach einem kleinen Waldstück das Teersträßchen von Pantasina bei der engen Linkskurve einer Serpentine (3 km und 1,5 Std. weniger).

Vom Parkplatz am Ortseingang von **Lucinasco** ❶ gehen wir nach Westen (rot-weiße Markierung) auf der Via S. Stefano zum Weiher mit Trauerweiden und zur benachbarten Kirche **Santo Stefano** ❷, die im 15. Jh. erbaut und später barock verändert wurde. Wir wandern auf dem Teersträßchen weiter und kommen bald in den Wald. Nach 200 m passieren wir die Einmündung

Die Reliefs neben dem Portal der Basilika La Maddalena (frühes 15. Jahrhundert).

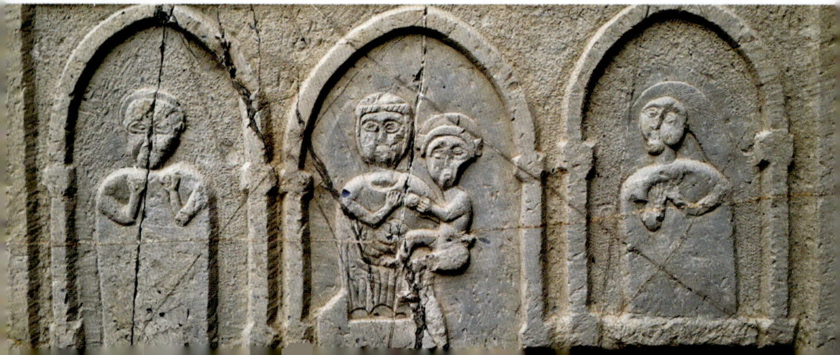

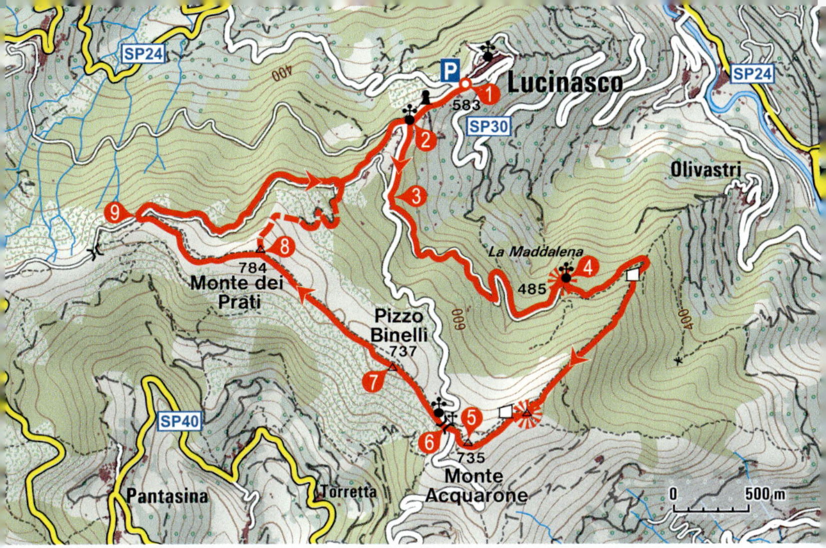

des Sträßchens von Pantasina und kurz darauf bieten sich bei der **Fahrweggabelung** ❸ zwei Möglichkeiten: Man könnte schlicht auf der Via Vasia zur Passkapelle geradeaus abkürzen (1 km und 30 Min. weniger).
Wir aber verlassen die Via Vasia nach links Richtung Chiesa della Maddalena. Der rot-weiß markierte Fahrweg führt dabei etwa 2,5 km mal eben, mal abfallend durch jungen Laubwald, quert einen kleinen Bach und endet später bei einem Wendeplatz mit Picknickbänken. Der Fußpfad durch den Stieleichenwald ist schließlich gut und häufig an kleinen Felsen markiert. Vor der gut erhaltenen dreischiffigen Basilika **La Maddalena** ❹ aus dem 15. Jh. genießen wir den Blick über Lucinasco auf den Hauptkamm der Ligurischen Alpen. Nachdem wir um die Kirche herumgegangen sind, gehen wir auf dem Fußpfad 50 m zurück und verlassen ihn im Scheitel seiner Rechtskurve nach links. Ohne viel Auf und Ab queren wir so zum Kamm des Nordostausläufers des Monte Acquarone und folgen ab dem Wegweiser dem Kamm aufwärts, erst steil, dann moderater. Am grasigen Vorberg überblicken wir eine Fattoria mit Teich, das Imperotal und mehrere

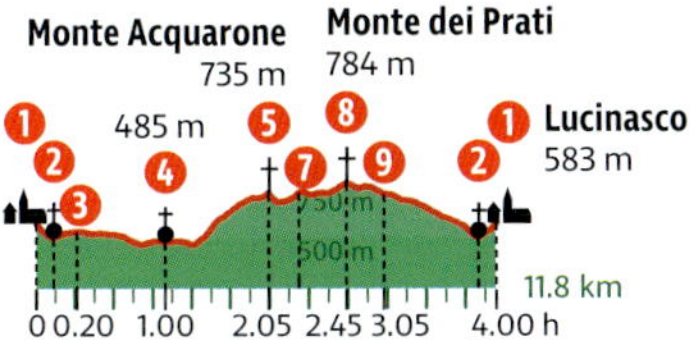

Bergdörfchen. Es geht noch einmal steil aufwärts an Dornsträuchern vorbei, dann erreichen wir die oben abgeflachte Gipfelpyramide des **Monte Acquarone** ❺, 735 m.
Auf dem steinig-erdigen Pfad geht es nun in nordwestlicher Richtung zwischen Dornsträuchern und Zistrosen hinab zu einem Metallkreuz und zur Passkapelle **Santissimo Nome di Maria** ❻. Wir überqueren die Passstraße nach Vasia und folgen nun einem Kammpfad zu der auch Monte Pissibinelli genannten Kammkuppe **Pizzo Binelli** ❼. Nach einem längeren Stück auf dem aussichtsreichen Kammpfad durch das mit Ginster, Wacholder und Dornsträuchern durchsetzte Weideland erreichen wir den **Monte dei Prati** ❽, 784 m, von dem man nach rechts express absteigen kann (→ Variante). Wir bleiben aber auf dem Kammweg, bis wir nach 1,2 km bei Zistrosenbüschen ganz nahe an eine Teerstraße herankommen. Ein Erdpfad bringt uns die wenigen Meter zur Einmündung in die **Via Pantasina** ❾, auf die wir dann scharf rechts einschwenken und 2 km abwärts zur engen Linkskurve einer Serpentine weiterwandern, wo von oben herab der Expresssteig einmündet (→ Variante).
Der Via Pantasina folgen wir weiter bergab. Nach der Linkskurve wandern wir auf der Straße abwärts an einer Fattoria vorbei bis kurz vor einer Rechtskehre. Hier verlassen wir sie vor ihrem Scheitel, kürzen auf dem Kammweg weiter durch lichten Wald hinab ab und erreichen schließlich kurz vor **Santo Stefano** ❷ wieder die Via Vasia, die wir vom Herweg kennen. Auf ihr spazieren wir am Weiher vorbei abwärts zurück zum Parkplatz am Ortsrand von **Lucinasco** ❶.

Auf dem Kammweg zum Pizzo Binelli.

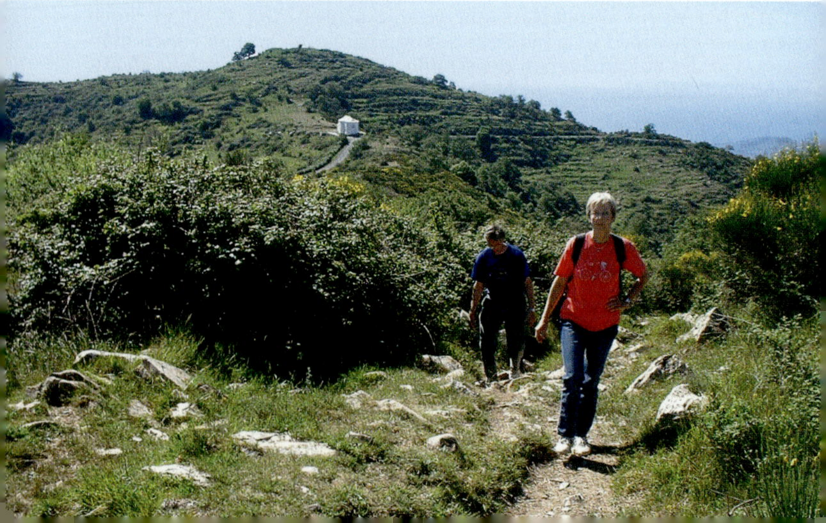

↗ 300 m | ↘ 300 m | 7.3 km

3.45 h

Monte Croce, 538 m – Pizzo del Camione, 512 m

20

Kammwanderung zwischen Montegrazie und Sant'Agata

Die abwechslungsreiche Rundtour führt teils auf schmalsten Teersträßchen, teils auf Wanderpfaden durch Olivenhaine und auf einen Ausläufer mit freier Fernsicht zum ligurischen Alpenhauptkamm.

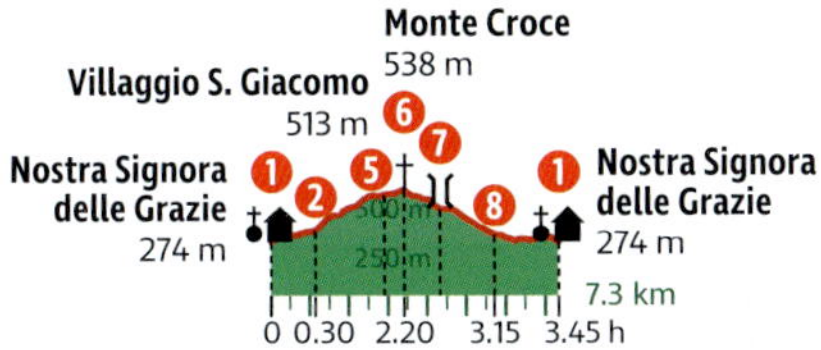

Ausgangspunkt: Santuario Nostra Signora delle Grazie, 274 m, Parkplatz; von Imperia – Porto Maurizio über Caramagna Richtung Montegrazie und kurz vor dem Parkplatz am Ortseingang (Bushaltestelle) gleich scharf rechts Richtung »al Santuario« auf einer schmalen Straße zum großen, gekiesten Parkplatz; RT Linea 30/7–8, Fermata Montegrazie.
Anforderungen: Beim Aufstieg ist etwas Kondition erforderlich. Da es sich um eine Kammwanderung handelt, ist die Mitnahme von Proviant und ausreichend Wasser ratsam.
Einkehr: Ristorante Al Santuario, Do.–So. abends u. So. mittags, Tel.: +39 0183 69192 oder +39 338 2675498; Montegrazie: Agriresidence Ca du Cappellan, Tel. +39 339 8521470.
Variante: Alternativ kann man bei ❷ auf dem Asphaltsträßchen weitergehen, erst 800 m zur modernen Ferienhaussiedlung Villaggio Via della Costa am nächsten Südwestausläufer, dann dem Straßenschild »S. Agata« 1,2 km folgend zu einer Serpentine und schließlich weiter nach Borgo S. Agata. Dort verlässt man das Sträßchen nach rechts in das Bergdorf und steigt bei der Kirche links über Stufen hinauf zurück zum Asphaltsträßchen, dem man nach rechts durch Olivenhaine zu einer Linkskehre und danach durch Niederwald mit Schwarzkiefern 1,4 km folgt. Kurz nach gelben Strommasten bei einer Fattoria und bei einem kreisförmigen Wendepfeil auf dem Asphalt verlässt man es nach links und steigt vom MTB-Expressteigabzweig auf einem mit gelbem Strich markierten erdig-steinigen Pfad steil auf, zuerst durch lichten Kiefernwald, dann durch struppiges Weideland zur Expresssteigeinmündung am Kamm (zusätzlich 1.15 Std. und 100 Hm).

Rechts vom Restaurant gegenüber der Wallfahrtskirche **Nostra Signora delle Grazie** ❶ beginnen wir auf dem Asphaltsträßchen unseren Anstieg. Nach einer restaurierten Casetta am rechten Straßenrand gehen wir eine Serpentine aus, halten uns weiter an den Wegweiser »Sant'Agata« und wandern nun ein langes Stück auf dem schmalen Asphaltband durch Olivenhaine weiter. Erst auf der Höhenlinie, dann sanft ansteigend, bis wir nach einem großen Bauerngarten unterhalb zu einem **Feldwegabzweig** ❷

(→ Variante) in einer sanften Rechtskurve der Teerstraße kommen: Hier verlassen wir die Straße nach Borgo S. Agata, gehen dabei geradeaus ab und nach einem eingefriedeten Obst- und Weingarten beim nächsten Abzweig links zur nächsten **Gabelung** ❸. Dort steigen wir rechts auf einer Trampelpfadserpentine hinauf zum Kammweg des Ausläufers (Natursteinmauerreste) und gehen bei der nächsten Gabelung auf dem Feldweg weiter halbrechts zur **Dreizackgabelung am Kamm** ❹. Hier schwenken wir 10 m links in eine Zufahrt und dann gleich wieder rechts in den Kammpfad. An einem Ferienhäuschen vorbei wandern wir jetzt auf schönem Pfad zwischen Macchia und großen Aleppokiefern den Hang hinauf. Der Kamm wird flacher und wir machen rechts einen Miniabstecher zu einem Kreis von Kiefern, in deren Schatten größere Steinblöcke zum Rasten und zu einem Blick hinab auf Imperia-Oneglia, ja bis nach Cervo, einladen.
Auf dem zusehends steinigeren Kammweg wandern wir durch Macchia weiter. Nach einer Bodenmarkierung (rotes Quadrat) geht es unter einer Überlandleitung hindurch und dann 150 m etwas steiler hinauf, wo eine verwitterte gelbe Pfeilmarkierung die Expresssteigeinmündung (→ Variante) anzeigt. An zerborstenen Aleppokieferfragmenten vorbei wandern wir aussichtsreich auf dem gelegentlich plattig-felsigen Kammweg. Rechts sehen wir die Gipfelpyramide des Monte Torre und kurz danach die Hauptkette der Ligurischen Alpen. Über eine Kuppe mit Steinmann und Pfeilmarkierungen gehen wir auf die Ferienhäuschen des **Villaggio S. Giacomo** ❺ zu, vor denen am Kamm ein hochkant gestellter Felsen mit Tafel an die erste Schlacht der Resistenza gegen die Faschisten (1943) erinnert.
An einigen Häuschen führt ein Teersträßchen vorbei, das wir bei der folgenden Rechtskurve verlassen. Links folgen wir der Gratlinie auf einem

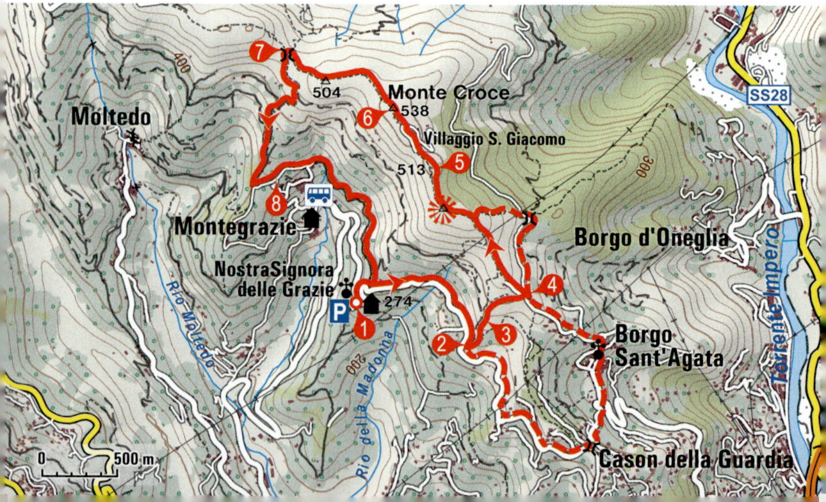

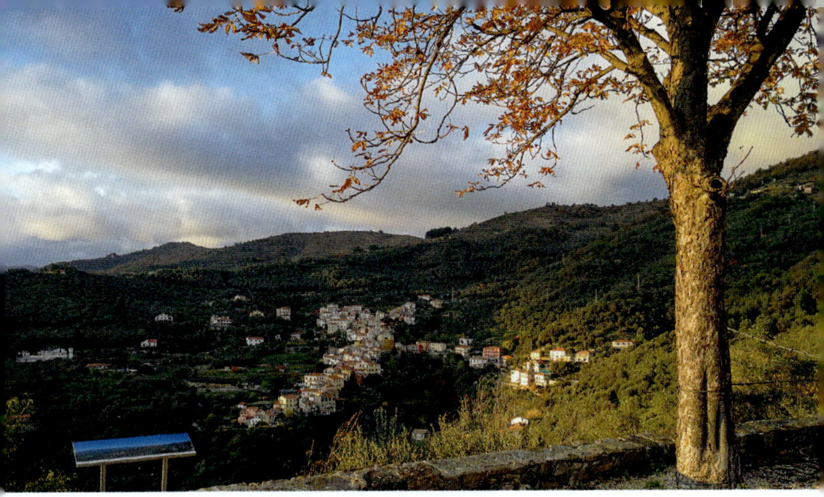

Blick von der Terrasse der Wallfahrtskirche auf das Dorf Montegrazie.

Feldweg. Bei der Gabelung nach dem letzten Häuschen geht es rechts hinter einem Wasserspeicher vorbei (roter Strich auf einem Felsen) und wir erreichen kurz darauf die Kammkuppe des **Monte Croce** 6. Durch eine leichte Einsattelung wandern wir 300 m hinüber zur benachbarten Kammkuppe Pizzo del Camione, wo der Kammpfad einen Schwenker nach halblinks macht und zu fallen beginnt.

Wir steigen immer genau auf dem streckenweise kiesig-gerölligen Kamm auf sporadischen (!) Pfadspuren ab zur **Colla Bassa** 7. Von hier wandern wir bei einem Dornstrauch scharf links (rot-weiße Steinmarkierung) auf dem Fahrweg über von Ginsterstauden und ein paar Kiefern durchsetzte Magerweiden zu einem Sträßchen hinab. Beim Strommast mit Trafo und weiß-roter Markierung gehen wir auf der Straße scharf rechts, erst durch ein Kiefernwäldchen und danach zwischen gepflegten Weinbergen und Olivenhainen abwärts. Wir verlieren dabei rasch an Höhe. Im Sattel mit markiertem Telegrafenmast (roter Punkt) verlassen wir den Kammrücken und wandern auf dem Sträßchen in einer großen Linkskurve abwärts auf das Dorf Montegrazie zu. Vor einer steilen Serpentine verlassen wir die Straße am **Abzweig oberhalb von Montegrazie** 8 und gehen auf einem nur leicht fallenden Fahrweg geradeaus weiter, im Schatten hoher alter Olivenbäume. Nach 1,4 km stoßen wir auf das Asphaltsträßchen, das wir vom Anstieg her kennen. An der Casetta und am Restaurant vorbei wandern wir rasch hinab zum Parkplatz vor der Wallfahrtskirche **Nostra Signora delle Grazie** 1. Das weithin sichtbare Bauwerk wurde 1450 an der prominenten Stelle einer ursprünglich romanischen Kirche errichtet, von der sich der untere Teil des Turmes erhalten hat.

↗ 130 m | ↘ 130 m | 4.3 km

21 Castello dell'Aquila, 810 m – Croce Salino, 792 m

1.45 h

Über die Adlerburg zur Kammkuppe oberhalb Salino

Die 1090 unter der Feudalherrschaft der Clavesana errichtete Felsenburg Rocca d'Aquila kontrollierte dank ihrer dominierenden Lage auf dem Kamm zwischen dem Arrosciatal und dem Val Pennavaira bis in die Neuzeit den Passverkehr und die Händlerkarawanen auf der Salzstraße von Albenga an der Küste ins Piemont und nach Turin. Den Pass benutzten bereits die Karthager im Zweiten Punischen Krieg. Auch die Römer, die sowohl die Colombaira-Oliven als auch Ormeasco-Reben hierher einführten, nutzten ihn in der Antike.

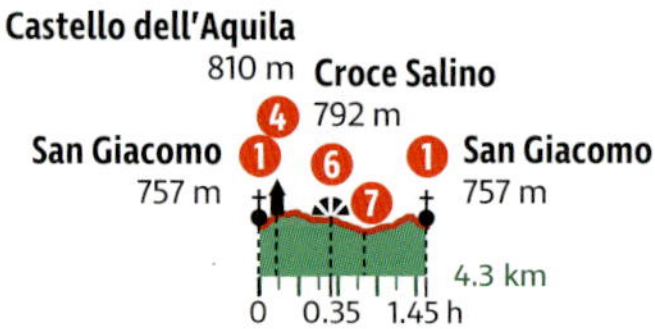

Ausgangspunkt: San Giacomo, 757 m, Parkplatz vor der Passkapelle; von Aquila d'Arroscia führt ein Zufahrtsträßchen SP 14 zur Panoramastraße SP 78, auf die man links abbiegt, nach 200 m halbrechts aufwärts verlässt, und auf einer mit Schlaglöchern gespickten Asphaltstraße hinauffährt nach San Giacomo; RT Bus Linea 34 Albenga – Pieve di Teco, Diramazione Aquila, Fermata Aquila, dann 2,5 km zu Fuß bergan zum Ausgangspunkt.

Anforderungen: Leichte Wanderung, bei einer Almweide auf Pfadspuren, ansonsten aber auf dem Kammpfad oder auf Forstwegen; die Mitnahme von Sonnenschutz und Wasser ist wegen der Kammlage ratsam.

Einkehr: Keine; Variante: Albergo-Ristorante Al Sole, Tel. +39 0183 382093, albergoalsole.it; Aquila d'Arroscia: Bar-Ristorante.

Variante: Zum Waldweg-Abzweig 7 gelangt man auch, wenn man die Tour vom Albergo-Ristorante Al Sole in Salino aus macht, wo man die SP 78 200 m westlich des Albergos beim Abzweig scharf rechts bergwärts verlässt und auf weiten Fahrwegserpentinen zwischen gepflegten Obst- und Gemüsegärten zur Gabelung am Waldrand hinaufspaziert. In der zweiten Kurve der nächsten großen Serpentine kommt man nach 1,3 km am Waldweg-Abzweig an, zusätzlicher Zeitbedarf 1 Std. und 190 Hm.

Kombinationsmöglichkeit: Mit Tour 27 für trainierte Wanderer, die im Sommer am besten mit zwei Pkws einen Wagen in Onzo deponieren; vom Parkplatz bei San Giacomo eine traumhafte Wanderung, wegen des Castell'Ermo-Gipfels allerdings mit Schwierigkeitsgrad Schwarz: Ab dem Croce Salino wandert man auf dem markierten Kammweg (rote Triangel) geradeaus über die Kammkuppe Monte Cucco und weiter zur Colla d'Onzo, dann zum Gipfel des Castell'Ermo und schließlich hinab nach Onzo.

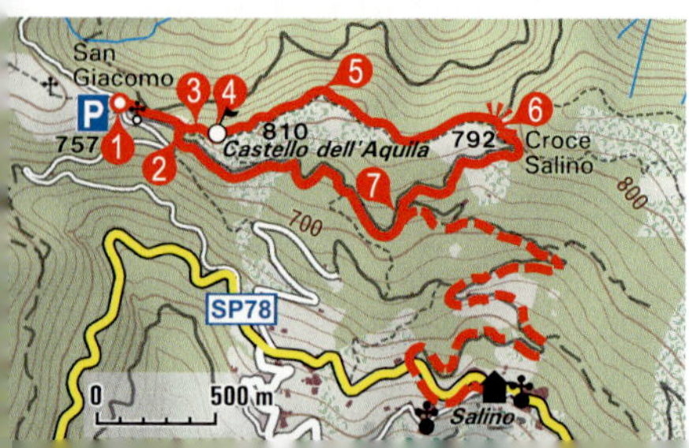

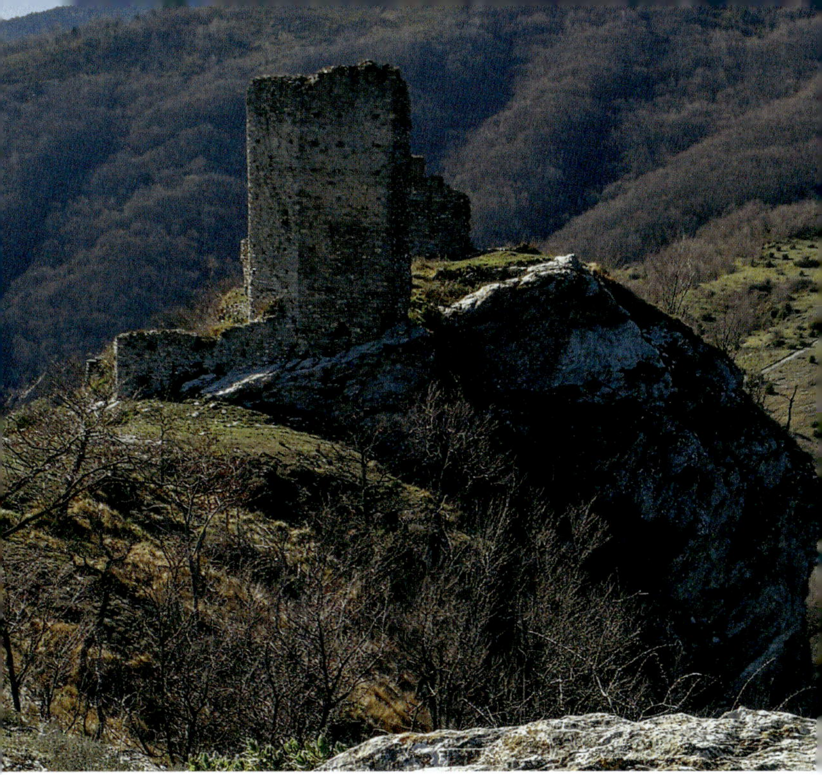

Die Rocca dell'Aquila fußt auf einem mächtigen Felsvorsprung.

Vom Parkplatz an der Passkapelle **San Giacomo** ❶ starten wir auf einem kiesigen Fahrweg nördlich an der Kapelle vorbei Richtung Burgberg. Auf dem breiten, hier kiesig-schiefrigen Kamm kommen wir in ein Wäldchen und erreichen nach 25 m einen **Abzweig** ❷, wo wir den Fahrweg verlassen und auf dem aufsteilenden Kammpfad durch den Hainbuchenwald ansteigen. Nach einem **Felsdurchlass** ❸ erreichen wir freieres Gelände, wo Felsen und Schieferplatten zutage treten. Unser schmaler steiniger Pfad führt über ein paar Felsstufen hinauf und gabelt sich dann. Wenn wir geländegängig und etwas erfahren sind, steigen wir links (mittelschwer) auf verästelten Pfadspuren in steilem Zickzack zur Westmauer der Burgruine hinauf – wir aber bleiben unserem Wanderpfad treu, der erst rechts unterhalb des Burgfelsens vorbeiführt, bevor wir auf einem kleinen Verbindungspfad nach links zur Burgruine ansteigen. Am Südgebäude unter dem Turm vorbei gelangen wir zum ehemaligen Innenhof des **Castello dell'Aquila** ❹.

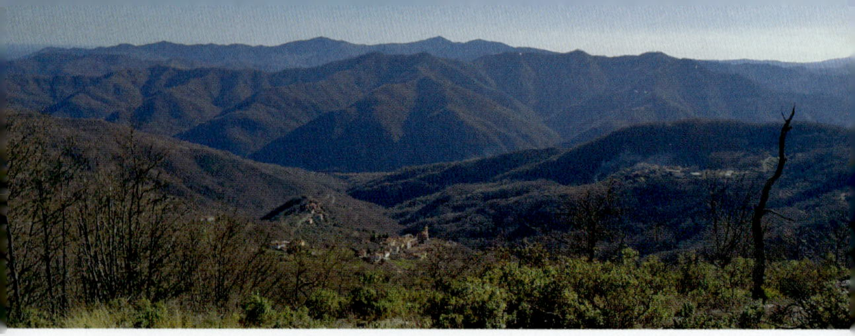

Über das Bergbauerndorf Aquila d'Arroscia blickt man ins Arrosciatal hinab.

Er ist heute grasbewachsen und nach Norden hin, wo der Burgfelsen jäh abbricht, gefährlich (!) offen. Andererseits genießen wir dafür ein paar Schritte vor dem Abgrund den freien Blick auf einen Abschnitt des Hauptkammes der Ligurischen Alpen im Piemont: Ein Zipfel der Nachbarregion erstreckt sich vom Kamm Richtung Tal und reicht vom Monte Dubasso vis-à-vis über das Wallfahrtskirchlein Madonna del Lago bis zu dem über dem Val Pennavàira thronenden Bergdorf Alto herab.

Nach der Besichtigung gehen wir auf dem schmalen Verbindungsweg unterhalb des Südgebäudes zurück zum Wanderpfad, auf dem wir nun etwas rechts des Kammes mit seinen nordseitigen spektakulären Felsabbrüchen über schiefriges Terrain weitergehen. Nach der ersten Kammkuppe östlich der Ruine wandern wir so in leichtem Auf und Ab den Kamm entlang zur nächsten größeren Kammkuppe, der **Rocca Grande** 5. Unser Weg führt nun etwas steiler durch Hainbuchen-Niederwald abwärts zu einer schönen Almweide an der Südseite des Kammes, über die wir – vorbei an einem schattigen Baum, der zu einer Rast einlädt – pfadlos zu ihrem unteren Ende (rechts) wandern, wo ein Ziehweg beginnt. Dieser quert ein Wäldchen am Kamm und führt zum oberen Ende einer zweiten, größeren Almweide, die, unterbrochen von hochkant gestellten Felsplattenreihen, rechts von uns den Hang hinabzieht. An ihrem östlichen oberen Ende kommen wir am **Croce Salino** 6 mit zwei Fahrweggabelungen an, wo wir unserem Fahrweg nach rechts abwärts treu bleiben und so den Kamm verlassen. Nach einer spitzwinkligen Rechtskehre des Fahrweges queren wir die Almweide erneut und sehen nun die hochkant stehenden Schieferfelsplatten aus der Nähe. Vielleicht sind es Reste eines einstigen Viehgeheges oder viel ältere Relikte der hier einst im Hinterland ansässigen Kelten?

Durch den angrenzenden Wald kommen wir zum **Waldweg-Abzweig** 7 an einer markanten Linkskehre, wo wir unseren Fahrweg im Kurvenscheitel nach rechts für einen Waldfahrweg verlassen, auf dem wir halbrechts sanft durch den Wald aufwärtswandern, zum Schluss durch den felsigeren Südhang unter dem Castello. So wandern wir bequem und unfehlbar zurück zum Parkplatz bei der schiefergedeckten Passkappelle **San Giacomo** 1.

4.15 h

Passo del Ginestro – Monte Torre, 989 m

Auf den Panoramatetraeder oberhalb von Pontedassio

Von der Nordseite her bietet der wegen seiner pyramidenartigen Silhouette schon von Weitem auffällige Berg einen abwechslungsreichen An- und Abstieg. Aussichten genießt man von seinen von Pferden und Kühen beweideten almigen Kämmen auch schon beim Anstieg reichlich.

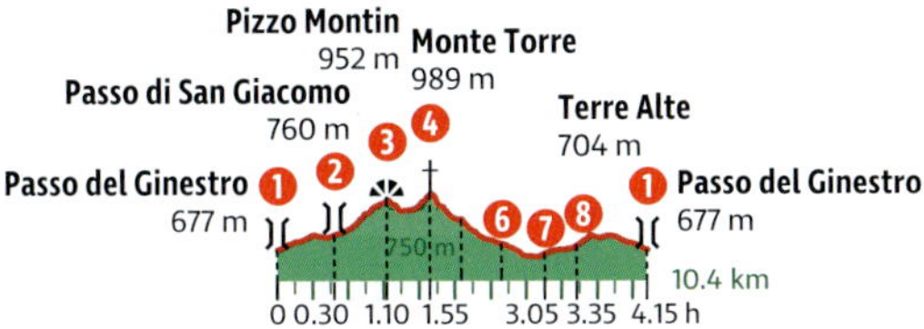

Ausgangspunkt: Passo del Ginestro, 680 m; Anfahrt über die SP 6 von Albenga oder die SP 13 von Testico oder die SP 23 von Cesio; Parkmöglichkeiten an der Zufahrtstraße von Cesio.
Anforderungen: Beim steilen Anstieg zum Gipfeltetraeder ist Kondition erforderlich; Sonnenschutz, Verpflegung und ausreichend Wasser ratsam.

Einkehr: Keine an der Route; Übernachtung (Agriturismo) und Bar-Restaurants in Testico.
Kombinationsmöglichkeit: Man kann diese Bergwanderung auch mit Tour 23 kombinieren und von La Colla oder auch vom Sattel hinter dem Monte Ceresa rechts nach Diano San Pietro (Bus zur Küste) absteigen.

Auch am Kamm östlich des Monte Torre weiden Kühe.

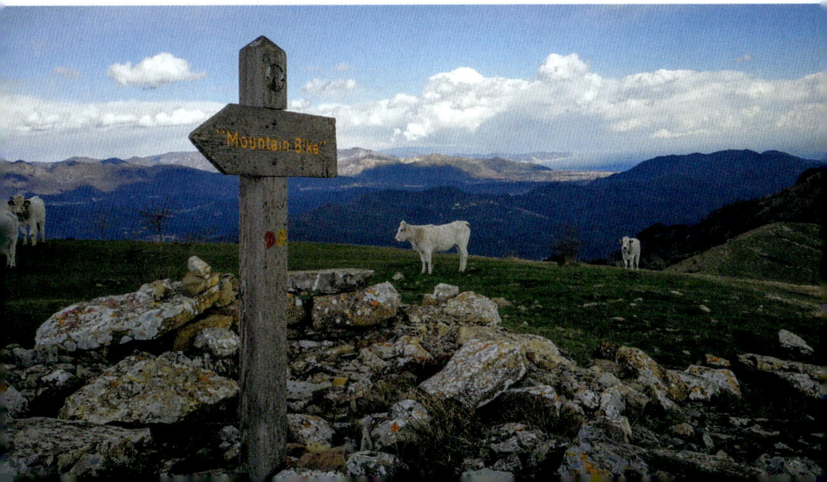

Am **Passo del Ginestro** ❶ beginnen wir unsere Wanderung in südlicher Richtung durch eine Viehschleuse auf einem lehmig-steinigen Ziehweg (rotes Quadrat), der durch den Wald aufwärts führt. Beim Abzweig zur Bergkapelle N. S. dell'Assunzione bleiben wir unserem Fahrweg treu, gehen geradeaus durch den Hohlweg weiter und dann in sanftem Auf und Ab von Kuppe zu Kuppe bis zur nächsten Weggabelung, wo wir erneut geradeaus weitergehen. Der Niederwald weicht nun buschigerem Terrain. Deshalb weitet sich der Blick erst beim **Passo di San Giacomo** ❷, wo von Westen ein steiniger Weg von den Terre Alte heraufzieht. Wir steigen indes in südlicher Richtung auf einem mit gelb-roten Punkten markierten Feldweg (auch weiß-rot und rot-gelb-rot TA) über die Viehweide am Kamm, die von Büschen und einzelnen Kiefern durchsetzt ist. Im Wiesensattel kommen wir zu einem Wegweiser, auf dem zwei Namen für ein und denselben Berg angegeben sind: Pizzo d'Evigno und Monte Torre. Auf dem steinigen Pfad wandern wir zwischen Niederwald und Felsen aufwärts und folgen bei zwei kleinen Gabelungen unseren rot-gelben Markierungen sowie roten Pfeilen zu einer kleinen Felsenserpentine und danach auf den lang gestreckten Kamm, der mit vielen Felsbrocken und Steinen übersät ist. Links versperren noch Schwarzkiefern die Aussicht, aber der Kamm ist rechtsseitig grasig – und Pferde beweiden ihn frei. Auf dem steinigen Kammweg steigen wir beständig an. Dabei passieren wir Felsbänder (gelber und roter Strich)

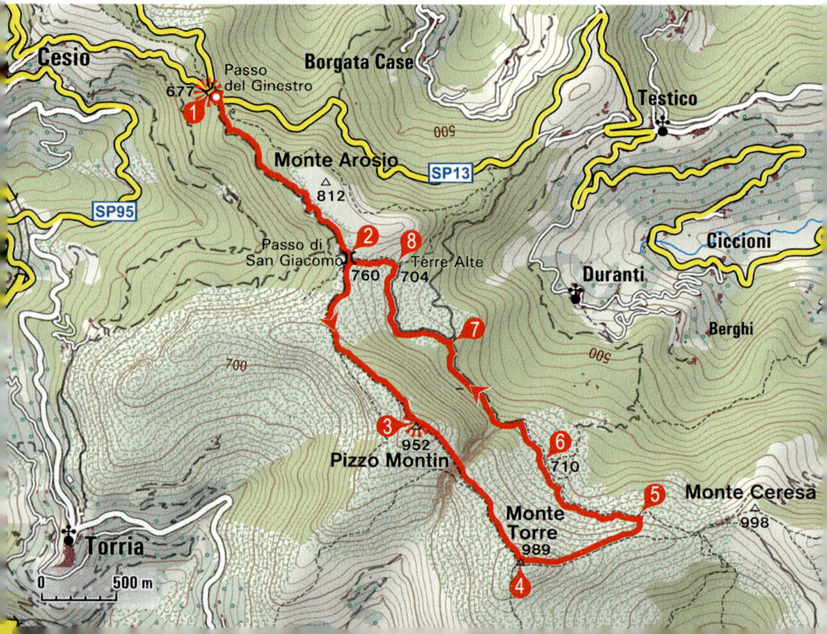

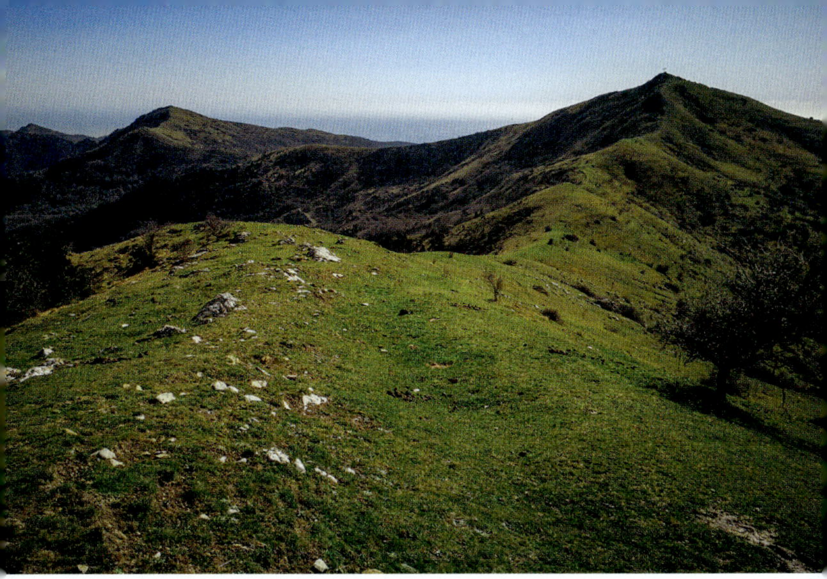

Blick über den Sattel La Colla zum Monte Ceresa (rechts).

und kleine Steinmänner. So gewinnen wir rasch an Höhe und erreichen bald den **Pizzo Montin** 3, wo wir bei klarem Wetter einen weiten Ausblick genießen: Nach Osten über das lang gestreckte Dorf Testico nach Albenga und im Westen auf den langen Ausläufer mit dem senderbekrönten Monte Faudo, auf das auf einem Sporn gelegene Bergdorf Cesio, auf den Ausläufer mit dem pyramidenförmigen Monte Ceppo und im Hintergrund auf die Ligurischen Alpen.

Wir steigen vom Gipfel bequem auf dem Graskamm in südlicher Richtung in einen Sattel ab, wo von rechts ein ebenfalls erdiger Pfad von Chiusanico einmündet. Ein Wegweiser (TA auf rot-gelb-rotem Grund) gibt uns dort die Richtung zum Pizzo d'Evigno vor, zu dem wir nun auf unserem immer steiler werdenden Kammweg ansteigen, zum Schluss auf felsigem Grat. Den oft windumbrausten Gipfeltetraeder des **Monte Torre** 4, 989 m (Pizzo d'Evigno), bekrönen ein hohes eisernes Kreuz, ein geodätischer Punkt und eine bronzene Madonnina. Hier öffnet sich der Blick nun auch nach Süden auf Imperia-Oneglia und die Küste der Blumenriviera.

Nach kurzer Gipfelrast steigen wir auf dem Ostkamm steil ab und wandern dann auf Pfadspuren auf dem breiten Kammrücken zu einer Kammkuppe vor dem Passsattel La Colla hinab. Dabei passieren wir zur Almzeit in gebührendem Abstand Gruppen von Pferden und falben Kühen. Bei der Kammkuppe überblicken wir noch einmal unseren lang gezogenen Kamm, der über den Monte Ceresa, Monte Mezzogiorno und Pizzo Aguzzo in

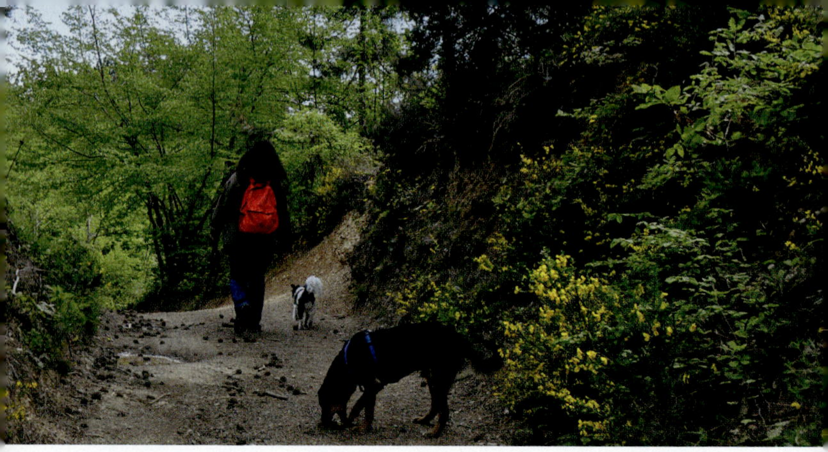

Der Ziehweg zum Passo del Ginestro mutiert auch mal zur Cava, zum künstlichen Hohlweg.

einem weiten Bogen bis nach Cervo hinabzieht. Dann verlassen wir den Kamm nach links, passieren ein Elektrozaungatter und steigen auf einem sehr steilen Nordausläufer ab. Im Zickzack queren wir dabei die brutal in den erdigen Untergrund gefrästen Fahrrinnen von Crossbikern, aber auch von Motocrossfahrern, die hier am Wochenende die maximale Steigfähigkeit ihrer PS-starken Enduro-Maschinen lautstark erproben. In diesem Fall kann man auch am linken Rand des Areals absteigen. Unten halten wir uns links und erreichen kurz darauf die Einmündung in den **Fahrweg** ❺, der vom Pass La Colla herabkommt. Wir folgen der teils erdigen, teils extrem steinig-felsigen rauen Piste nach links und wandern durch Niederwald abwärts zu einer Weggabelung. Dort gehen wir halblinks (roter und gelber Punkt) aufwärts weiter. Der Fahrweg fällt aber gleich wieder ab und wir kommen zu einer Almwiese mit **Viehtränke** ❻ (roter und gelber Punkt auf Felsen). Wir passieren ein Elektrogatter und bleiben auf unserem Fahrweg jetzt eine Weile auf der Hanglinie. Schließlich steilt der Weg auf und wir erreichen am waldigen Kamm eine **Ziehweggabelung** ❼. Hier gehen wir links auf einem engeren, steinigen Weg weiter und queren bald eine Engstelle, wo bei einem Unwetter (2019) eine mächtige Felsplatte auf den Weg herabgerutscht ist. Wir queren das breite Kiesbett eines Wildbaches und steigen anschließend zu den **Terre Alte** ❽ an. Bei der von Dornbüschen umgebenen Alm passieren wir auf dem steinigen Fahrweg auch eine aus zwei alten Badewannen improvisierte Wasserstelle mit Wasserbehältern und kommen an eine Weggabelung, bei der wir nach links auf markiertem Weg (rotes Quadrat) weiter ansteigen. Wenig später kommen wir wieder zum **Passo di San Giacomo** ❷. Auf dem vom Anstieg bekannten Fahrweg wandern wir bequem zurück zum **Passo del Ginestro** ❶.

↗ 890 m | ↘ 890 m | 18.6 km

6.30 h

Monte Lago, 746 m – Monte Ceresa, 913 m

23

Von Diano San Pietro zur Conca des Monte-Torre-Ostausläufers

Beim langen, herausfordenden Anstieg wandern wir durch verschiedene Vegetationsgürtel. Interessant sind vor allem der Wechsel von der Olivenzone zur Stieleichenzone und von ihr zur mageren Höhenmacchia mit viel dornigem Gestrüpp, zum almigen Graskamm, auf dem Kühe weiden, und schließlich zum kargen Felsgipfel des Monte Ceresa.

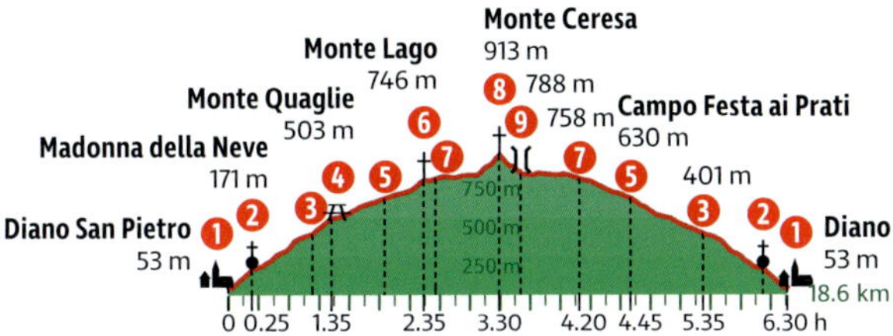

Ausgangspunkt: Diano San Pietro, 53 m; Parkmöglichkeiten an den Ausfallstraßen kostenlos; Bus RT Linea 32 Diano Marina – Evigno, Fermata Diano S. Pietro oder Linea 31bis Diano Marina – Nuova Stazione FS, dann 750 m zu Fuß zum Ausgangspunkt.
Anforderungen: Beim Schlussanstieg zum Monte Ceresa ist Kondition erforderlich. Die Mitnahme von Sonnenschutz, ausreichend Proviant und viel Wasser ist wegen der langen Kammwanderung ratsam.
Einkehr: Übernachtung und Bar-Restaurants in Diano San Pietro oder Diano Marina.
Kombinationsmöglichkeiten: Mit Tour 22 zur Streckenwanderung auf dem gelb-rot markierten Terre-Alte-Kammweg (TA) am halbkreisförmigen Monte-Torre-Ostausläufer; mit Tour 25 hoch über der Küste nach Andora.

Von der Kreuzung am Dorfplatz in **Diano San Pietro** ❶ starten wir auf einem Carruggio (Agriturismo I Carruggi) unter einem Haus hindurch zur Pfarrkirche hinab. Nach der Unterführung beginnen wir auf der steingepflasterten Via Seassari einen langen Anstieg zwischen malerischen Häusern, aber auch Gärten und Olivenhainen. Jahrhundertelang war dieser Carruggio hier der Hauptverkehrsweg, die Via F. Cascione kam erst im letzten Jahrhundert hinzu. Bald nach einer Serpentine stößt unsere steile Gasse auf sie. Wir überqueren sie etwas links versetzt und steigen auf der Via Ughi (rechts Markierung: roter Punkt) und nach der nächsten Straßenquerung auf der Mulattiera Via Madonna della Neve immer geradeaus aufwärts durch gepflegte Olivenhaine. Nach einer weiteren Straßenquerung (halbrechts) erreichen wir auf unserer markierten Mulattiera die Wallfahrtskapelle Santa Maria ad Nevis oder **Madonna della Neve** ❷ im Weiler

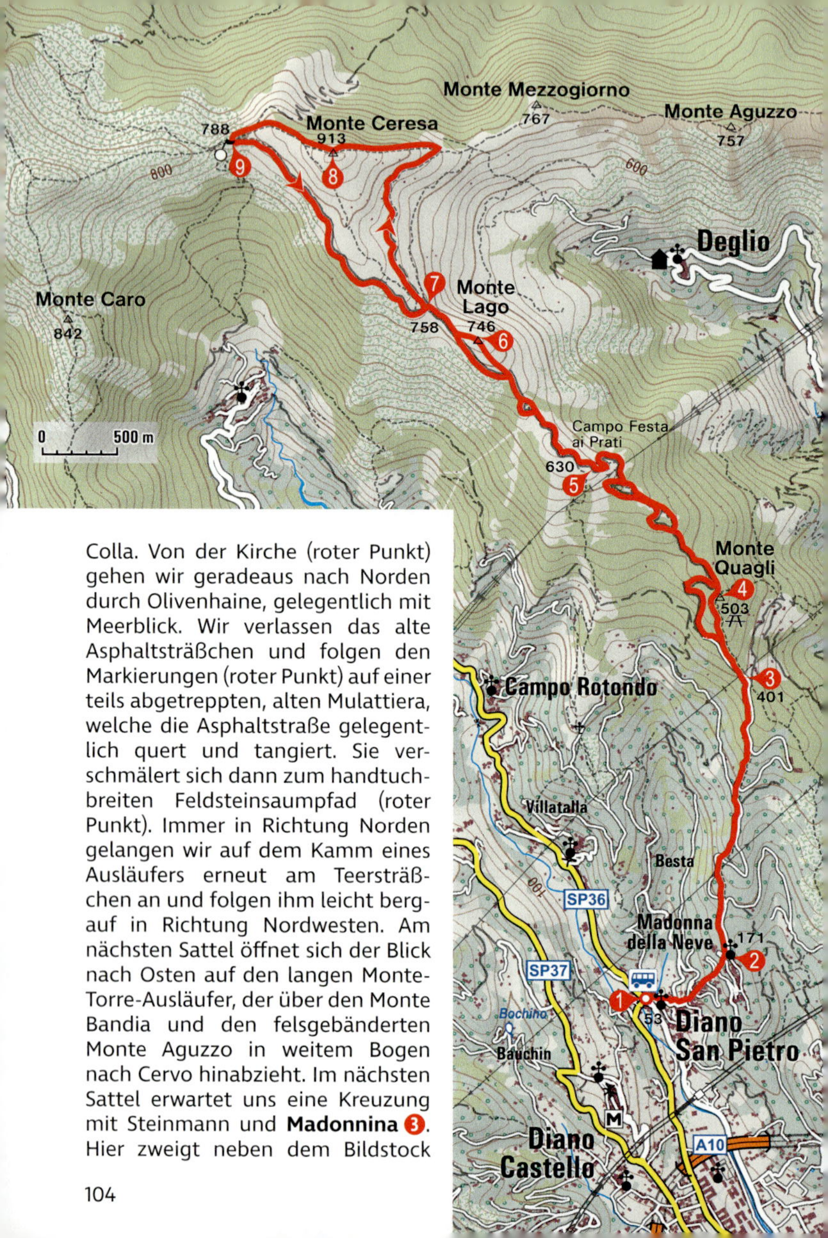

Colla. Von der Kirche (roter Punkt) gehen wir geradeaus nach Norden durch Olivenhaine, gelegentlich mit Meerblick. Wir verlassen das alte Asphaltsträßchen und folgen den Markierungen (roter Punkt) auf einer teils abgetreppten, alten Mulattiera, welche die Asphaltstraße gelegentlich quert und tangiert. Sie verschmälert sich dann zum handtuchbreiten Feldsteinsaumpfad (roter Punkt). Immer in Richtung Norden gelangen wir auf dem Kamm eines Ausläufers erneut am Teersträßchen an und folgen ihm leicht bergauf in Richtung Nordwesten. Am nächsten Sattel öffnet sich der Blick nach Osten auf den langen Monte-Torre-Ausläufer, der über den Monte Bandia und den felsgebänderten Monte Aguzzo in weitem Bogen nach Cervo hinabzieht. Im nächsten Sattel erwartet uns eine Kreuzung mit Steinmann und **Madonnina 3**. Hier zweigt neben dem Bildstock

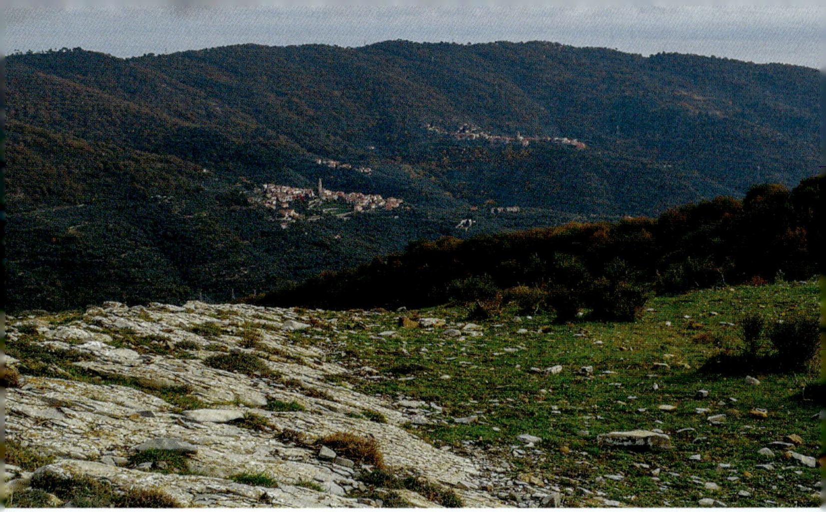

Am breiten Kamm treten immer wieder Felsplatten zutage.

unter der Überlandleitung halbrechts unser Kammweg ab. Er verzweigt sich manchmal, deshalb bleiben wir stets auf dem Kammrücken, wo er auf Felsen mit dem roten Punkt markiert ist. Auf schöner Mulattiera erreichen wir nach einer Rechtskurve die von Ginster und Stieleichen umgebene Kuppe des **Monte Quagli** ❹. Nach dem Picknickplatz folgen wir dem lehmig-steinigen Fahrweg auf dem breiten Kammrücken Costa Teudeun, der im Sommer frei laufenden Kühen als Weide dient. Links öffnet sich der Blick über das Diano-Tal mit dem Castello auf dem zentralen Hügel und meerwärts auf Diano Marina mit der Bucht bis zum Capo Berta.
Es wird felsiger und wir gelangen nach der Überlandleitung (rot markiert) zum **Campo Festa ai Prati** ❺. Hier wird im Sommer auf der gemähten Freifläche unter freiem Himmel gefeiert. Bald nach zwei Wendeplätzen verlassen wir den Fahrweg in einer markanten Linkskurve und machen einen kleinen Abstecher per Kammpfad geradeaus hoch zum weißgebänderten Gipfel des **Monte Lago** ❻, 746 m, und haben dort unser Ziel, den mächtigen Tetraeder des Monte Ceresa, vor Augen. Zurück auf dem Fahrweg, kommen wir 100 m nach einer Einsattelung zu einer **Fahrweggabelung** ❼. Wir nehmen dort den rechten Fahrweg, steigen an und queren das Trial-Gelände rechtshaltend. Auf einem von den Enduro-Motorrädern ausgehöhlten Pfad steigen wir an der Südostflanke des Monte Ceresa bergauf und erreichen – zum Schluss auf Pfadspuren – 200 m links oberhalb eines Sattels den Ostgrat. Wir passieren den umzäunten Reflektor und steigen dann steil und schweißtreibend den Gratpfad hinauf zum südseitig grasigen und nordseitig bewaldeten Gipfel des steinübersäten **Monte Ceresa** ❽, 913 m.

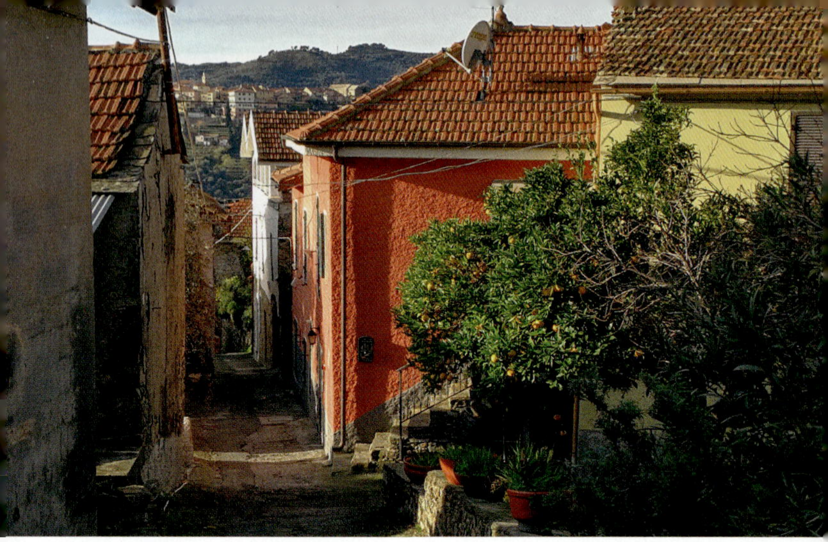

Die steile Mulattiera zur oder von der Kapelle Madonna della Neve kürzt rigoros alle Serpentinen der Asphaltstraße ab.

Die Aussicht ist grandios: Über das Merula- und Arrosciatal übersehen wir den langen Kamm mit dem Castello dell'Aquila und dem Castell'Ermo vor dem Hauptkamm der Ligurischen Alpen.

Wir steigen auf unserem Kammpfad nach Westen ab zum Sattel **La Colla** ❾. Auf den Viehweiden grasen Kühe und Pferde. Hier am Pass überblicken wir die weite Conca, den Talkessel, und gehen scharf links bequem auf dem Fahrweg abwärts. Dabei passieren wir bald jene **Fahrweggabelung** ❼, die wir vom Anstieg her kennen. Weil man das Gelände seitlich vom Fahrweg von oben gut überschaut, können wir des Öfteren auf dem schmalen, steinigen Kammweg abkürzen. So kommen wir vor dem Monte Quaglie zurück zum Beginn des Asphaltsträßchens, dem wir nun nach rechts um die Kuppe herum zur Kreuzung mit Steinmann und **Madonnina** ❸ folgen. Nach 500 m verlassen wir das Sträßchen am Kamm im Scheitel einer großen Linkskurve und kürzen wieder auf dem steileren Expresssteig, den wir vom Herweg kennen, ab. Wir benutzen das Asphaltsträßchen weiter unten für 300 m und kürzen erneut die weite Serpentine der Straße auf dem Kammweg (roter Punkt) ab. Dabei queren wir das Sträßchen, unterqueren die Überlandleitung und gehen nach den Wasserreservoirs noch einmal 350 m auf dem Sträßchen unter Olivenbäumen zurück zur **Madonna della Neve** ❷. Ab hier steigen wir schließlich zwischen Häusern und Gärten auf dem bekannten Herweg hinab nach **Diano San Pietro** ❶.

↗ 700 m | ↘ 700 m | 12.1 km

5.15 h

Monte Castell'Ermo, 1087 m — 24

Schroffe Felsenzinnen über der malerischen Bergkirche San Calogero

Von den beiden jäh zum Pennavairatal abfallenden Gipfeln des Castell'Ermo, die erstaunlich gut per Pfad erschlossen sind, genießt man ein spektakuläres Panorama. Für Wanderer, die schon Wanderungen in den Dolomiten gemacht haben, ist diese Tour eine willkommene Herausforderung, weil man beim Anstieg zu den beiden Kalksteinfelszinnen auch mal die Hände als Stütze oder Anstiegshilfe benutzt.

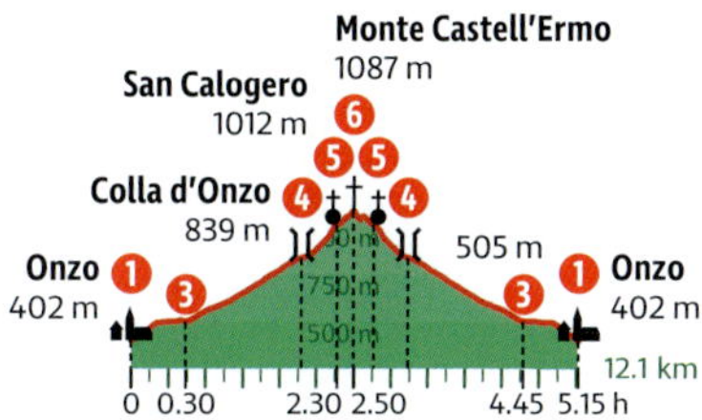

Ausgangspunkt: Onzo, 402 m; Bus TPL Linea 73 Onzo; Parken am Ortsrand.
Anforderungen: Bis San Calogero sind Kondition und Trittsicherheit, für den Besuch der Felsengipfel außerdem alpine Erfahrung und Schwindelfreiheit erforderlich. Die Mitnahme von Verpflegung und genügend Wasser ist ratsam bzw. nötig, wenn man den Monte Nero (Variante 1) mitnimmt.
Einkehr: Übernachtung und Bar-Restaurants in Onzo oder Albenga.
Varianten: 1. Wer konditionsstark ist und Pfadfinderqualitäten hat, kann im Sommer frühmorgens starten und die Tour zur zünftigen Ganztageswanderung erweitern: 5 m unterhalb von San Calogero zweigt am Aufstiegspfad ein schmalerer, steiniger Pfad in östlicher Richtung ab, der mit roter Triangel markiert ist und erst zwischen Hainbuchen zum ersten Aussichtspunkt, dann per felsig-steiniger Serpentine zu einem breiten Sattel hinabführt und links weiter zum zweiten Aussichtspunkt bei einigen Felstürmchen. Mit Blick auf die Westwand des Monte Nero geht man hinüber zur Kreuzung am Sattel (Infotafel), wo auf wenigen Metern fünf Pfade abgehen. Unser mit roter Triangel markierter, steiniger Pfad führt in einer großen Rechts-links-rechts-Serpentine zum Gipfel des Monte Nero, 977 m. Von diesem Gipfelabstecher zurück an der Kreuzung im Sattel, steigt man auf Pfadspuren genau nach Süden (!) in die Talmulde ab und wechselt nach 150 m durch Niederwald auf die linke Ausläuferflanke. Auf deutlichem Pfad abwärts und über steinig-felsiges Terrain zum Querweg. Dort 700 m nach rechts zur Einmündung in einen Ziehweg, dem man bis zur Kehre am Ortsrand von Onzo folgt. 2. Wer dagegen eine mittelschwere Tour bevorzugt, lässt den Castell'Ermo aus und wählt San Calogero als Ziel der Tour.

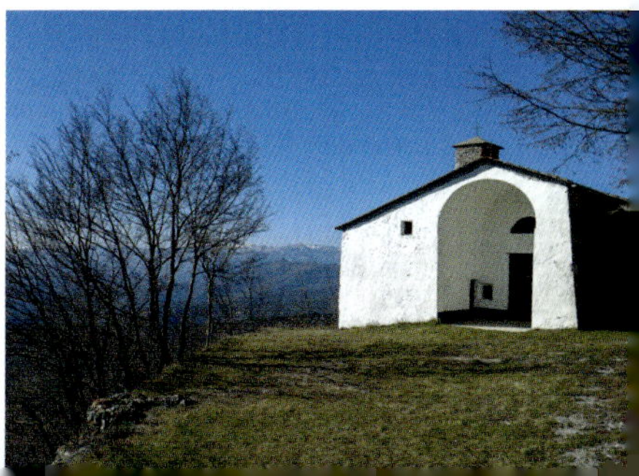

Der Eingangsbereich am Bergkirchlein San Calogero ist bei Gewittern ein willkommener Wetterschutz.

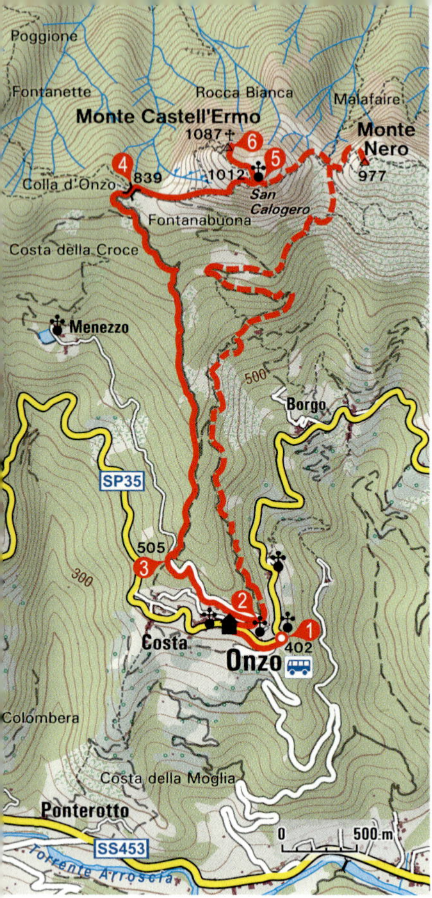

Von der Bushaltestelle am Ortseingang von **Onzo** ❶ gehen wir erst ins Bergdorf bis zur Straßengabelung und schwenken dann, dem braunen Wegweiser »Monte Castell'Ermo« folgend, scharf rechts auf die ansteigende Asphaltstraße ein. Zwischen Häusern und Gärten steigen wir (Markierung zwei rote Striche) zur **Linkskehre am östlichen Ortsrand** ❷ an und bleiben auch danach unserer Straße treu. Nach einer Serpentine kommen wir 800 m weiter zum **Abzweig** ❸ zur Colla d'Onzo. Wir folgen hier unserer Markierung und steigen halbrechts weiter an. Bald endet der Asphalt und der breite, mal erdige, mal schotterige Fahrweg führt zwischen buschigem Niederwald genau auf einem breiten Kammausläufer 2 km nahezu geradeaus hoch bis zu einer Serpentine – bei Abzweigen wählen wir jeweils den steileren Weg. Uns helfen dabei Markierungen mit zwei roten Strichen an schlanken Baumstämmen. Das gilt auch für den letzten Abzweig an einem Platz, an dem oft Stamm- und Knüppelholz trocknen. Auf dem lehmigen Fahrweg erreichen wir nach 400 m die **Colla d'Onzo** ❹. Wir folgen nun dem alleeartigen Fahrweg rechts durch lichten Laubwald und machen nach 140 m links auf Pfadspuren zwischen Gestrüpp einen lohnenswerten Abstecher zum Aussichtspunkt auf einer Felsplattform, wo wir einen freieren Blick auf die jähen Westabstürze des Castell'Ermo und das Val Pennavaira haben.

Zurück auf unserm Ziehweg geht es noch ein Stück aufwärts bis zum Picknickplatz beim Wendeplatz. Hier verlassen wir den Fahrweg und steigen halblinks durch den Wald etwas steiler an. Der Weg ist steinig oder gepflegt steingepflastert und gut markiert (rote Triangel, rotes X). Bei einigen Schrofen steilt der Steg einmal gehörig auf, wird aber gleich wieder moderater, und wir erreichen kurz darauf die malerische Bergkirche **San Calogero** ❺

auf einer breiten Wiesenterrasse. Für Ungeübte, kleine Kinder und Hunde ist sie bereits das Ziel (→ Variante 2). Als Bergsteiger oder bergerfahrene Wanderer gehen wir links an der Kirche vorbei (X-Markierung, Pfeil) und über die Wiese zu einem Findling (rotes X), wo der Gipfelpfad nach rechts abgeht. Durch Niederwald führen Pfadspuren in einen grasigen Kammsattel und am Wacholderbusch vorbei. Beim zweiten Sattel zwischen Felsen öffnet sich eine schaurig abschüssige Felsscharte nach Norden. Ein Abstecher nach rechts bringt uns durch Felsen hinauf zum südlichen Vorgipfel, von wo wir sehen, wie jäh unser Ausläufer zum Val Pennavaira hin abbricht. Zurück am Kamm folgen wir zwischen Büschen unserem oft markierten Pfad (rotes X, Pfeile an den Felsen) zum Kamm und dann südseitig um den Hauptgipfel herum. Gelegentlich auch mithilfe der Hände (DAV rot/T3, UIAA I–II) steigen wir steil und rasch hinauf zum felsigen Gipfelplateau des **Monte Castell'Ermo** ❻, 1087 m, der auch Peso Grande de Nasino genannt wird. Wagemutige Schwindelfreie können vom Hauptgipfel zum nahen Gipfelkreuz am Nordgipfel und zum rostigen Blechkasten in der Nähe der gefährlichen (!) Südostkante hinabgehen: Links ragen Felsenschrofen mit Scharten und Kaminen wie Finger aus dem Abgrund herauf. Aber auch am Gipfel genießen wir ein herrliches Panorama über das Hinterland von Alassio und Albenga.
Anschließend kehren wir auf bekanntem Pfad zurück zur Bergkirche **San Calogero** ❺ (Wetterschutz). Von hier steigen wir auf dem Herweg erst zur **Colla d'Onzo** ❹ ab und wandern danach auf dem Fahrweg zurück nach **Onzo** ❶.

Der Anstieg zu den Gipfeln erinnert an die Dolomiten.

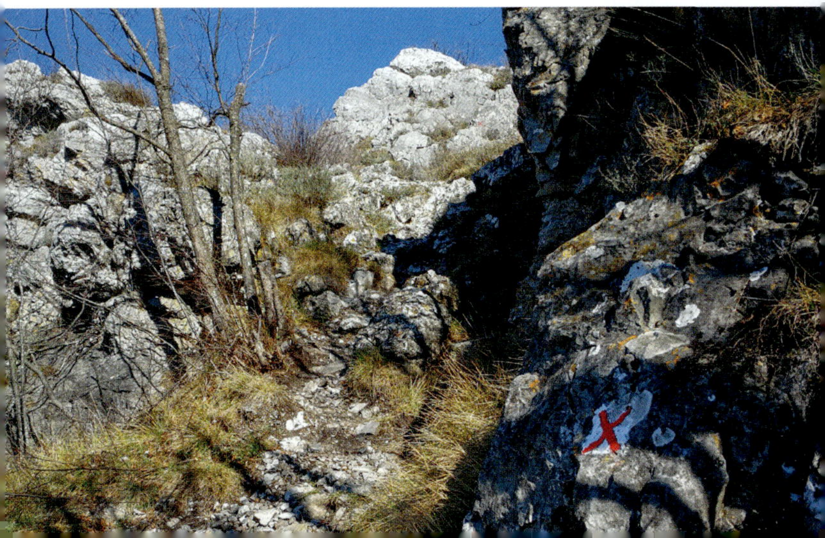

↗ 400 m | ↘ 400 m | 9.7 km

25 Cervo – Colle Mea, 398 m – Andora

4.15 h

Von Cervo auf den Monte-Torre-Ostausläufer

Das ehemalige Fischerdorf Cervo ist für seine weithin sichtbare Barockkirche bekannt. Nach einem Treppenaufstieg durch das Dorf gilt es zuerst einen Anstieg zur Anhöhe beim Colle Cervo zu bewältigen, bevor man einen aussichtsreichen Kammwegabstecher zum Colle Mea am langen Ostausläufer macht, der vom Monte Torre bis zum Colle Cervo mit seinem TV-Umsetzer herabzieht. Von dort steigt man dann über das malerische Dörfchen Rollo nach Andora und seinem breiten Sandstrand ab.

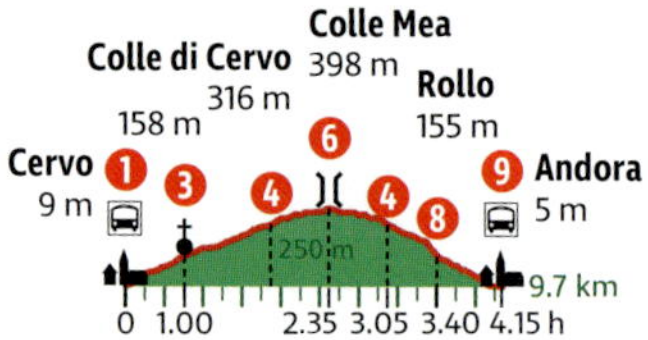

Ausgangspunkt: Cervo, 9 m, Parkplatz an der Via Aurelia; Bus RT Linea 12 Sanremo–Andora, Fermata Cervo.
Endpunkt: Andora, 5 m, Fermata Andora der RT Linea 12 Andora–Sanremo.
Anforderungen: Beim Anstieg zum Colle Mea ist etwas Kondition erforderlich. Die Mitnahme von Sonnenschutz, Verpflegung und ausreichend Wasser ist ratsam.
Einkehr: Hotels, Restaurants und Bars in Cervo und Andora.
Variante: 300 m nach der Cappelletta San Bernardo bleibt, wer einen bequemeren Weg bevorzugt, bei der Linkskehre (statt rechts abzubiegen) auf der Via San Bernardo, folgt ihr links aufwärts und passiert zwei Häuser mit Weingärten und Ölbäumen. So erreicht man bequem den Kamm eines Westausläufers. Nach zwei Gartentüren kürzt man rechts auf einer Mulattiera die Kehre ab – hinauf zur asphaltierten Strada Morene. Ihr folgt man erst zwischen Schwarz- und Aleppokiefern, dem bewaldeten Kamm aufwärts, passiert die Casa Gialla und quert dann zwischen Olivenhainen unter der rosa getünchten Villa Colla nach rechts in den Kiefernwald. Bei einer Gabelung geht es geradeaus weiter und nach einer Linkskehre erreicht man bald die Anhöhe.
Kombinationsmöglichkeiten: Bleibt man auf dem gelb-rot markierten Kammweg Via della Transumanza genau auf dem halbkreisförmigen Monte-Torre-Ostausläufer, kann man im Frühsommer diese Tour ab dem Colle Mea zu einer Ganztagestour (mit Extraverpflegung und noch mehr Wasser!) kombinieren mit Tour 23 nach Diano S. Pietro (mittelschwer) – oder sogar mit Tour 22 bis zum Monte Torre (schwer) oder ab der Colla zum Passo del Ginestro (mittelschwer), wenn man dort vorher ein Auto abgestellt hat.

Vom Parkplatz an der Via Aurelia in **Cervo** ❶ folgt man der SS 1 nach Osten über eine Brücke zur Bushaltestelle unterhalb des alten Ortskerns. Auf der jenseitigen Straßenseite steigen wir bei einer Bäckerei zuerst auf der engen, steilen Salita Castello gut markiert und teils unter malerischen Häusern hindurch zur prachtvollen Piazza San Giovanni Battista hinauf. Am oberen Platzende führt eine breite Treppe zur weithin sichtbaren, hohen Prunkfassade der gleichnamigen Barockkirche. Wir spazieren rechts von ihr

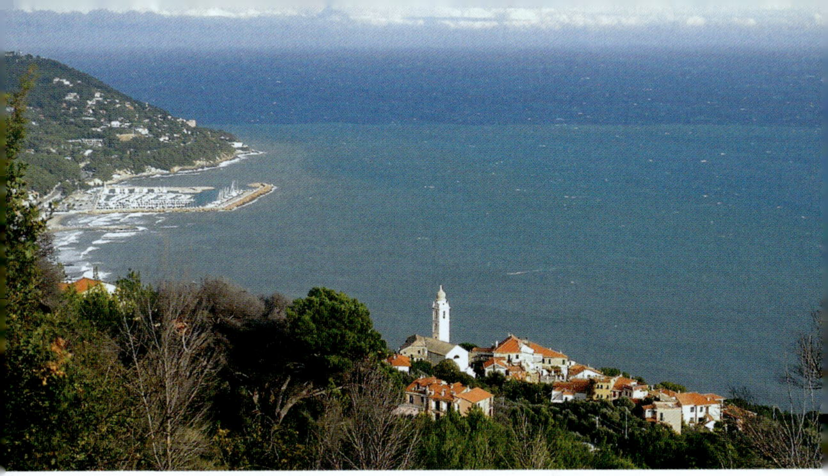

Beim Abstieg von Colle di Cervo öffnet sich der Blick auf das malerische Dorf Rollo.

geradeaus durch die Via XI Febbraio, dann kurz abwärts und durch einen Torbogen zur Via Matteotti, auf der wir am östlichen Ortsrand ansteigen. An ihrem Ende machen wir einen Miniabstecher nach links zur pittoresken Piazzetta Santa Caterina. Danach gehen wir beim Torbogen weiter aufwärts zum Abzweig beim **Castello Clavesana** ❷ (Infotafeln). Auf der Strada San Bernardo wandern wir nun nach Norden, queren einen Kreisverkehr und steigen weiter zur Cappelletta **San Bernardo di Chiaravalle** ❸ an. Ein kleiner Fußweg führt nach rechts zu dieser Kammkapelle, die im 12. Jh. erbaut und dem Kreuzzugsprediger und Zisterzienserordensgründer Bernhard von Clairvaux geweiht wurde. Auf der Straße wandern wir weiter 300 m bergan zu einer Linkskehre (→ Variante).

Im Kehrenscheitel verlassen wir die Straße nach rechts. Zuerst wandern wir ein längeres Stück fast eben auf diesem Ziehweg und erreichen dann nach einem leichten Anstieg eine Kreuzung am Kamm. Wir gehen links und queren über die Westflanke des Colle di Cervo unterhalb seiner Sendeanlagen auf dem gut markierten Sentiero Balcone Mediterraneo (SBM, roter Knoten) zu einer Linkskehre und schließlich auf dem Asphaltsträßchen durch den Wald hinauf zur Kreuzung beim **Colle di Cervo** ❹. Dort nehmen wir den rechten der beiden aufwärts führenden Wege (abknickender gelber Pfeil auf dem mittigen Felsen) und wandern auf felsigem Grund weiter. Nach 250 m passieren wir zwischen mächtigen, geschützten Aleppokiefern ein Waldbrand-Wasserreservoir und gehen auf der gelb-rot markierten Via della Transumanza weiter zur Kammkuppe **Colle Dico** ❺, wo man gelegentlich Paraglider beim Starten sieht. Ohne große Mühe und mit großartiger Aussicht über die Küste sowie das Hinterland wandern wir über einen kleineren Kammbuckel 900 m weiter zum **Colle Mea** ❻ und

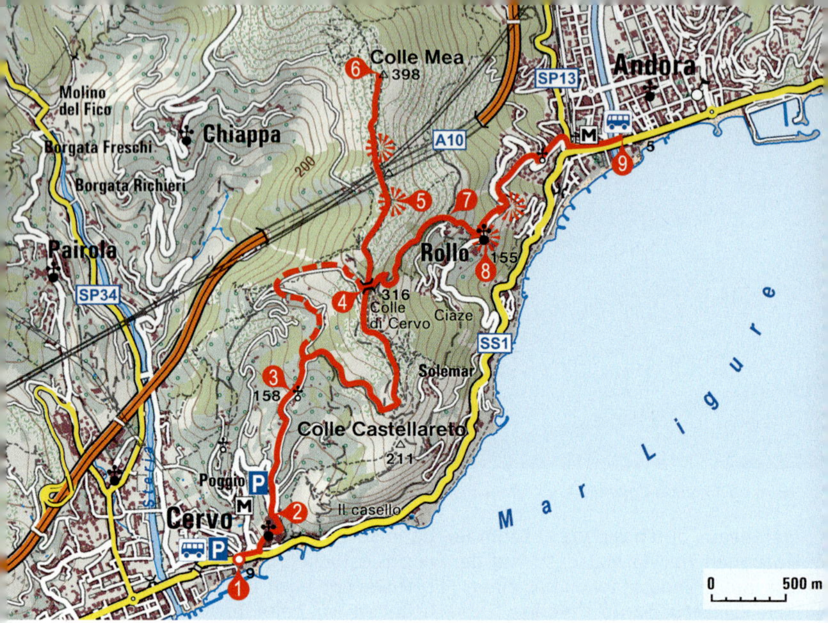

genießen den Blick zu den drei prominenten Kammbergen Monte Aguzzo, Pizzo Pegno, und Monte Mezzogiorno, über den höheren Monte Ceresa bis hin zum Monte Torre, 989 m, und andererseits über die Küste und das Ligurische Meer.

Danach kehren wir auf dem Herweg zurück zur Kreuzung beim **Colle di Cervo** ❹, wo wir nun links abwärtsgehen. Auf einem mit rotem Quadrat markierten Schotterweg verlieren wir in drei Serpentinen rasch an Höhe, etwas gemächlicher dann auf den folgenden 500 m an der Ostflanke des Ausläufers mit schönem Blick über das Bergdorf Rollo zur Küste. Vor dem Beginn der Asphaltstraße und nach einer scharfen Rechtskehre verlassen wir den Fahrweg auf dem Abzweig zum **Treppensteig** ❼ nach links: Auf den Stufen der renovierten Mulattiera (gelb-rot markiert) steigen wir nun zwischen Ferienvillen und Gärten steil ab nach **Rollo** ❽. Dort folgen wir der Via del Poggio (SP 13) nach links an der Kirche vorbei bis zur Gabelung vor dem Friedhof. Hier verlassen wir den Asphalt und gehen rechtshaltend auf der Mulattiera (rotes Quadrat) an Rastbänken und einem Eisenkreuz vorbei durch den Kiefernwald hinab zu einer Asphaltstraße, auf der wir geradeaus weiterwandern. Nach 250 m mündet diese in die Strada delle Colline. Ihr folgen wir halbrechts und gehen in zwei Serpentinen hinab zur SS 1 Via Aurelia. Abschließend spazieren wir nach links über die Merulabrücke bis zur Bushaltestelle in **Andora** ❾.

↗ 400 m | ↘ 400 m | 5.8 km

4.00 h

Rocca Barbena, 1141 m

26

Vom Colle di Scravaion zum Felsgipfel der Rocca

Diese an sich mittelschwere, aber im Abstieg dann doch schwierige, anspruchsvolle Rundtour ist eine, die man auch in den heißen Sommermonaten machen kann, einerseits dank der Höhenlage, andererseits, weil man viel im Wald unterwegs ist – an der Nordflanke über weite Strecken in hohem Buchenwald.

Ausgangspunkt: Colle di Scravaion, 814 m, Wanderparkplatz an der SP 52 zwischen Castelvecchio und Bardineto.
Anforderungen: Beim Abstieg sind am Steilkar und an zwei ausgesetzten Steigen Trittsicherheit und Schwindelfreiheit unbedingt erforderlich; die Mitnahme von Verpflegung und ausreichend Wasser ist ratsam.
Einkehr: Keine.

Vom Wanderparkplatz am **Colle di Scravaion** ❶ (Wetterhäuschen, Infotafeln) starten wir in östlicher Richtung auf dem gut bezeichneten AV-Weg (Giogo di Toirano, weiß-rot markiert) und passieren nach 90 m ein Trafohäuschen, wo ein Pfad von rechts einmündet. Wir gehen aber geradeaus

Bei der Anfahrt passiert man Castelveccchio di Rocca Barbena.

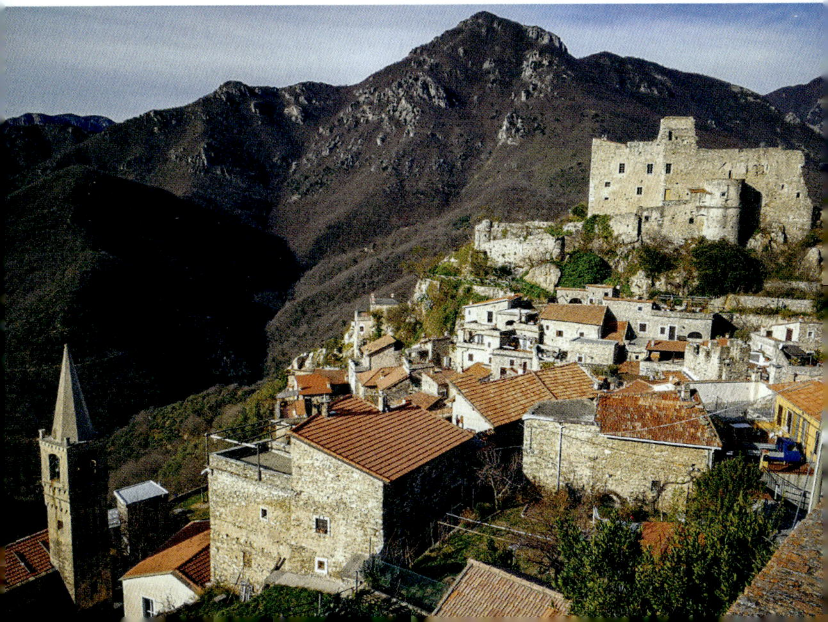

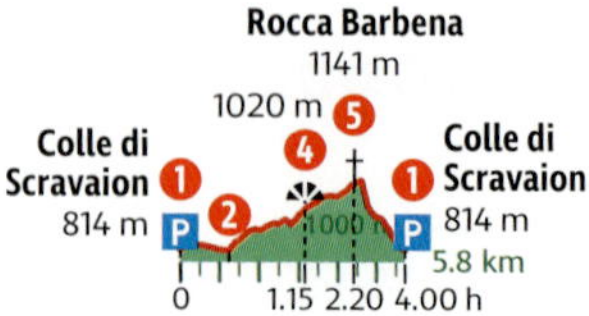

auf unserem Forstweg weiter, erst ein längeres Stück in leichtem Auf und Ab durch den Laubwald, dann leicht bergan zu einer Gabelung. Rechtshaltend erreichen wir zwei Dreizackgabelungen, wo wir jeweils mittig (rot-weiße Markierungen) weitergehen. Dann verengt sich der Ziehweg. Wir überqueren einen Bach und erspähen zwischen den Buchen und Kastanien die steilen Nordabstürze der Rocca Barbena. Auf unserem gut markierten AV-Pfad queren wir noch einige kleine Bachläufe und wurzelige Passagen. Zum Schluss steilt der Weg zum **Anstiegsabzweig** ❷ am Kamm durch den Buchenwald auf. Wir schwenken nach rechts den Kammpfad hinauf zum Emergency-Pfosten 15, gewinnen dabei rasch an Höhe und bleiben dann unserem AV-Pfad nach links treu. Wir wandern in etwa auf der Höhenlinie um einen breiten waldigen Ausläufer herum und dann leicht ansteigend bis zum Emergency-Pfosten 16, wo wir einen Miniabstecher zu einer Aussichtskanzel unterhalb machen.

Zurück am Pfosten wandern wir weiter zum **Wegweiser** ❸ kurz vor dem grasigen Sattel **Colletto Banco**. Bei ihm wenden wir uns scharf nach rechts Richtung Rocca Barbena und steigen erst auf dem Wiesenpfad steil in ein Wäldchen an. Zwischen zwei markanten Schrofenfelsen hindurch kommen wir auf steinigerem Steig zu einem **Aussichtsfelsen** ❹, wo wir den freien Ausblick über ausgedehnte Buchenwälder ins Tal von Bardineto genießen. Durch Hainbuchenwald steigen wir zu einem Sattel an und umgehen auf unserem rot-weiß markierten Erdpfad Schrofenfelsen auf der Kamm-Südseite. Anschließend machen wir einen kleinen Wiesenpfadabstecher nach rechts hinauf zu einem gespaltenen kleinen Felsen am Grat und genießen von dort den Blick zu den Vorbergen im Piemont.

Zurück auf unserem markierten Erdpfad kommen wir in einen waldigen Sattel und steigen dann (gut markiert) zwischen Felsen steil an. Noch ein Pfadstück auf dem Kamm, dann steigen wir zwischen Felsen hinauf zum Metallkreuz am Panoramagipfel **Rocca Barbena** ❺, 1141 m. Die Rundschau reicht über die

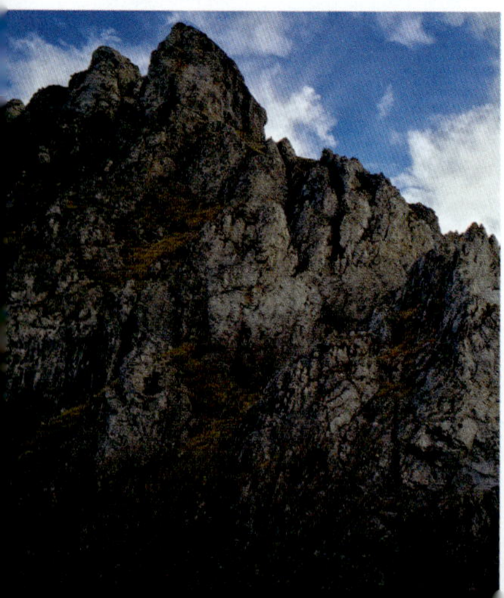

Die Westflanke der Rocca Barbena präsentiert sich wie eine Felsenfestung.

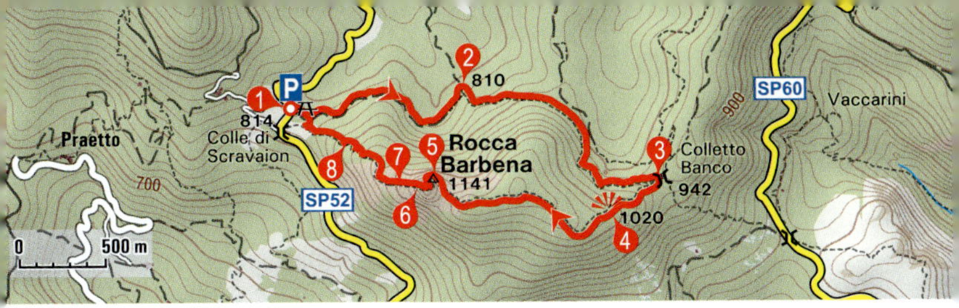

Riviera und über markante Berge auf den Ausläufern wie den Castell'Ermo, 1087 m, bis hin zu den weißen Spitzen des Monte Mongioiè, 2630 m, und der Punta Marguareis, 2651 m, den höchsten Gipfeln der Ligurischen Alpen im Piemont. Interessant: Die Rocca Barbena ist wie der nahe Monte Carmo, 1389 m, im Osten noch ein Gipfel des 1600 km langen Hauptkamms der Alpen. Im Südosten erspähen wir San Pietro al Monte oberhalb von Toirano und Loano.

Nachdem wir uns im Gipfelbuch verewigt haben, beginnen wir mit dem wesentlich anspruchsvolleren Abstieg (Achtung: Alpin weniger Erfahrene gehen sicherer auf dem Herweg zurück!). Als bergerfahrene Wanderer freuen wir uns auf die Herausforderung: Vom kiesigen kleinen Plateau am Gipfelfelsen steigen wir auf gut und oft markiertem Pfad (drei rote Punkte) an einem Felsquader vorbei südlich ab in den schrofendurchsetzten Hainbuchenwald. Schritt für Schritt, Fels für Fels und Baum für Baum (DAV rot/T3, UIAA I–II) steigen wir dann einen splittig-rutschigen **Steilabhang** ❻ im Zickzack durch lichten Laubwald nach Westen ab und finden dabei – sofern wir ohne Stöcke unterwegs sind – willkommenen Halt an den vielen jungen Stämmen. Dann testen wir unsere Schwindelfreiheit und queren ein Steilkar, das zwischen zwei Felsriffen so jäh wie tief abfällt, und steigen anschließend auf felsigem Grund zu einer kleinen Scharte an (F.I.E., drei rote Punkte). Ein Blick zurück offenbart uns noch einmal die Steilheit des Geländes. Erneut steigen wir ein Stück auf erdig-steinigem Pfad durch jungen Stieleichenwald ab, der mit Felsbrocken gespickt ist, und passieren dann die nächste **Scharte** ❼. Das Gelände wird dank des felsigen Terrains etwas offener und gewährt uns so atemberaubende Ausblicke auf die Felszinnen und über die Schrofenfelsen nach Westen. Nach einer ausgesetzten Felspassage überschreiten wir das nächste Felsriff durch eine schmale Scharte und stützen uns beim Abstieg durch eine Rinne mit den Händen ab (DAV rot/T3, UIAA I–II). Kurz darauf wechseln wir im Sattel vor dem markanten **Kammfelsen** ❽ mit Markierung, der sich uns zuerst schmal wie ein Felsenfinger präsentiert, zur Nordseite des Felsenkammes.

Ab hier wandern wir bequem durch jungen Kastanien- und Buchenwald hinab zu offenen Grasweiden. Bei der Gabelung in der Wiese biegen wir rechts Richtung Trafohäuschen ab, wo wir auf den bekannten Fahrweg treffen, auf dem wir nach 100 m zum **Colle di Scravaion** ❶ zurückkehren.

↗ 650 m | ↘ 650 m | 12.8 km

27 Monte Subanco, 983 m – Rocca Barbena, 1141 m

4.30 h

Der Familienwanderweg von Bardineto zur Rocca Barbena

Nur einen halben Kilometer südlich des alten Dorfkerns von Bardineto, das inmitten einer grünen Hochebene liegt und für seine Milchwirtschaft bekannt ist, beginnt ein Ausläufer des Alpenhauptkamms, der in einem weiten Halbkreis über den Monte Subanco und den Coletto Banco nach rechts zur Rocca Barbena ansteigt. Weil er das angenehm mit kontinuierlicher Steigung tut, ermöglicht er es auch Nichtalpinisten, als Wanderer einen felsigen Aussichtsberg im Alpenhauptkamm zu bewältigen.

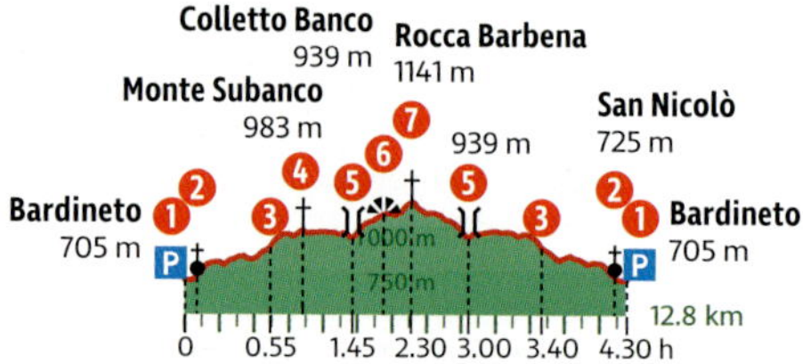

Ausgangspunkt: Bardineto, 705 m, Parkplatz am Friedhof; Anfahrt von Castelvecchio oder Toirano; Bus Linea 80 Finale Ligure Calizzano, Fermata Bardineto Camposanto.
Anforderungen: Beim Anstieg ist nur wegen der Länge etwas Kondition erforderlich. Die Mitnahme von Proviant und ausreichend Wasser ist ratsam.
Einkehr: Keine an der Route; Hotels, Restaurants und Bars in Bardineto.
Variante: Wenn ein Gewitter aufzieht, muss man den Alpenhauptkamm so rasch wie möglich verlassen: Vom Coletto Banco steigt man nach rechts express zur Sella Alzabecchi ab. Von dort per Bus 80 TPL oder Taxi, Tel. +39 339 8112319 oder per pedes auf der Asphaltstraße SP 60 via Giogo di Toirano 6 km zurück nach Bardineto.

Beim Parkplatz am Friedhof von **Bardineto** ① überqueren wir die Straße SP 60, tangieren den Kreisverkehr und gehen auf der linken Seite der SP 52 nach Süden (Richtung Castelvecchio R.B.) zum felsigen Beginn des waldigen Ausläufers. An seinem Fuß informiert eine Tafel über den Kammweg, der mit einem gelben, nicht gefüllten Quadrat markiert ist. Wir steigen rechts der Tafel auf dem talseitig mit Holzgeländern gesicherten, erdigsteinigen Wanderweg in Serpentinen durch lichten Kiefernwald an zu der aus Feldsteinen erbauten und mit Naturschieferplatten gedeckten romanischen Bergkapelle **San Nicolò** ② aus dem 11. Jh., in deren Innerem sich sehenswerte Fresken (um 1450, 2007 restauriert) erhalten haben.
Zurück auf dem markierten Wanderweg steigen wir an und nähern uns dem Kamm, auf dem wir dann unter Aleppokiefern zur unscheinbaren Kammkuppe Monte Maglione hinaufsteigen. Wir passieren ein offeneres,

teils gerodetes, teils verbranntes Gelände, wo wir zur großen Molkerei nach Frascheri hinabblicken, und steigen dann wieder auf dem Kammweg durch den Wald an. Bei einer **Vierzackgabelung** ❸, wo die Alta Via dei Monti Liguri nach links zum Giogo di Toirano abgeht, bleiben wir unserem Kammweg (dritter von links) treu, der nach anfänglicher Steigung gleich wieder moderater ansteigt und sogar zu fallen beginnt, so auch im kleinen Sattel (wo der AV-Expresssteig zum Giogo di Toirano abgeht). Erst nach 130 m verlassen wir den Hauptweg und machen einen 120-m-Abstecher (354c) nach links zum bewaldeten **Monte Subanco** ❹, 983 m. Bequem wandern wir anschließend zur Weggabelung zurück und schwenken scharf links in den Hauptweg; »Pfadfinder« können aber auch von der Kuppe genau auf dem Kamm halblinks weitergehen und gelangen – erst auf Pfadspuren, dann auf einem besseren Pfad – nach 100 m zurück zum Hauptweg, der hier wieder am Kamm ankommt.
Über mehrere kleine Kammkuppen wandern wir ein längeres Stück durch lichten Wald, aus dem wir am ersten Wegweiser (Abzweig links ginge zum Giogo di Toirano) beim grasigen Sattel **Colletto Banco** ❺ herauskommen. Wir bleiben bei der Weggabelung auf dem jetzt schmaleren Kammweg und steigen erst auf dem Wiesenpfad steil an in ein Wäldchen. Zwischen zwei markanten Schrofenfelsen hindurch

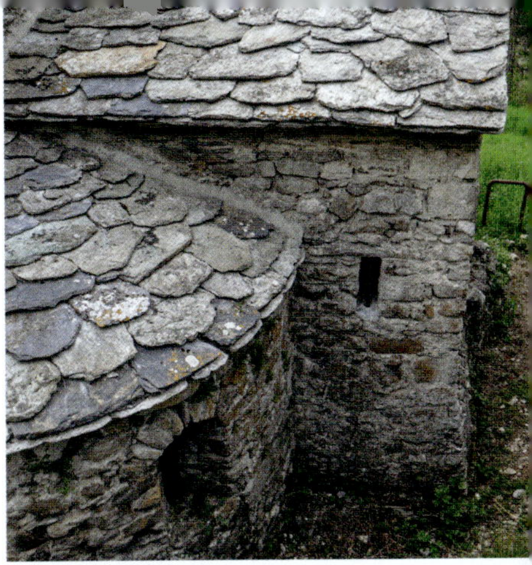

Das schiefergedeckte Apsisdach der romanischen Kapelle San Nicolò.

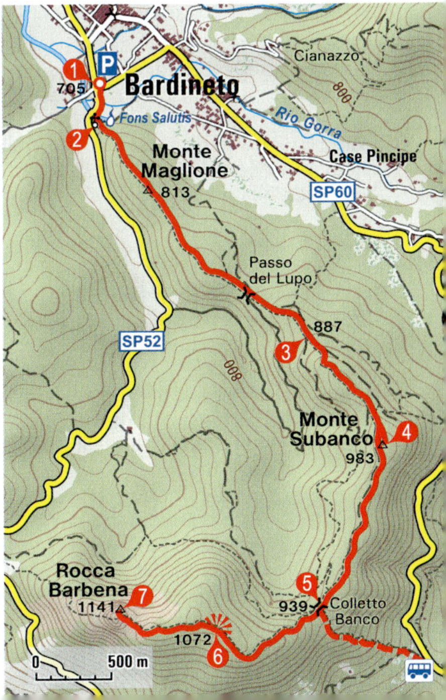

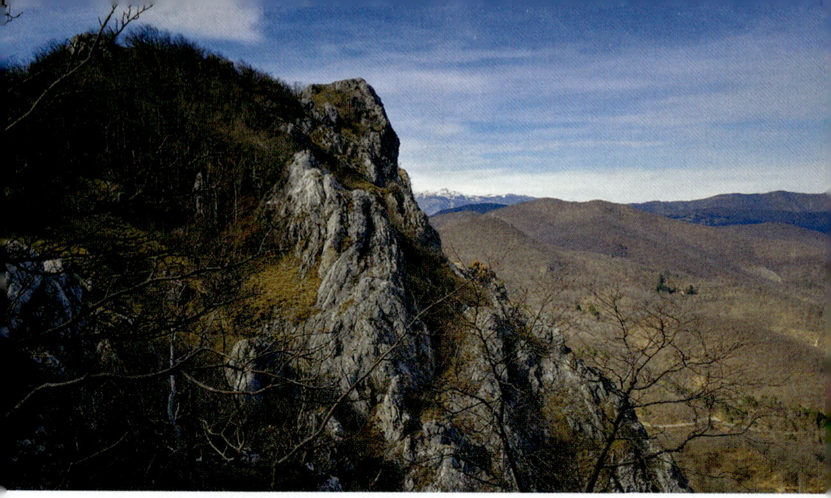

Der Felsengrat der Rocca Barbena ist noch Teil des Alpenhauptkamms.

kommen wir auf steinigerem Steig bald zu einem Aussichtsfelsen, wo wir den freien Ausblick über die weiten, gar nicht mediterran anmutenden Buchenwälder nach Bardineto genießen. Durch den Hainbuchenwald steigen wir zu einem Sattel hinauf, wo wir unter Schrofen auf die Kammsüdseite wechseln. Unser handtuchbreiter, rot-weiß markierter Erdpfad führt unterhalb von Felsen zurück in die Nähe des Graskammes. Zu einem **Aussichtspunkt am Kamm** 6 mit einem gespaltenen kleinen Felsen machen wir einen Abstecher und genießen von dort den Blick nach Norden zu den Vorbergen im Piemont.

Zurück auf unserem markierten Erdpfad queren wir das nächste Hainbuchenwäldchen und kommen in einen waldigen Sattel. Jenseits steigen wir auf gut und oft markiertem Pfad zwischen Felsen steil an. Noch ein Stück auf dem Kamm oder in unmittelbarer Nähe, dann steigen wir das letzte Stück zwischen Felsen hinauf zum Metallkreuz am Panoramagipfel **Rocca Barbena** 7, 1141 m. Die Rundschau reicht über die Riviera und über markante Berge auf den Ausläufern, wie den Castell'Ermo, bis hin zu den weißen Spitzen des Monte Mongioiè und der Punta Marguareis, 2651 m, den höchsten Gipfeln der Ligurischen Alpen (auf Piemonteser Gebiet). Übrigens: Auch die Rocca Barbena ist noch ein Gipfel des 1600 km langen Hauptkammes der Alpen, der nur 25 km Luftlinie östlich von hier am Colle di Cadibona endet, wo dann der 1500 km lange Apennin beginnt. Prominentester Berg beim Blick nach Osten ist der nahe Monte Carmo, 1389 m. Nachdem wir uns im Gipfelbuch verewigt haben, gehen wir auf dem Herweg bequem zurück zum Friedhof von **Bardineto** 1, lassen aber dabei den Monte Subanco aus.

↗ 440 m | ↘ 440 m | 7.4 km

TOP 28

4.00 h

Andora – Poggio, 250 m – Laigueglia

Oberhalb der Steilküste des Capo Mele

Der aussichtsreiche Kamm zwischen Andora und Laigueglia, der am Capo Mele ausläuft, belohnt uns nach einem anstrengenden Anstieg bis knapp vor der Radarstation mit einer Kammwanderung, für die man sich Zeit lassen sollte. In Colle Micheri, hoch über der Bucht von Laigueglia, fand der norwegische Experimental-Archäologe Thor Heyerdahl, ein Kenner schöner Plätze auf der Welt, seine Wahlheimat.

Ausgangspunkt: Andora, 18 m, jenseits des östlichen Ortsrandes an der Bushaltestelle an der SS 1 Aurelia beim Ristorante Rocce di Pinamare, ca. 1,5 km vor dem Capo Mele; Parkmöglichkeiten an der Marina; Bus TPL Linea 40 Andora–Finale Ligure, Fermata Rist. Rocce di Pinamare.
Endpunkt: Laigueglia, 10 m, Bushaltestelle und Bhf.: TPL-Bustickets im Torre Saraceno jenseits der Via Aurelia; Bhf. 90 m links, Fahrkarten im Reisebüro.
Anforderungen: Beim Straßenanstieg ist wegen der Länge etwas Geduld und Kondition erforderlich. Die Mitnahme von ausreichend Wasser ist ratsam.
Einkehr: Osteria in Colle Micheri, saisonal geöffnet, Tel. +39 0182 86116, Di. Ruhetag; Hotels, Restaurants und Bars in Andora und Laigueglia.
Variante: Von der Querwegkreuzung unterhalb des Abzweigs an der Località Poggio kann man express nach Laigueglia absteigen: erst 200 m weiter abwärts (rotes Dreieck), bei der nächsten Wegkreuzung 30 m danach auf dem Expresspfad (roter Punkt) links vom Kamm 730 m direkt hinab bis zur Via Andrea Doria; auf dieser rechts weiter und 170 m nach der Kehre rechts über die Treppen der Via Vallone hinab zur Piazza Vincenzo Maglione.
Tipps: Oberhalb von Colle Micheri erinnert ein Memorial an Thor Heyerdahl,

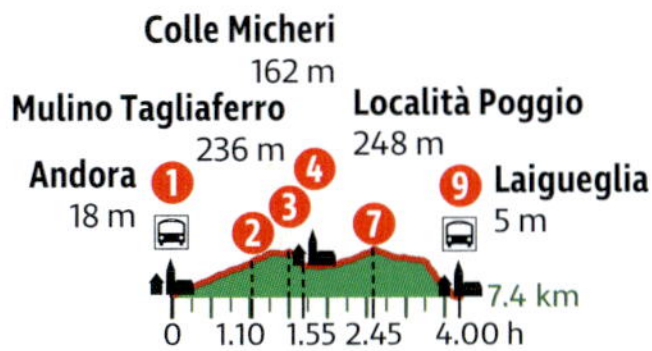

der 1947 auf dem in Inka-Manier aus Balsaholz und Schilf gebauten Floß Kon-Tiki von Peru über den Pazifik nach Polynesien segelte. Der Experimental-Archäologe wohnte im Alter bis zu seinem Tod 2002 in Colle Micheri. Hier und in Mendatica brachte er seine Forschungen zu Papier. Und er behielt recht: Seine vor 75 Jahren aufgestellte Theorie des präkolumbianischen Kontaktes zwischen Südamerikanern und Ostpolynesiern fand ihre Bestätigung erst 2020 durch genetische Untersuchungen (Nature, 8.7.20). Sehenswert ist auch die spätbarocke Pfarrkirche S. Matteo (2. Hälfte 18. Jh.) mit gleißender Schieferdeckung und majolikagedeckten Turmhauben, zu der man von der Piazza Maglione auf der Via Vincenzo Maglione kommt.

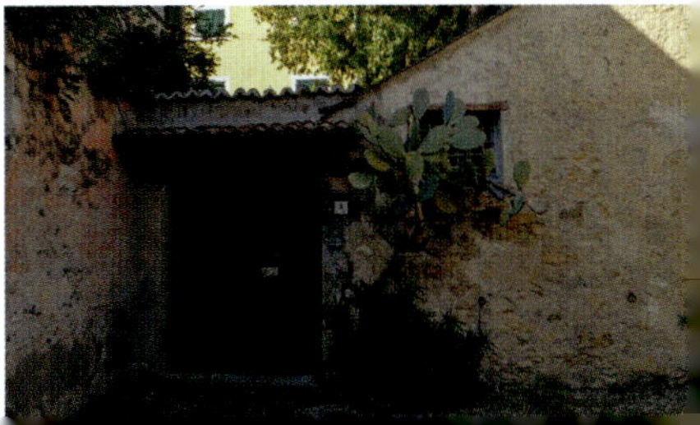

Hinter dieser Tür lebte Thor Heyerdahl.

Wir starten unsere Tour an der Bushaltestelle beim Ristorante Rocce di Pinamare jenseits des östlichen Ortsrandes von **Andora** ❶, überqueren die Via Aurelia und steigen auf der Via delle Catene (roter Strich+Punkt, Areonautica Militare) zwischen waldigen Villengrundstücken in zwei großen Serpentinen beständig aufwärts zum Kamm. Auf der Straße (roter Strich/Punkt, 115a Sq. Radar) spazieren wir weitere 400 m aufwärts und dann im Rechtsbogen auf die Radarstation zu, nicht aber zu ihr: Bei der **Kehre an der Anhöhe** ❷ zweigen wir unter großen Aleppokiefern links in die Sackgasse Via Cornice del Capo ab und folgen ihr rechtshaltend zur Abbruchkante des Capo-Mele-Ausläufers mit Blick zur Steilküste.

Am Ende der Sackgasse geht es rechts des schmiedeeisernen Tores direkt an der Villeneinfriedung entlang hinauf zur Kammkante. Von hier aus wandern wir auf der Alta Via Baia del Sole weiter. Ab den letzten Häusern genießen wir dabei den Blick über die Bucht von Laigueglia und die Isola Gallinara (an klaren Tagen bis zu den Cinque Terre!) und erreichen bald die Ruine der ehemaligen Windmühle **Mulino Tagliaferro** ❸, 236 m. Jenseits des Rundbaus gehen wir (roter Strich/Punkt) erst 50 m durch den Kiefernwald abwärts und wandern nach einem Miniabstecher rechts zum Thor-Heyerdahl-Gedenkstein (→ Tipps) auf der Via Baia del Sole weiter durch Kiefernwald hinab zum östlichen Dorfeingang. Links lockt das mittelalterlich anmutende Bergdorf **Colle Micheri** ❹ mit seinen teils überbauten Carruggi sowie dem Tor der Villa Heyerdahl an der Piazza zu einer Erkundung.

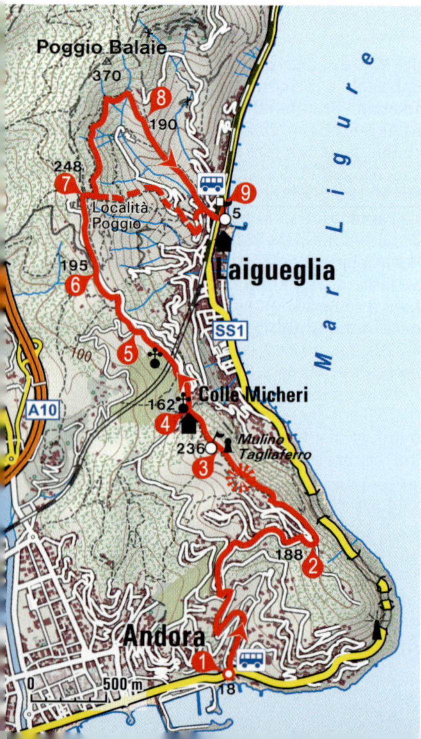

Vom Osteingang des Dorfes (Strich/Punkt an der Mauerecke) wandern wir danach auf dem schmalen Asphaltsträßchen nordwärts, passieren 200 m später den Abzweig nach Laigueglia und erreichen auf dem Kammsträßchen (ungefüllte rote Raute) nach 400 m einen **Straßenpass** ❺ (Laigueglia–Andora-Castello).

Wir folgen der Passstraße Via Castello Romano (Sentiero 3) halbrechts und verlassen sie nach 50 m im Kurvenscheitel gleich wieder halblinks (roter Punkt, ungefüllte rote Raute, Campo Sportivo) auf die

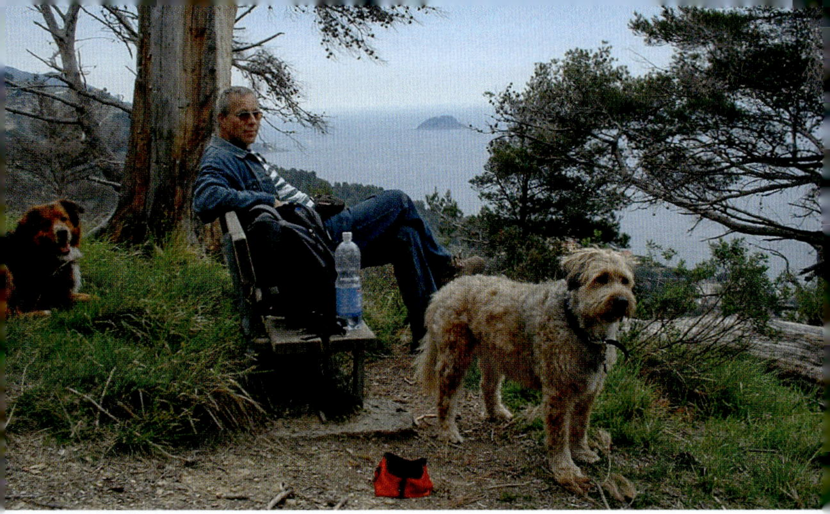

Bei der ersten Rastbank am Poggio beginnt rechts der Abstieg.

Via San Bernardo. Nach den Resten zweier ehemaliger Windmühlen (Località Molini) verlassen wir beim **Abzweig Sentiero Molino** 6 das Sträßchen nach rechts und kommen durch einen Hohlweg und dann linkshaltend zu einer Dreiergabelung. Wir wählen den höchst gelegenen und von Bikern breit ausgefahrenen Weg (gelbe Raute, drei rote Punkte, Sentiero 3). Durch den Niederwald mit manch hohen Aleppokiefern, die schon einige Brände gesehen haben, wandern wir am Kammrücken zu einer Dreizackgabelung und mittig weiter zur platzartigen Località Poggio mit einem Picknickplatz rechts der Kuppe. Beim Abzweig an der **Località Poggio** 7, neben der ersten Bank rechts (südlich), steigen wir jetzt auf dem schmalen Sentiero 7 steil hinab zur Kreuzung am breiteren Querweg im Kiefernwald (Expresssteig → Variante). Auf diesem wandern wir links im schattigen Kiefernwald bequem weiter. Nach dem Waldrand folgt unser Ziehweg in etwa der Hanglinie und verengt sich dann zum steinigen Fußpfad (drei rote Punkte), der in einer langen Rechtskurve im weiten Talschluss stärker abwärts führt und uns rechts unterhalb der Casa i Ciappai mit ihrem Pferdestall zum **Wegweiser am südöstlichen Ausläufer** 8 bringt. Von dort folgen wir dem Kammweg nach rechts abwärts bis zum »Fine Sentiero N. 5«. Ab hier geht es per Mulattiera durch die Macchia ein längeres Stück bergab Richtung Südosten: Ab den ersten Häusern von Laigueglia heißt sie Via Rochara. Im Schatten von Zypressen wandern wir hinab zur Piazza Maglione im Zentrum (→ Tipps).

Auf der Via Vercelli und durch eine kleine Eisenbahnunterführung erreichen wir in **Laigueglia** 9 die Via Aurelia mit der Bushaltestelle.

↗ 800 m | ↘ 800 m | 12.8 km

6.00 h

29 Alassio – Albenga

Über die Punta di Vegliasco und den Monte Bignone

Wer des Badelebens am Strand oder des Kurparkambientes oberhalb des berühmten Muretto von Alassio nach einigen Tagen überdrüssig ist und wen es eher in den Wanderzehen kribbelt, dem offerieren die umliegenden Höhen eine abwechslungsreiche Kammwanderung mit souveränen Blicken über die Conca d'Alassio, den steilen Talkessel des berühmten Badeortes.

Ausgangspunkt: Alassio, 9 m, Bhf. und Bushaltestelle; TPL Linea 40 Andora–Finale Ligure, Fermata (Stazione F.S.).
Endpunkt: Albenga, 5 m, Piazza del Popolo; mit Bus RT Linea 12 Andora–Sanremo oder Bahn (F.S.) zurück nach Alassio.
Anforderungen: Beim Anstieg und einigen Gegenanstiegen wie auch wegen der Länge der Tour etwas Kondition erforderlich; Mitnahme von Sonnenschutz, Proviant und ausreichend Wasser ratsam.
Einkehr: Pizzeria La Crocetta, bracerialacrocetta.com; Hotels und Bar-Restaurants in Alassio und Albenga.
Varianten: 1. Mit dem Bus vom Bahnhof TPL Linea 92 Alassio–Testico (12.15 Uhr, 13.10 Uhr) bis zur Pizzeria La Crocetta anfahren und auf der Alta Via Baia del Sole (AVBS, roter Strich) über die Torre Pisana zum Coletto di Moglio; ab dort regulär weiter. 2. Abstiegsvariante: Bei der römischen Nekropole kann man auch auf der Via Julia Augusta im Zickzack hinab und nach links an römischen Grabmonumenten (2.–5. Jh.) vor Albingaunum vorbei zum Carruggio mit dem Wegweiser absteigen.
Tipps: Südöstlich vom Bahnhof Alassio findet man den Muretto di Alassio mit Prominentensignaturen auf Keramikplatten am Südostrand des Parks. Nach der Tour kann man in Albenga nordwestlich die Altstadt besichtigen: Neben dem Dom San Michele mit majolikageschmücktem Campanile (1391–1395) führt eine kleine Gasse zum achteckigen Baptisterium mit Mosaikfragmenten (5. Jh.) und romanischen Freskenresten im Inneren.

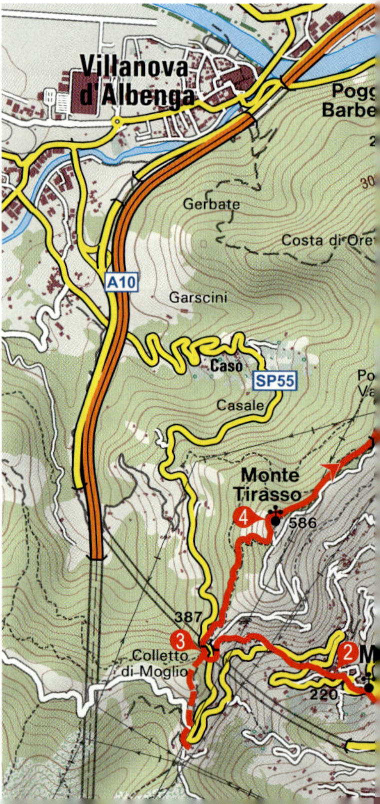

Vom Bahnhof in **Alassio** ❶ (Bushaltestelle) spazieren wir an der Bar vorbei rechtshaltend zur Bahnunterführung. Danach folgen wir der Via Michelangelo erst 230 m parallel zur Bahn und dann beständig aufwärts, bis wir auf die Via G.B. Pera stoßen. Jenseits der Fahrzeugsperren gehen wir links weiter bis zum Zebrastreifen bei den Zypressen. Dort steigen wir rechts auf dem Stufenweg (rotes Kreuz) zwischen Steinmauern bergan und gewinnen rasch an Höhe. Nach dem Mulino Ibiza spazieren wir 100 m die Via Valbona entlang und gehen dann nach links 100 m auf dem Fußweg (rotes Kreuz) leicht aufwärts. Wir queren eine Fahrstraße und passieren auf der gestuften Strada Pedonale den Friedhof von Moglio, bis wir zur SP 18 (Alassio–Testico) gelangen. Wir überqueren sie und kommen an der Kirche sowie der Kapelle San Sebastiano vorbei ins Zentrum von **Moglio** ❷. Nach dem Tabacchaio steigen wir auf der Via Mazzini steil hinauf und linkshaltend am Parcheggio Moglio vorbei ins Häusergewirr, wo wir auf dem Carrug-

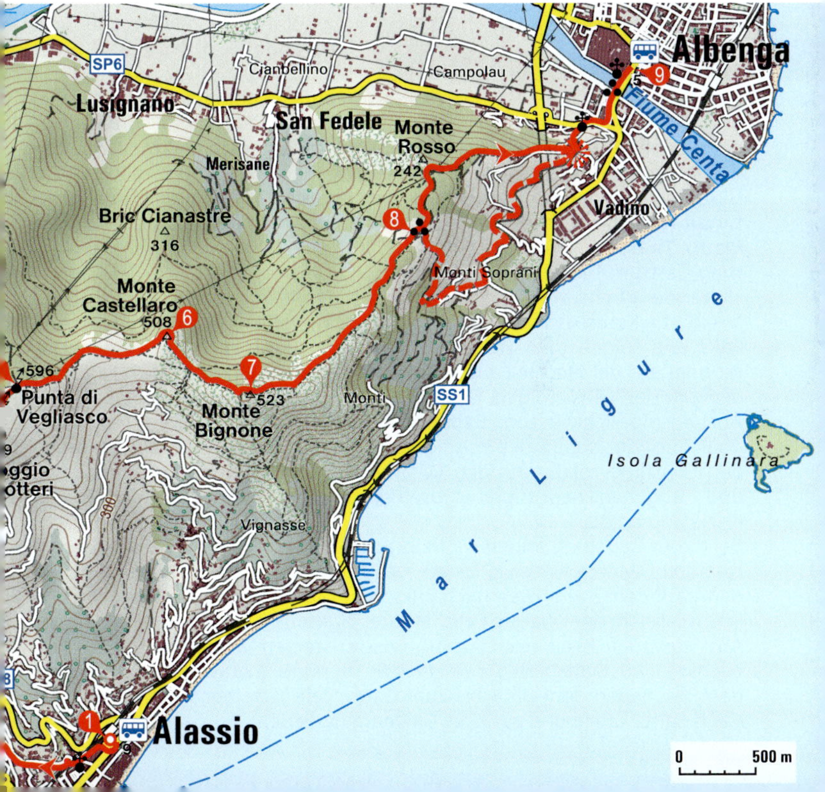

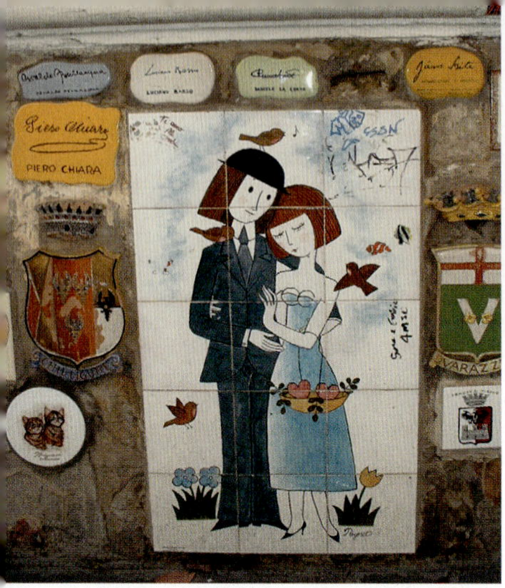

Am Muretto in Alassio haben sich viele Prominente keramisch verewigt, so auch Raymond Peynet, der berühmte französische Grafiker.

gio immer aufwärts gehen und die Via F. Airaldi überqueren (Bushaltestelle, Trattoria I Fii De). Auf der geziegelten Salita links steigen wir zum Ortsrand hoch und queren auf unserer Strada Pedonale Madonna della Guardia (rotes Kreuz) nach 250 m die SP 18. Nach 600 m erreichen wir die Provinzialstraße SP 55 und spazieren auf ihr 70 m nach rechts zum Pass **Colletto di Moglio** ❸ hinüber. Dort gehen wir auf der SP 55 rechts (Madonna della Guardia) und steigen nach 30 m scharf links auf unserem Pfad Strada Pedonale Madonna della Guardia (zwei rote Punkte) weiter an. Nach 650 m, wir halten uns rechts, führt er uns in großem Zickzack steiler werdend zum Parkplatz. Hinter dem Eingangstor steigen wir auf gepflegtem Weg hinauf (rote Punkte) zur weithin sichtbaren Wallfahrtskirche Madonna della Guardia auf dem **Monte Tirasso** ❹, 586 m, die im 17./18. Jh. am Ort der ehemaligen Wehrfestung Castrum Tiracii erbaut wurde.

Hinter der Kirche, nordöstlich, folgen wir den Markierungen (rote Punkte) hinab zur Kammasphaltstraße. Nach 200 m verlassen wir Letztere nach links und folgen dem Wegweiser »S1« (rote Punkte). Unser Wanderweg mündet aus der Macchia am Kamm kurz darauf in einen erdigen Fahrweg, dem wir nach links folgen. Nach der Kreuzung an der Sella di Caso (rechts Abstiegsmöglichkeit zum Bahnhof Alassio, zwei rote Rauten) gehen wir über über die Kuppe des Poggio Vallega geradeaus weiter. Wir passieren den Gleitfliegerplatz und den TV-Umsetzer an der **Punta di Vegliasco** ❺ und umgehen den Gipfel südseitig, der im Volksmund auch Monte Pisciavino heißt.

Bei dieser Gabelung folgen wir halbrechts unserem Kammpfad (rote Punkte) durch niedere Macchia, lassen zwei Kammkuppen links aus und gehen dann auf dem Kammweg nach links zum Gipfel des **Monte Castellaro** ❻, 508 m. Nach dem Sattel Sella Monte Bignone (Überlandleitung, rechts Abstiegsmöglichkeit nach Alassio-Coscia) steigen wir dann steil an zum nächsten Aussichtsgipfel, dem **Monte Bignone d'Alassio** ❼, 523 m, von dem wir neben dem Blick bis zum Capo Mele jetzt auch den hinab zum Capo Santa Croce und zur Isola Gallinara genießen.

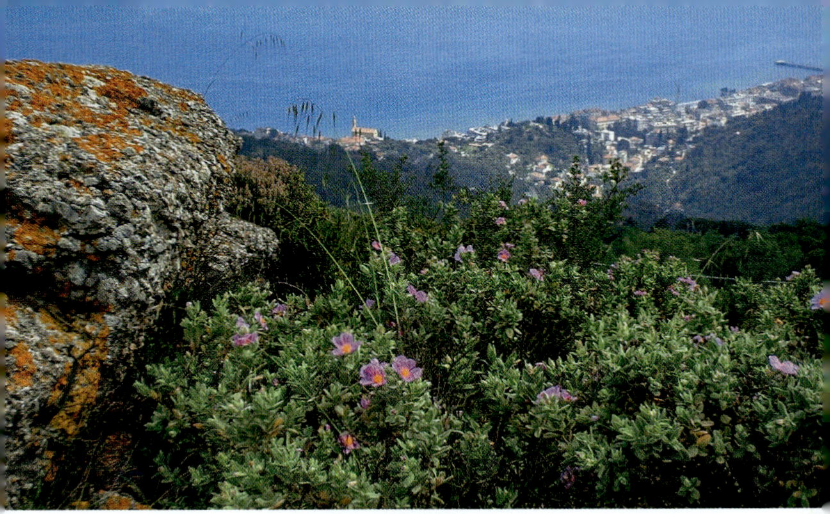

Vom Gipfel des Monte Castellaro blickt man über Zistrosen hinweg auf Alassio hinab.

Nach verdienter Rast beginnen wir auf unserem Kammpfad (zwei rote Punkte) den Abstieg und folgen so dem Nordostausläufer bis zur **Römischen Nekropole** 8, wo die Via Julia Augusta rechts abzweigt (→ Variante 2).
Wir aber wandern auf dem Kamm an der Casa del Monte vorbei (rote Punkte) abwärts bis zum Friedhof, der von Zypressen umgeben ist. Auf einem schön gepflasterten Carruggio spazieren wir rechts an ihm vorbei bis zur Asphaltstraße (Hinweisschild Römerstraße Via Julia Augusta). Wir gelangen auf einer Serpentine abwärts und dann auf der Salita della Fatima (rote Punkte, SL) hinab zur Via San Calogero, der wir geradeaus zur Via Fratelli Ruffini folgen. Nach links spazieren wir über die Brücke mit rotem Trägerbogen zur Piazza del Popolo mit dem zentralen Park von **Albenga** 9 (Bushaltestelle). Falls wir Lust auf Sightseeing haben, können wir linkshaltend zur Altstadt (→ Tipps) hinüberspazieren.
Nach Alassio zurück kommt man auch per Zug: Zum Bahnhof spaziert man vom Platz aus einige Minuten meerwärts.

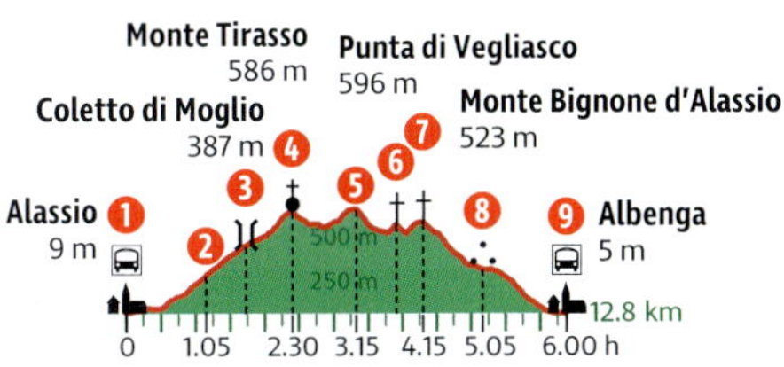

30 Monte Carmo, 1389 m

4.30 h

Vom Giogo di Toirano auf den letzten Panoramaberg der Südalpen

Der Monte Carmo di Loano ist mit knapp 1400 m der letzte hohe Aussichtsberg im Auslauf des südlichen Alpenhauptkammes und beschenkt einen bei klarem Wetter mit einem grandiosen Panorama über die italienische Palmenriviera und ihr Hinterland – und das ganz ohne Antennenwald wie am Monte Beigua, seinem 1287 m hohen Apennin-Pendant jenseits der Passsenke Colle di Cadibona.

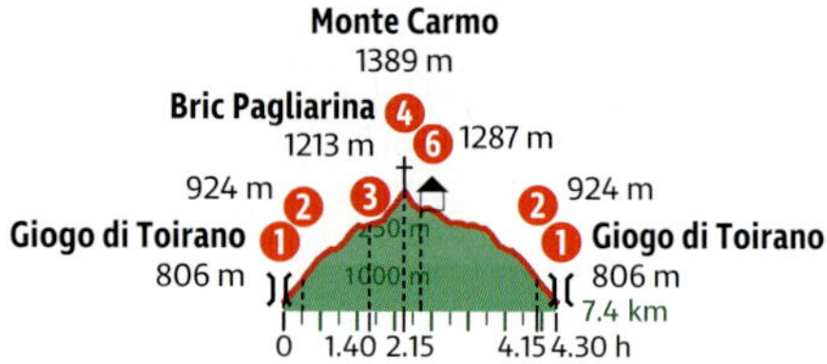

Ausgangspunkt: Giogo di Toirano, 801 m, Pass an der SP 60, zwischen Toirano und Bardineto; Bus TPL Linea 80 Loano–Calizzano, Fermata Bivio S. Pietro, 300 m auf der Straße bergan zum Ausgangspunkt.
Anforderungen: Beim Anstieg zum Monte Carmo ist Kondition erforderlich. Die Mitnahme von Proviant und ausreichend Wasser ist ratsam.
Einkehr: Keine; Übernachtung und Bar-Restaurants in Toirano und Bardineto.
Kombinationsmöglichkeit: Fährt man per Bus an und hat Schlafsack, Isomatte und viel Proviant mit dabei, kann man eine abwechslungsreiche Zweitagestour machen und in der Baita Amici del Carmo einfachst biwakieren. Am nächsten Morgen wandert man dann auf dem Kammweg (Markierung rotes X) zur Ca del Fò hinab und über den Monte Ravinet (Tour 22, weiß-rot und gelb markiert) weiter zur Bergkirche San Pietro dei Monti. Von dort auf dem Sentiero Ligure hinab nach Toirano-Dari (Tour 31, Markierung SL).
Variante: »Pfadfinder« können ab 7 express auf den Pfadspuren halbrechts westlich und dann in etwa auf der Höhenlinie 250 m nach Nordwesten auf den Kamm zugehen; 50 m vorher geht es links abwärts weiter; nach einer Links-Rechts-Serpentine im Wald fällt der Pfad 50 m etwas stärker nach Westen ab, wo der Expresspfad in den regulären Pfad mündet.

Am **Giogo di Toirano** 1 stehen eine Wetterschutzhütte, viele Wegweiser sowie Info- und Kartentafeln. Wir beginnen am AV-Wegweiser bei den Felsen südöstlich vom Pass mit dem Anstieg.
Der schmale Pfad ist als sehr beliebte Etappe des Höhenweges der Ligurischen Alpen, der Alta Via dei Monti Liguri (AVML), durchwegs gut markiert. Auf ihm steigen wir jetzt beständig den breiten Kamm des Westausläufers hinauf. Nach dem ersten Anstieg durch Kiefernwald, Alm-

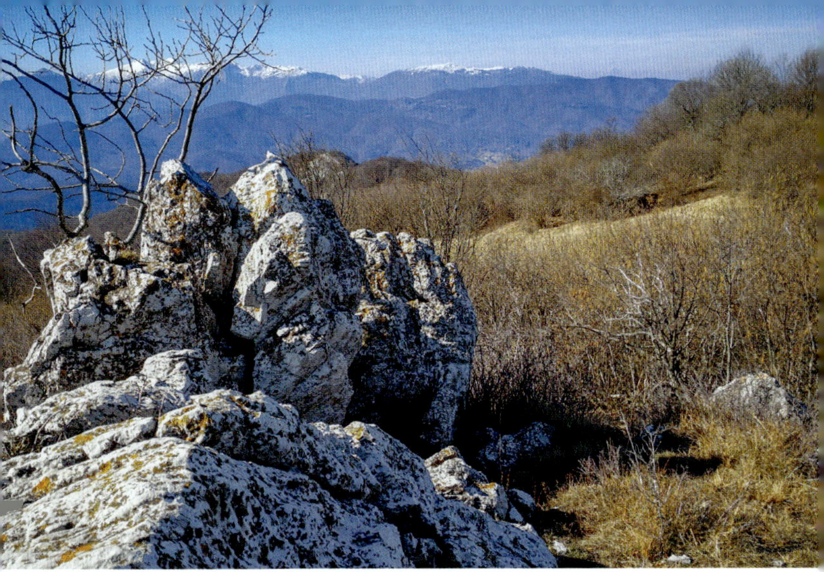

Über dem Schrofenfelsen wandert der Blick zu den schneebedeckten Alpengipfeln.

weiden, buschigen Niederwald und über felsiges Terrain tangieren wir eine **Schotterstraße** ❷. Wir verlassen sie gleich wieder halbrechts und folgen unseren AV-Markierungen. Der Weg wird nun steiler und wir passieren Schuttfelder mit Steinmännern sowie Wacholderbüschen.

Nach einem Kammanstieg kommen wir an einem Stieleichenwald vorbei und erreichen dann die Gabelung an der Almwiese, wo wir einen 60-m-Abstecher nach rechts zu einer Casella machen können. Zurück am Kamm wird es bald schuttig und felsig, wir passieren weitere Steinmänner. Nahe einer felsigen Kammkuppe haben wir freien Blick zurück auf die Rocca Barbena und die langen Ausläufer dahinter, die vom Hauptkamm Richtung Meer hinabziehen. Prominente Gipfel im Westen sind der pyramidenartige Monte Ceppo und rechts davon die drei markanten Gipfelgestalten des

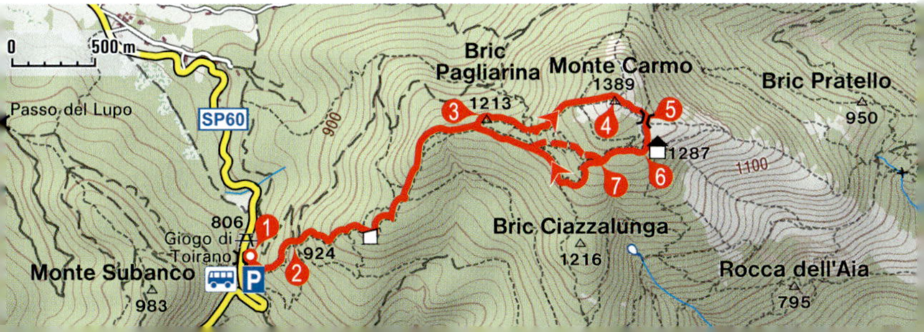

Monte Toraggio, Monte Pietravecchia und Monte Grai. Wir wandern 300 m weiter durch felsdurchsetzten Hainbuchenwald zu einer Vetta mit Kreuzung (wo von rechts der Karma Trail vom Rifugio Amici del Carmo einmündet, den wir beim Rückweg nehmen) und dann 50 m weiter geradeaus zur Kammkuppe **Bric Pagliarina** ❸. Durch den Stieleichenwald kommen wir nach einigen Schrofen hinaus zum Wegweiser und steigen schweißtreibend im Zickzack steil bergan zu dem mit Steinen und schiefrigen Felsbrocken übersäten Gipfel des **Monte Carmo** ❹, 1389 m, bekrönt von einem großen Metallkreuz. Wir genießen das überwältigende Panorama, ein runder Edelstahltisch mit eingravierter Karte hilft uns bei der Identifizierung der Gipfel.

Auf der offenen Südostflanke des Monte Carmo steigen wir im Zickzack hinab zum Wegweiser am breiten Sattel **Sella del Carmo** ❺. Dort folgen wir dem Wegweiser Richtung Baita Amici del Carmo halbrechts abwärts, erst über offenes Terrain, dann nach der Gabelung, wo wir halblinks weitergehen, auf eine Hecke aus hohem Gebüsch zu. Näher herangekommen folgen wir den Markierungen am Boden und erreichen nach Kurzem die Hütte **Baita Amici del Carmo** ❻. Sie wird von den Bergfreunden aus Loano nicht bewirtschaftet (non profit, Tel. +39 366 7356233), bietet aber freundlicherweise auch außerhalb der Saison jedem Bergwanderer bei Unwettern Schutz sowie im hellen Biwak links der Hütte (Ofen, Waschwasser) generell die Möglichkeit, eine Zweitagestour zu machen.

Nach der Hüttenrast nehmen wir unseren Abstieg oberhalb der Hütte in Angriff: An ihrer Rückseite gehen wir links weiter und an zwei Caselle (Hotel degli Amici) vorbei. Wenige Markierungen (rotes X) an Steinen seitlich der Pfadspuren oder des schmalen Pfades, gelegentlich auch Steinmänner, bestätigen unseren Weg über die Grasschneisen zwischen dornigem Gebüsch. Sie führen uns zu einem kleinen Geländesporn mit **Schrofenfelsen** ❼, zu dem wir vom Pfad zugunsten einer Geländeübersicht einen 20-m-Abstecher nach links machen (→ Kombinationsmöglichkeit).

Zurück auf dem Pfad können »Pfadfinder« abkürzen (→ Variante), wir gehen aber regulär links 30 m hinab zur markierten Gabelung. Hier bleiben wir dem mit einem roten X markierten Pfad treu und wandern halblinks (Westsüdwest) etwa 100 m weit im Wald abwärts, gehen dann eine halbkreisartige große Kurve 150 m im Uhrzeigersinn aus und erreichen nach 30 m eine Weggabelung. Wir verlassen den mit dem roten X markierten Weg (er führt weiter zur Ca del Fò) und gehen nun rechts auf den Pfadspuren des Karma Trails weiter, der uns auf der Hanglinie und dann ab der Einmündung des Expresssteiges (→ Variante) leicht fallend hinüberbringt zu einer Casella und 125 m danach ansteigend zur Weggabelung unterhalb des **Bric Pagliarina** ❸.

Dort wenden wir uns auf der Alta Via dei Monti Liguri nach links und wandern gut markiert (AV-Markierungen) auf dem vom Anstieg bekannten Herweg zurück zum **Giogo di Toirano** ❶.

↗ 900 m | ↘ 900 m | 10.6 km

5.00 h

Grotte di Toirano – San Pietro dei Monti

TOP **31**

Vom Giogo di Toirano auf den Aussichtsberg im Hinterland von Loano

Bei dieser Wanderung kann man die verschiedensten Eindrücke sammeln, ein jurassisch anmutendes Tal und ein Ausläufer mit hohen Kalksteinkletterwänden, Tropfsteinhöhlen und Steilkaren. Zusätzlich setzen auch die Höhenkirchen San Pietro dei Monti und San Pietrino Akzente.

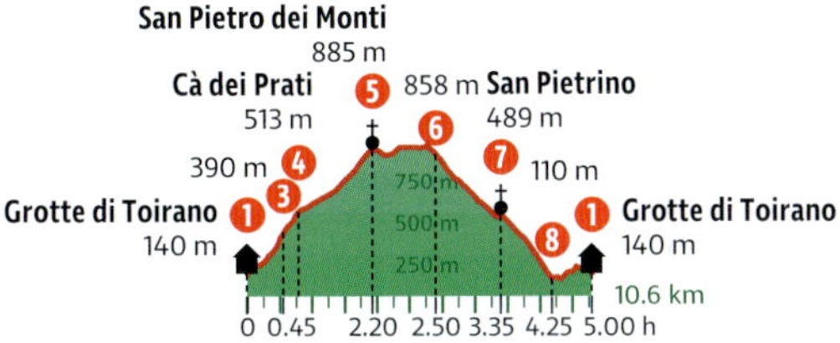

Vom Anstiegspfad blickt man jäh hinab ins Tal des Rio della Valle.

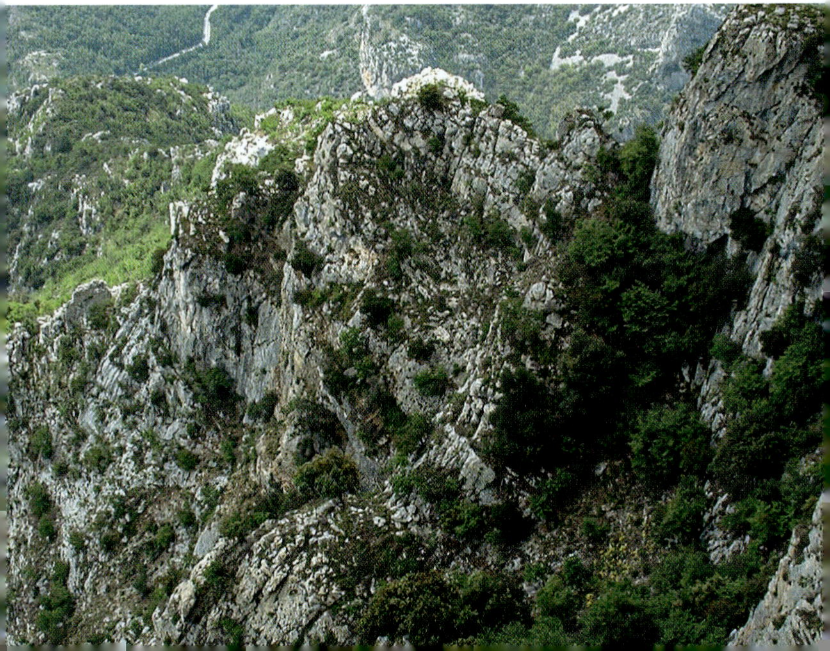

Ausgangspunkt: Grotte di Toirano, 212 m, Parkplatz; Bus TPL Linea 81 Loano–Toirano, Fermata Grotte; bei der Rückfahrt Fermata Incrocio Via alle Grotte.

Anforderungen: Beim Anstieg zur Bergkirche San Pietro dei Monti ist Kondition erforderlich. Für den Steilkarpfad zwischen San Pietro dei Monti und der Gabelung auf der Almwiese sind Trittsicherheit und Schwindelfreiheit Voraussetzung, man kann die Passage aber umgehen (→ Variante). Die Mitnahme von ausreichend Proviant und viel Wasser ist ratsam.

Einkehr: »Caffetteria« am Ausgangspunkt; Übernachtung und Bar-Restaurants in Toirano oder Loano.

Variante: Die mittelschwere Waldpfadvariante beginnt nach San Pietro dei Monti an der Gabelung beim kleinen Sattel: Man geht geradeaus statt halbrechts und steigt in einer großen Serpentine durch lichten Laubwald am Kamm (Steinmänner, gelben Markierungen) an zur Gabelung an der Lichtung. Diese überquert man auf der Hanglinie geradeaus (keinesfalls links gelb), durchquert den Wald 160 m und steigt erst auf der Grasnarbe, dann auf der Lichtung (Markierungen und Steinmänner) 150 m direkt hinab zur Ruine der Casa Peglia.

Tipps: Ist noch Zeit, kann man auf dem Panoramaweg zur Cassa Grotte di Toirano weitergehen und eine Grotten-Führung (14–17 Uhr, 12 €/Person) mitmachen. Von der Tropfsteinhöhle Grotta della Bàsura, in der nebst Überresten von Höhlenbären auch der Fußabdruck eines Neandertalers zu sehen ist, spaziert man im Berginneren per Stollen zur Grotta Santa Lucia mit zauberhaften Kristallgebilden. Draußen führt ein Miniabstecher nach links hinauf zum Santuario Santa Lucia, mit gutem Ausblick auf die Felswände ringsum; anschließend auf dem Panoramaweg zurück zum Parkplatz.

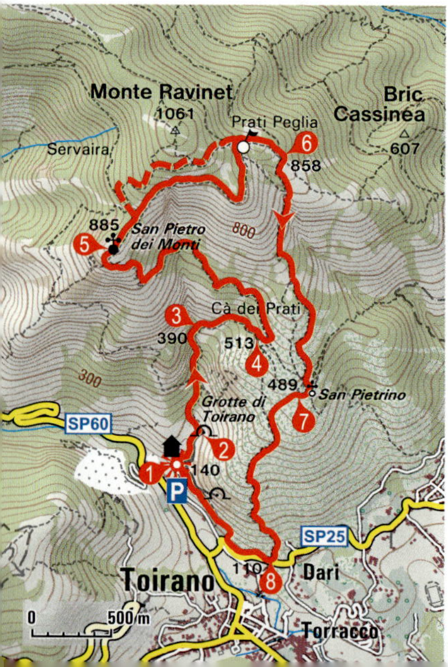

Vom Parkplatz **Grotte di Toirano** ❶ gehen wir links der Caffetteria durch ein Tor 140 m hinauf zu einem geländergesicherten Panoramaweg. Er führt aussichtsreich zum Kassenhäuschen **Cassa Grotte di Toirano** ❷, das wir rechts umgehen. Hier beginnt der Sentiero delle Terre Alte (rot-gelbe Markierung).

Auf dem erst kiesigen Pfad gehen wir auf die senkrecht abfallenden Felspartien der Balzi Rossi zu, steigen im Niederwald beständig weiter an, umgehen die nächsten Steilwände linksseitig und steigen schließlich sehr steil hinauf zur **Schrofenpassage** ❸ (rot-gelb markiert). Auf dem jetzt weniger steilen Pfad gehen wir in einen Talschluss, steigen dann aber gleich wieder ein längeres Stück im lichten Wald an. Am oberen Waldrand öffnet sich

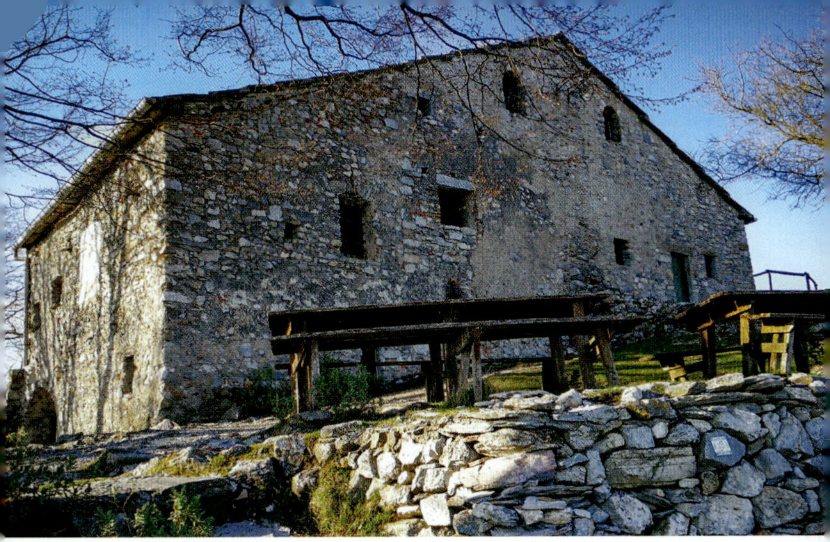

Die malerische Bergkirche San Pietro dei Monti.

die flachere Kammwiese mit der **Cà dei Prati** 4, wo wir beim Wegweiser den Sentiero delle Terre Alte (rot-gelb-rot) Richtung San Pietro verlassen (rot-weiß-rot). Nach 75 m wenden wir uns bei der Gabelung nach links und wandern erst auf Pfadspuren in den Kiefernwald, dann auf deutlichem Pfad ohne große Steigung an einem markierten Felsblock vorbei und zu einer aussichtsreichen Felsspornplattform mit einem Eisenkreuz. Nach dem waldigen Talschluss gewinnen wir auf einer steilen Mulattiera in sechs Serpentinen schweißtreibend, aber rasch an Höhe und erreichen die Wiese vor der schiefergedeckten Natursteinkirche **San Pietro dei Monti** 5, die auch San Pietro in Varatella heißt. Vom Metallkreuz an der Hangkante hat man den freien Blick hinab nach Toirano und über die Küste von Loano. Nach einer Minirundtour auf den Monte Varatella hinter der Bergkirche laden Holzbänke und Tische vor der Bergkirche zu einer Rast ein.

Wir setzen unsere Tour an der Ostseite etwas unterhalb der Kirche auf einem Fußpfad fort, passieren im Wald einen kleinen Sattel und wandern bei der Gabelung nach der Wasserleitung (→ mittelschwere Variante) halbrechts auf dem markierten Weg (roter Punkt) einen weiten Talschluss aus, erst durch Wald, dann durch das obere Ende seines schuttigen Steilkares (Trittsicherheit, Schwindelfreiheit). Wir umrunden den nächsten Ausläufer, passieren ein Wäldchen, biegen bei der Ruine der Casa Peglia rechts ab und gehen zur **Kreuzung am Kamm** 6.

Wir folgen nun immer dem Terre-Alte-Weg (rot-gelbe Markierung, rotes X) nach rechts abwärts. Auf ihm queren wir nach dem Wäldchen halbrechts

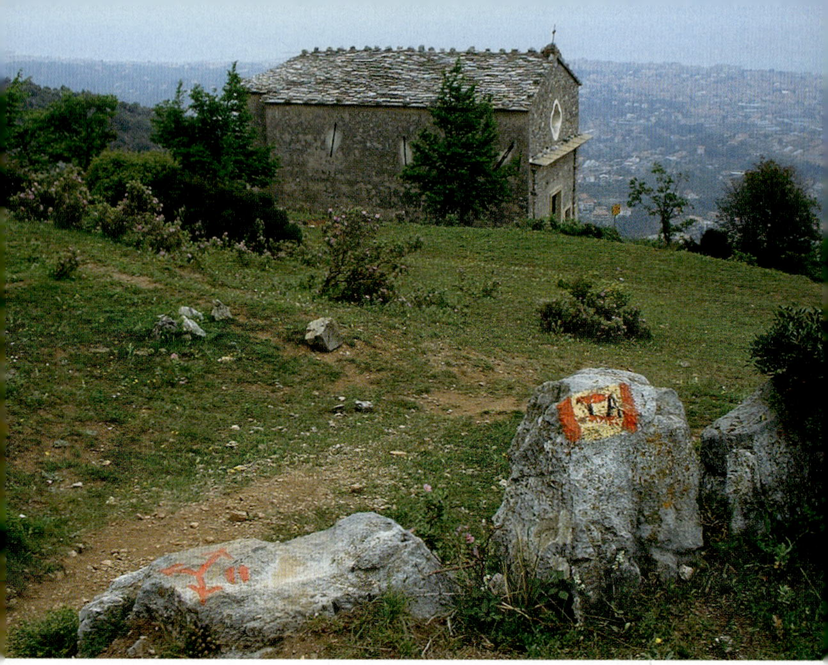

Bei der Pfadkreuzung westlich von San Pietrino gehen wir abwärts weiter.

über das meist trockene Bachbett zum rechten Hang. Auf dem nun deutlichen Pfad queren wir den Schutthang und wandern dann auf dem Kammrücken hinab zur nächsten Gabelung. Linkshaltend verlieren wir im Wald rasch an Höhe, passieren in Kammnähe eine primitive Hütte und erreichen auf einer der verzweigten Wegspuren das Bergkirchlein San Pietrino. Auf dem TA-Weg (rotes Dreieck, zwei rote Linien) gehen wir 90 m nach Westen zur **Pfadkreuzung** 7 und verlassen ihn sogleich wieder nach links abwärts über die steinübersäte Viehweide teils weglos, teils auf Pfadspuren. Wir wandern den Waldrand entlang 300 m hinab zur Einmündung in einen deutlichen Pfad (San Pietro ai Monti – Dari, Markierung zwei vertikale rote Striche). Auf diesem kurvigen, langen und schönen Kammweg durch die Macchia verlieren wir zusehends an Höhe, bis wir in Talnähe kurz nach einem Hohlweg zwischen Felsen auf einen **Querweg im Olivenhain** 8 (Bushaltestelle Fermata Incrocio Via alle Grotte) stoßen.
Als Autofahrer gehen wir indes auf dem Querweg im Olivenhain rechts immer aufwärts zum Panoramaweg bei der Grotta Santa Lucia. Wir folgen diesem nach links bis zur Gabelung oberhalb vom Parkplatz **Grotte di Toirano** 1 und gehen dort scharf links zu ihm hinab.

↗ 400 m | ↘ 400 m | 10.5 km

4.30 h

Monte Ravinet, 1070 m

Der Partisanenberg

Im Zweiten Weltkrieg war dieser Aussichtsberg eine natürliche Festung der Resistenza, weil sie dank der Steilwände rundherum von den Partisanen gut zu verteidigen war. Daran erinnerten bis zur Jahrtausendwende rote Hammer-und-Sichel-Wegmarkierungen anstelle der heutigen rot-weißen am Hauptanstieg von San Pietro dei Monti zum Gipfel.

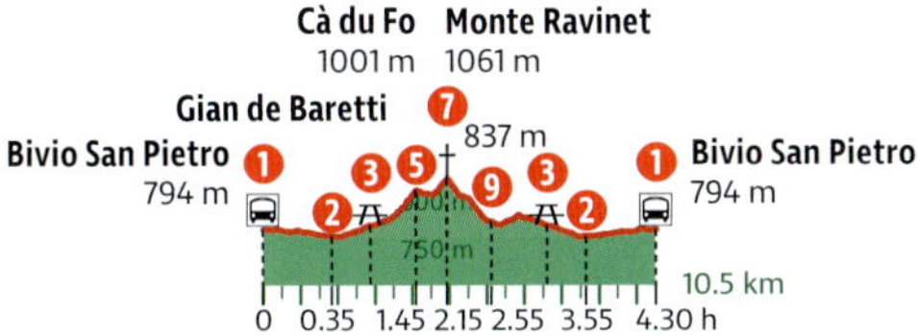

Ausgangspunkt: Bushaltestelle Bivio-San Pietro, 794 m; Bus TPL Linea 80 Borghetto S. Spirito – Calizzano; Parkplatz 250 m oberhalb am Giogo di Toirano, 801 m.

Anforderungen: Beim Anstieg zum Monte Ravinet ist Trittsicherheit, Schwindelfreiheit und Kondition erforderlich. Die Mitnahme von ausreichend Proviant und Wasser ist ratsam.

Einkehr: Keine; Übernachtung und Bar-Restaurants in Toirano und Bardineto.

Variante: Vom Sattel mit der Wasserleitung 350 m nach Süden zur Bergkirche San Pietro dei Monti mit Picknickbänken und -tischen und Aussicht zur Küste.

Kombinationsmöglichkeiten: 1. Von S. Pietro dei Monti (Variante) Anschluss an Tour 31. 2. Kombination mit Tour 30 vom Giogo di Toirano.

Im Wald versteckt liegt diese Casella.

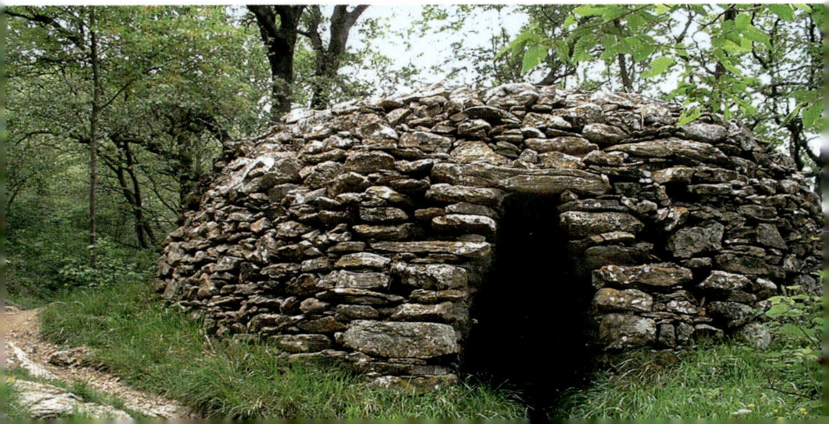

Von der Bushaltestelle **Bivio San Pietro** ❶ gehen wir in die Kehre vor dem Pass zurück und verlassen diese im Kurvenscheitel nach Süden. Auf einem schotterigen Panoramafahrweg queren wir nun die Südwestausläufer des Bric Pagliarina und des Monte Carmo in etwa auf der Höhenlinie. Dabei passieren wir eine **Steilwand** ❷, wo unser Schotterweg aus dem schieren Kammfels herausgesprengt wurde, und wandern ein längeres Stück unkompliziert zum großen Picknickplatz **Gian dei Baretti** ❸ am Kammsporn eines Ausläufers.

Nach 100 m endet der Schotterweg und es geht halblinks auf dem schmalen, mit zwei roten Linien markierten Pfad weiter. Immer parallel neben oder oberhalb einer alten Wasserleitung am felsigen Hang führt der Weg uns bis zu einer markanten Rechtskurve, wo Weg und Wasserleitung nach rechts Richtung San Pietro dei Monti abbiegen. 12 m nach dieser Rechtskurve verlassen wir beide beim **Abzweig** ❹ zur Cà du Fo und steigen scharf links in der Gegenrichtung auf einem erdigen, weiß-rot markierten Pfad durch felsendurchsetzten Stieleichenwald steil an zur Quelle Sorgente Castagno (Badewannentränke). Nach zwei Serpentinen steigen wir in östlicher Richtung weiter steil an zum Monte-Carmo-Pfad (Markierung rotes X).

Hier gehen wir nach rechts 35 m aufwärts zur Natursteinruine der **Cà du Fo** ❺ (rotes X) weiter. Nach dem waldigen Sattel wandern wir in leichtem Auf und Ab auf einer teils künstlich angelegten Hangterrasse. Nach dem felsigen Terrain, wo der Hang nach einem Schrofen links jäh abfällt, halten wir uns immer links unterhalb des Kamms weiter bis zum Wegweiser und zur Infotafel am **Bivio Ravinet** ❻.

Hier verlassen wir den Monte-Carmo-Pfad und steigen rechts (Steinmann) über Felsstufen aufwärts durch Heide (weiß-rot markiert) in den Stieleichenwald und gelangen nach 50 m zu einer Gabelung im Wald. Wir folgen

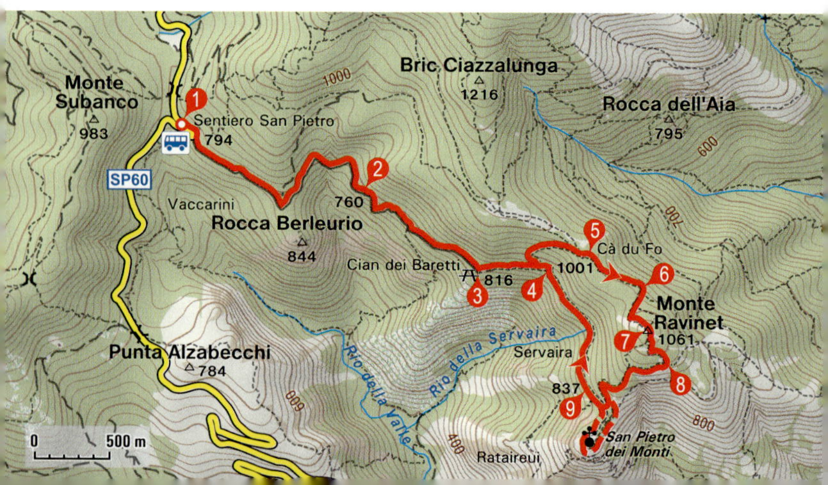

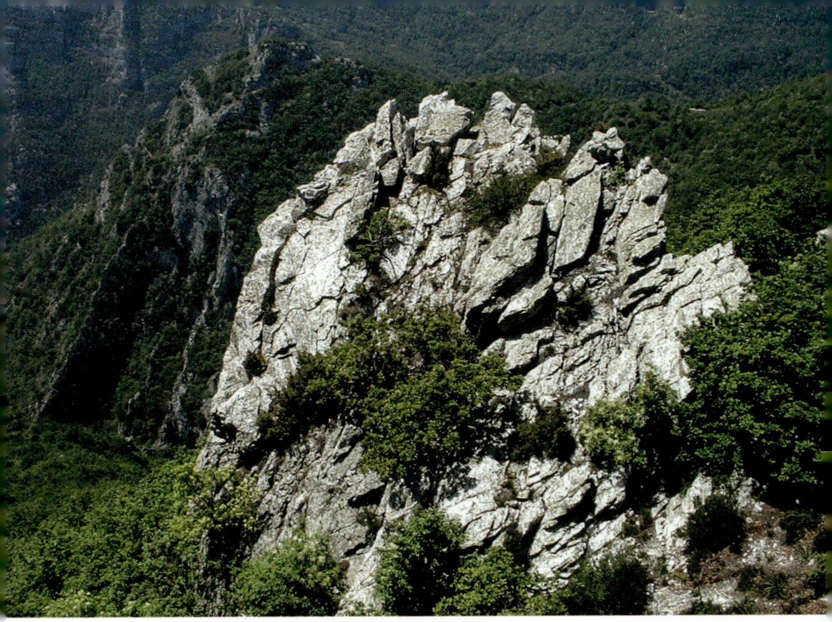

Das Gipfelplateau lässt nicht vermuten, dass der Monte Ravinet auch westseitig steil abbricht.

hier nicht dem weiß-rot markierten Pfad nach links, sondern steigen geradeaus durch den Wald an, hinauf zum Kamm, und dann halblinks zum steinig-felsigen Gipfelplateau des **Monte Ravinet** 7, 1061 m. Den besseren Blick zum Alpenhauptkamm mit dem Monte Saccarello genießen wir bei der nordwestlichen Gipfelpyramide. In der zweiten Gipfelpyramide mit dem kleinen Holzkreuz steckt eine Dose mit dem Gipfelbuch.
Wir steigen nach der Gipfelrast nach Süden ab und folgen vielen gelben Markierungen und Steinmännern hinab zu einer langen Lichtung mit Casella. Weiter erreichen wir unten an einer mit »R« und gelbem Pfeil markierten Schiefertafel eine **Gabelung** 8 an der Lichtung. Hier wandern wir rechts auf dem gelb markierten Waldpfad abwärts, gehen eine lange Serpentine aus und kurz vor dem Sattel nach rechts hinab zur dicken Wasserleitung (→ Variante).
Auf dem markierten Pfad, der die Wasserleitung begleitet, gehen wir rechtshaltend weiter. Nach einem **steinbekrönten Felsen** 9 beginnt unser Weg leicht zu steigen und wir erreichen vor einer Linkskurve den vom Anstieg bekannten **Abzweig** 4 zur Cà du Fo. Auf dem Herweg wandern wir zum Picknickplatz **Gian dei Baretti** 3 und dann auf der Schotterstraße an der **Steilwand** 2 vorbei zurück zur Bushaltestelle **Bivio San Pietro** 1.

↗ 460 m | ↘ 460 m | 8.3 km

33 Rocca di Perti, 350 m – Bric della Croce, 380 m

4.30 h

Oberhalb spektakulärer Kletterwände

Die Rocca di Perti, besser bekannt als Bric Perti, bricht an ihrer West- und Nordseite senkrecht ab. In der Wintersaison sieht man dort Kletterer aus ganz Europa, weil die teils überhängenden Wände nicht vereisen. Wir wandern aber ziviler am Südkamm hinauf und an der waldigen Ostflanke hinab. An manchen felsigen Stellen setzen wir jedoch auch dort unsere Hände zum Abstützen oder Festhalten ein.

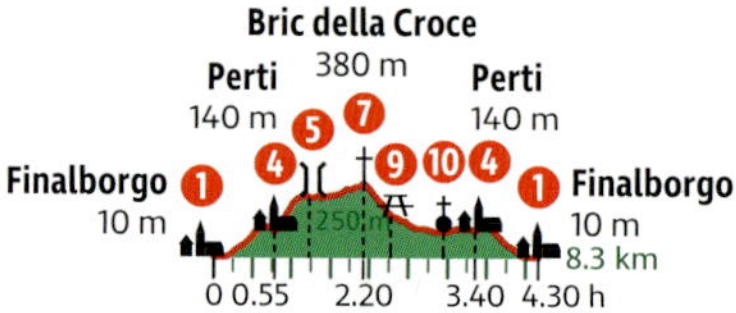

Ausgangspunkt: Finalborgo, 10 m; Bus TPL Linea 40 Savona–Finalborgo, Fermata Via Delle Mura; Parkplatz.

Anforderungen: Beim Kammanstieg ist Kondition erforderlich; Mitnahme von Proviant und ausreichend Wasser ratsam; bei Felsenpassagen ist Trittsicherheit und nahe der Abbruchkanten Vorsicht (!) und Schwindelfreiheit vonnöten.

Einkehr: Restaurants und Bars in Sant'Eusebio und Finalborgo; Hotels in Finalborgo und Finale.

Von der Bushaltestelle in **Finalborgo** ❶ starten wir auf der Via delle Mura und spazieren an der Kollegiatskirche San Biagio (17. Jh.) mit ihrem achteckigen Campanile (1463) vorbei bis zur Brücke. Hier folgen wir dem Sentiero Ermanno Fossati mit zwei roten Punkten durch die Altstadt (12.–15. Jh.) über die Piazza S. Biagio, Piazza Garibaldi, Piazza Aicardi und die Piazza del Tribunale mit dem Palazzo del Tribunale (1462) zur Strada Beretta am oberen Stadtrand. Auf dieser gewinnen wir in Serpentinen rasch an Höhe und passieren die Festung **Forte San Giovanni** ❷ mit ihren hohen Wehranlagen (Glacis). Nach dem Aussichtspunkt an der Strada Beretta kommen wir an eine Gabelung, wo wir unseren Anstieg halblinks auf dem schmaleren Kammweg (Markierung zwei rote Punkte) fortsetzen. Er führt rechts am **Castel Gavone** ❸ mit seinem imposanten Torre dei Diamanti (Ende 15. Jh.) vorbei

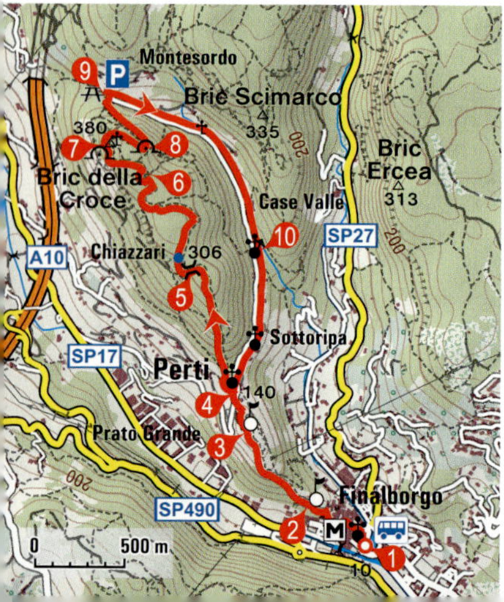

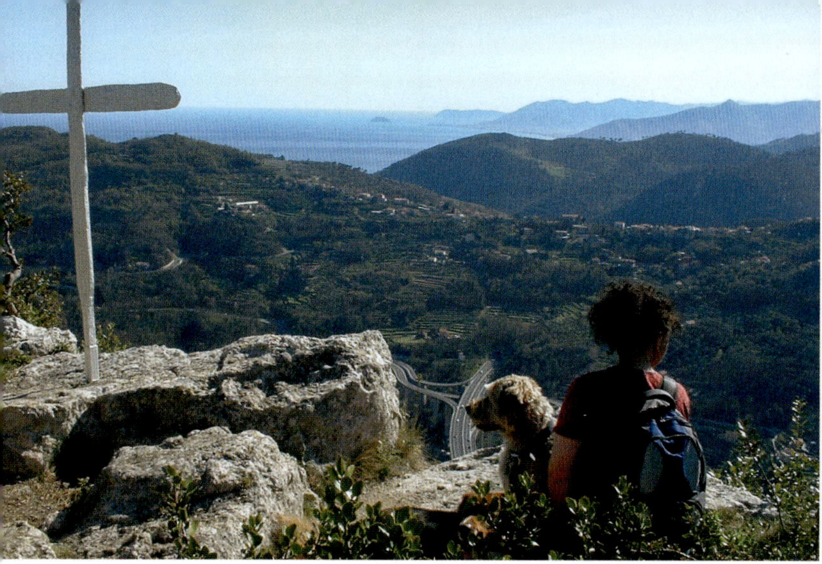

Vielleicht hat das alte weiße Metallkreuz dem Bric della Croce seinen Namen gegeben.

und fällt dann nach rechts Richtung Strada Beretta ab. Bei der Gabelung oberhalb steigen wir links auf dem steileren Weg am Kamm an, kommen an der Osteria del Castel Gavone vorbei und erreichen wenige Schritte später **Perti** ❹. Beim Wegweiser vor einem rosa Haus und den beiden Chiese di Sant'Eusebio gehen wir links. Wir kommen zunächst vorbei an der ursprünglich romanischen Kirche (11. Jh.) und dann dem polygonalen Barockbau zur nächsten Gabelung. Hier halten wir uns rechts und gewinnen auf dem steil ansteigenden, steinig-felsigen Kammweg wieder rasch an Höhe. Bei der Kammkuppe macht er eine Linkskurve zum **Passo della Rocca** ❺. Wir gehen rechts weiter, passieren auf dem Sentiero Ermanno Fossati eine nahe Quelle (20 m links) und stoßen nach längerem, sanftem Auf und Ab durch den Steineichenwald auf den Sentiero del Mulo. Ihm folgen wir nach links 100 m zu einer Gabelung mit Wegweiser, wo die Via del Purchin von Perti heraufkommt. Auf diesem mit drei roten Punkten markierten Weg queren wir die Westflanke der benachbarten Kammkuppe und gehen zu den zwei kurz aufeinander folgenden **Gabelungen** ❻ an der Rocca di Perti, wo wir uns links halten und dann erneut links einen Miniabstecher zu den verwitterten Felsen Formaggette machen.

Zurück auf dem Weg folgen wir der Via del Purchin nach Norden durch den immergrünen Niederwald zu einer Gabelung, wo wir ihn halblinks verlassen. Nach 60 m machen wir – sofern wir trittsicher und schwindelfrei sind – im Scheitel einer Rechtskurve einen 15-m-Abstecher nach links

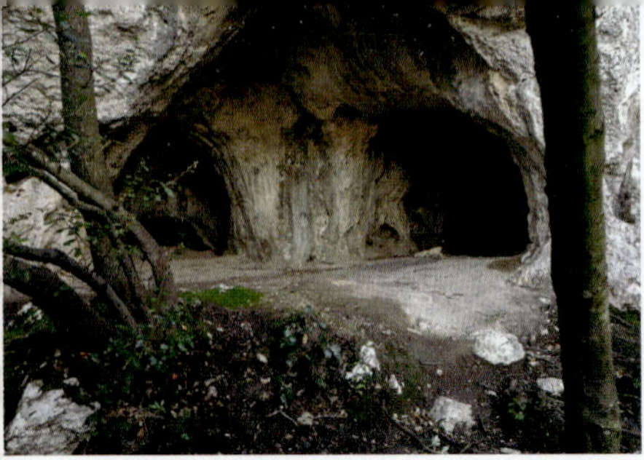

Grottino di Bric della Croce.

zum Aussichtspunkt an der jäh (Vorsicht!) abbrechenden Geländekante, wo man durch eine teils überhängende Verschneidung schauderhaft tief hinabblickt: auf das Kar, die Weinberge und die A 10 weit unten im Poratal. Nach wenigen Schritten zurück auf dem sicheren Pfad setzen wir unseren Weg nach links durch den Steineichenwald sanft ansteigend fort, wo nach 90 m der Pfad Via del Purchin von rechts einmündet. Zwischen den schlanken Steineichenstämmen und ihren glänzenden Blättern erspähen wir das kleine weiße Metallkreuz des **Bric della Croce** 7, 380 m, vor dem ungesicherten (!) Felsabbruch, zu dem sich Trittsichere und Schwindelfreie jetzt hinüberwagen können. Anschließend führt unser Pfad Sentiero Ermanno Fossati in nordöstlicher Richtung weiter und beschreibt – immer nur wenige Meter vom Nordabsturz – im lichten Wald fallend einen weiten Bogen nach Südosten, bis wir zu einer Kehre am unteren Ende der felsigen Geländekante kommen, wo zwei Pfade von rechts einmünden. Um eine Felsnase (mit einer Madonnina in der Felsennische) herum steigen wir linkshaltend wenige Schritte hinab und können dann (markiert) nur wenige Meter später eine schöne kleine Höhle erkunden: In den untereinander durch enge Durchlässe verbundenen Kammern im **Grottino di Bric della Croce** 8 übernachteten früher die Kletterer – und auch heute noch bietet sie bei einem Wettersturz Wanderern Schutz.

Unser gut markierter Pfad führt nun durch den felsdurchsetzten Wald mal steinig, mal zwischen kleinen Felsen 400 m in nordwestlicher Richtung abwärts durch den Laubmischwald zum Wanderpark- und **Picknickplatz** 9 mit Wegweiser, Trinkwasser und Infotafel.

Auf dem außerhalb der Saison wenig befahrenen Sträßchen wandern wir abwärts (zwei rote Punkte) und passieren einen Parkplatz für all jene, die an den Westwänden des Bric Ercea an der linken Talseite klettern gehen. 800 m später kommen wir an den Case Valle vorbei und sind bald darauf bei der rötlich getünchten Landkirche **San Benedetto** 10 beim Weiler San Bernardo. Von hier spazieren wir weitere 800 m auf dem fast ebenen und gelegentlich mit zwei roten Punkten markierten Sträßchen weiter. Wir sehen dabei links die nahe Loretokapelle mit Polygonalkuppel und passieren nach der Straßeneinmündung eine Höhle (rechts). In **Perti** 4 angekommen, verlassen wir das Sträßchen 10 m nach rechts und wandern gleich wieder links auf dem nun häufiger mit den beiden roten Punkten markierten, bekannten Herweg weiter hinab zur Altstadt und zur Bushaltestelle in **Finalborgo** 1.

↗ 300 m | ↘ 300 m | 6.9 km

4.00 h

Borgio Verezzi – Finale Ligure

34

Ins Finalese via San Martino

Eine traumhaft schöne und abwechslungsreiche Mulattiera führt über Roccaro und Verezzi durch vorbildlich restaurierte Bergdörfchen hinauf zur Wallfahrtskirche San Martino, wo es sich trefflich rasten lässt.

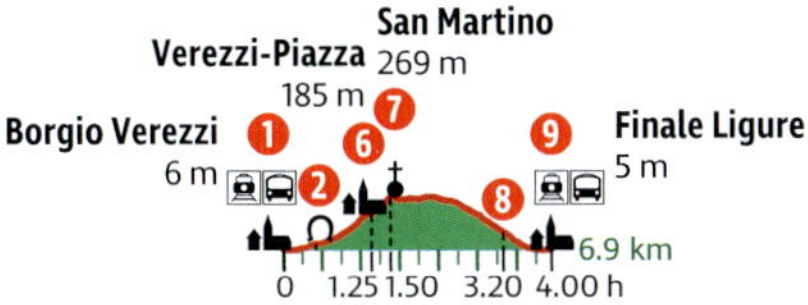

Ausgangspunkt: Borgio Verezzi, 6 m, Bhf., Bushaltestelle Fermata Borgio Verezzi der TPL Linea 40 von Finale Ligure.
Endpunkt: Finale Ligure, Fermata Finalmarina der TPL Linea 40 an der SS 1 Via Giuseppe Mazzini am Bahnhof (Stazione F.S.).
Anforderungen: Beim Anstieg auf der Mulattiera ist ein bisschen Kondition erforderlich. Wer die Variante macht, sollte kartenkundig sein und sich orientieren können. Die Mitnahme von Wasser ist ratsam.
Einkehr: Bar-Restaurants in Verezzi und San Martino.
Variante: »Pfadfinder« können vom Waldrand rechts der Osteria in San Martino, zum Beispiel zwischen Mittagessen und Kaffepause, einen lohnenden Abstecher (zusätzlich 1.20 Std. und 80 Hm) auf den Pfadspuren des Sentiero Cultura (SC, zwei hellblaue Striche) über den karstigen Südostkamm machen, wo der Pfad zu einer Gabelung im Wald und 100 m geradeaus aus dem Wald heraus- und dann halbrechts (verzweigt) zwischen Macchiasträuchern hinabführt zu einer Infotafel (zu Karst und Dolinen). Der Felsenpfad zwischen niedriger Macchia mit vielen Zistrosen und Thymian führt über die Campi di Orsi weiter zur Panoramaterrasse am felsigen Sporn, von wo man eine bildschöne Aussicht über die Küste und das Meer genießt und, wenn man will, auch noch 100 m nordöstlich zur Kletterwand Falesia delle 100 Corde (Klippe der 100 Seile, Climbing Site) queren kann. Anschließend kehrt man auf dem Herweg zurück zur Gabelung im Wald, dann linkshaltend auf einem Parallelweg zu unserem Herweg zu einem Aussichtspunkt und von dort durch den Wald zurück nach San Martino.
Tipp: Wer erst am späten Vormittag startet, kann zuerst die farbigste Tropfsteinhöhle Italiens, die Grotta Valdemina, besuchen, grottediborgio.it.

Beim Anstieg dienen streckenweise Bruchsteinmauerkronen als Weg.

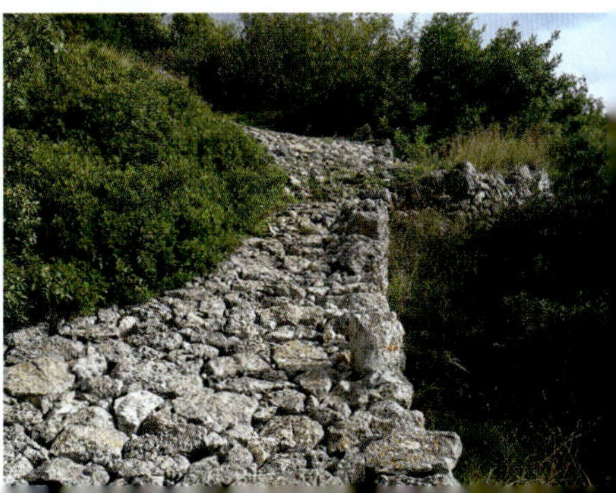

Vom Bahnhof **Borgio Verezzi** 1 gehen wir auf der Via XV Aprile 25 m nach rechts und spazieren wieder rechts auf der Via G. Silvio Carlo weiter, bis sie auf die Via Giacomo Matteotti stößt. Ihr folgen wir nach links und zweigen nach 260 m rechts in die Viale Cristoforo Colombo ab. An ihrem Ende machen wir nach einer Linkskurve – kurz nach rechts, dann gleich wieder links – einen Abstecher zur Tropfsteinhöhle **Grotta Valdemina** 2.

Danach steigen wir auf der Via Eugenio Montale (der Fortsetzung der Via C. Colombo) sanft an und erreichen das nördliche Ortsende sowie kurz darauf einen **Abzweig** 3, wo wir jetzt auf dem erdig-steinigen Sentiero Natura weiterwandern, erst zwischen Wildzäunen, danach durch Olivenhaine aufwärts, gelegentlich markiert (SN, zwei grüne Striche). Ein ganzes Stück weiter oben führt uns der Sentiero ein Stück sehr aussichtsreich auf der erweiterten Krone einer Natursteinterrasse und dann durch verbuschte Olivenhaine zu zwei **Gabelungen** 4, wo wir unseren Anstieg beide Male nach links fortsetzen. Wir steigen jetzt steiler bergauf, gewinnen noch einmal auf verbreiterten Natursteinmauerkronen schnell an Höhe und erreichen zwischen Gartenmauern kurz darauf den von Gemüsegärten umgebenen, mittelalterlich anmutenden Weiler **Roccaro** 5. Beim Wegweiser in der Ortsmitte gehen wir nach rechts auf einem gepflegten Naturstein-Carruggio mit schönem Blick auf kultivierte Gemüsegärten hinüber zum benachbarten Bergdörfchen **Verezzi Piazza** 6, in das wir durch einen überbauten, talseitig offenen Bogengang eintauchen. Der Ort mit seinen sehenswerten Gassen wurde aufwendig zu einem der schönsten Dörfer Italiens restauriert.

Dann zweigen wir 50 m nach dem properen Dorfplatz mit der Kirche Sant'Agostino von der Via Roma links in die Via del Salto ab und erreichen durch die tunnelartige Gasse den Ortsrand, überqueren ein Sträßchen und steigen auf der gepflegten Mulattiera (zwei rote Dreiecke) geradeaus an. Nach drei Serpentinen und zum Schluss an Karstfelsen vorbei gelangen wir oben in **San Martino** 7, 269 m, an. Links neben der gleichnamigen Wallfahrtskirche steht eine zweite Kirche, die Maria Magdalena geweiht ist, rechts davon befindet sich dankenswerterweise eine Bar-Osteria, wo man eine gemütliche Rast einlegen kann (→ Variante).

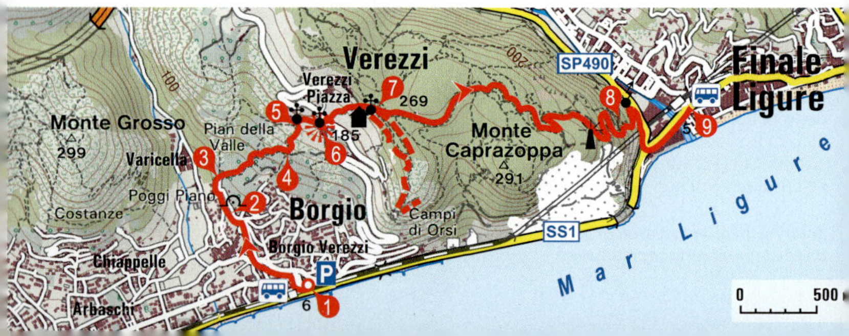

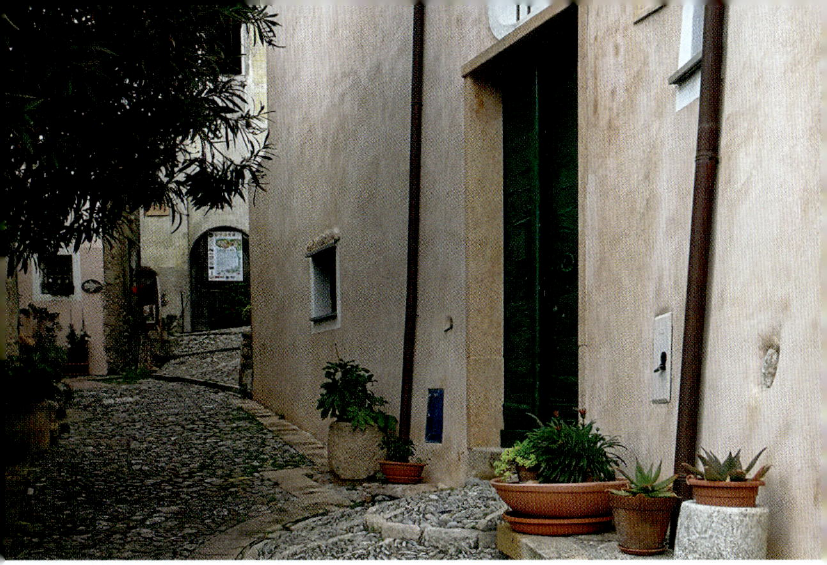

Roccaro ist ein sehr gepflegtes Minibauerndorf.

Schräg gegenüber vom zylindrischen Mausoleum finden wir rechts der Osteria den auch von Mountainbikern genutzten Wanderweg (rote Raute) durch den Stein- und Stieleichenwald, auf dem wir unsere Tour nun ohne große Steigungen fortsetzen. Bei Gabelungen halten wir auf dem erdig-sandigen Wanderweg geradeaus und folgen stets unserer roten Raute. Nach 800 m gehen wir eine Links-Rechts-Kurve aus und 180 m danach eine weitere, wo unser Weg nun stärker zu fallen beginnt und vor einem Steinbruchareal als breiter Schotterweg mit der roten Raute in drei weiten Serpentinen steil abwärts führt: In deren südöstlichen Kurvenscheiteln erschließen Zufahrten mit rostigen Gittertoren den Steinbruch. 80 m nach der zweiten Serpentine verlassen wir die Schotterstraße beim **Fußwegabzweig** 8 nach rechts und verlieren auf dem markierten Wanderpfad erst im Wald und dann am Waldrand auf drei Serpentinen rasch an Höhe. Auf einer schmalen Asphaltzufahrt gehen wir an Gebäuden vorbei und kommen vor dem ehemaligen Piaggio-Werk (Produktion Vespa, ApeCar) auf die Via Caprazoppa (SP 490 Calizzan–Finale Ligure). Am jenseitigen Straßenrand folgen wir ihr nach rechts über eine Bahnbrücke zu einem großen Parkplatz, den wir gegen den Uhrzeigersinn umrunden. Auf der SS 1, die hier Viale Rinaldo Piaggio heißt, spazieren wir in nordöstlicher Richtung nach Finale hinein. Nach der Brücke über den Torrente Torra gehen wir schließlich um den Kreisverkehr beim Bahnhofsplatz (links Parkplatz) zur Bushaltestelle in **Finale Ligure** 9.

↗ 330 m | ↘ 330 m | 6.6 km

35 Von Calvisio zum Camporotondo

3.30 h

Eine ruhige Rundwanderung im bewaldeten Karst

Eine Wanderung auf die tafelbergartige Hochebene mit ihren unscheinbaren Waldgipfeln Bric Reseghe und Monte Tollo bringt uns auf alten Maultierpfaden zum megalithischen Feldsteinkreis in der Doline Camporotondo – und nach einem urwaldartig schattigen Felsental zu einer spektakulär überhängenden Wand mit wilden Bienen unter dem Monte Tollo.

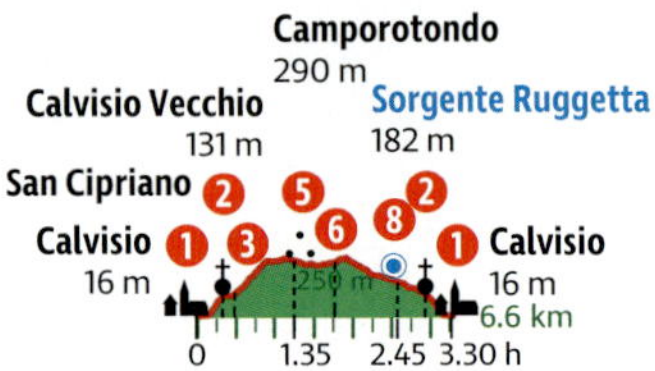

Ausgangspunkt: Calvisio, 16 m, Bushaltestelle Via Calvisio der TPL Linea 31; Parkplatz.
Anforderungen: Beim Anstieg auf der Mulattiera ist etwas Kondition erforderlich. Die Mitnahme von Verpflegung und ausreichend Wasser ist ratsam.
Einkehr: Bar-Restaurant in Calvisio; Hotels, Bars und Restaurants in Finalpia und Finale Ligure.
Tipp: Ist man mit dem Pkw unterwegs, sollte man nach der Tour einen Abstecher über Orco ins westlich benachbarte Aquilatal machen, erst das macht ein Erleben des Tafelberges komplett. Denn von der SP 27 genießt man spektakuläre Ausblicke auf die nach Westen gerichteten Kletterwände und Riffs des Bric Spaventaggi, des Bric Pianarella und des Bric Ercea.

Vom Parkplatz bei der Bushaltestelle in **Calvisio** ❶ folgen wir der SP 8 Via Calviso 200 m taleinwärts und biegen links in die Via Gardano ab. Zwischen Garteneinfriedungen und Häusern und danach durch Olivenhaine geht es auf einer Mulattiera hinauf zu einem Bildstock mit Majolika-Madonnina an der Asphaltstraße. Dieser folgen wir zwischen Natursteinmauern 140 m aufwärts zur barock erneuerten **Chiesa di San Cipriano** ❷ mit romanischem Campanile (13. Jh.) im Weiler Lacremà.
Wir gehen nördlich den Markierungen (rote Raute, Bric Reseghe) folgend auf einem Kiesweg weiter, der uns oberhalb eines Olivenhains zum pittoresken Weiler **Calvisio Vecchio** ❸ bringt, den wir auf einem teilweise überbauten Natursteinweg durchqueren. Auf einer Mulattiera mit vielen Steinstufen steigen wir zur Gabelung am Hohlweganstieg an. Hier steigen wir links durch den hohlwegartigen Felsenpfad (Quadrat, dann drei rote Punkte) steil aufwärts und kommen nach einer Linkskurve an einen **Aussichtspunkt** ❹ vor der Felswand Settore Nuvola, wo man gelegentlich Kletterer in der Route »La Cremà« sieht. Nach 30 m teilt sich der Pfad. Wir gehen rechts (drei rote Punkte) 400 m zur Linkskehre unter der Überlandleitung am Kamm (Achtung: 20 m rechts des östlichen Masts Steilabbruch!). Danach wandern wir 400 m Richtung Nordwesten auf der Höhenlinie

weiter und steigen nach einer Wasserstelle zum westlichen felsigen Vorgipfel an, einer etwas offeneren Kammpartie des 8 m höheren, bewaldeten und daher aussichtsloseren Bric Reseghe, 312 m. Zu diesem führt ein tunnelartig ausgeschnittener Weg.

Interessanter ist 300 m danach der **Camporotondo** 5. Der Feldsteinkreis um die runde Lichtung mit mehr als 150 m Durchmesser und mittelgroßen Menhiren an seiner Westseite gibt Rätsel auf: Wurde er von ligurisch-keltischen Einwohnern zu kultischen Zwecken oder in späteren Jahrhunderten als allerdings sehr aufwendiges Gehege für eine Viehweide angelegt?

Von der Stallruine gleich am Beginn der Lichtung folgen wir dann einem neuen Pfad (drei rote Punkte) nach Norden durch den Wald und unter einer Felswand zur Einmündung in die Strada di Vacchè (rote Raute auf weißem Grund). Wir gehen linkshaltend auf der enger werdenden Mulattiera durch immergrünen Steineichenwald und passieren eine Hausruine bei zwei Almwiesen. Dort geht es erst am rechten Waldrand entlang und dann im zusehends enger werdenden, waldigen Talgrund weiter. 720 m vor der bewaldeten Kuppe des Bric Spaventaggi erreichen wir den **Abzweig bei der Ruine** 6. Wir gehen links weiter und steigen auf dem Sentiero Ermanno Fossati (S.E.F., weiß-rot) zu einem karstigen Kammplateau 280 m östlich des Bric Pianarella im Steineichenwald an. Dann gehen wir bei einer Pfadeinmündung auf unserem ebenen Pfad mit Steinmann-

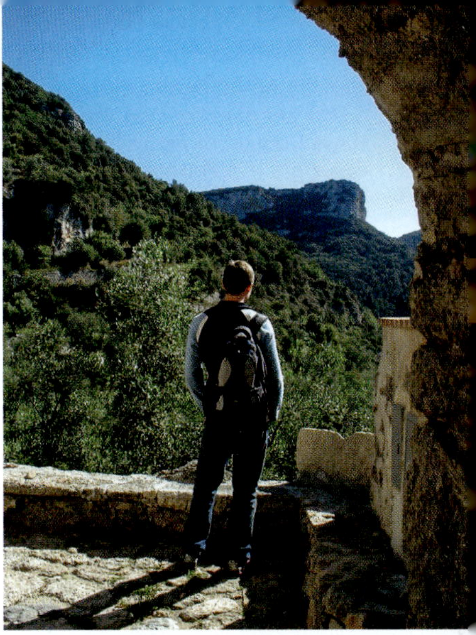

Ausblick beim Durchgang in Calvisio Vecchio.

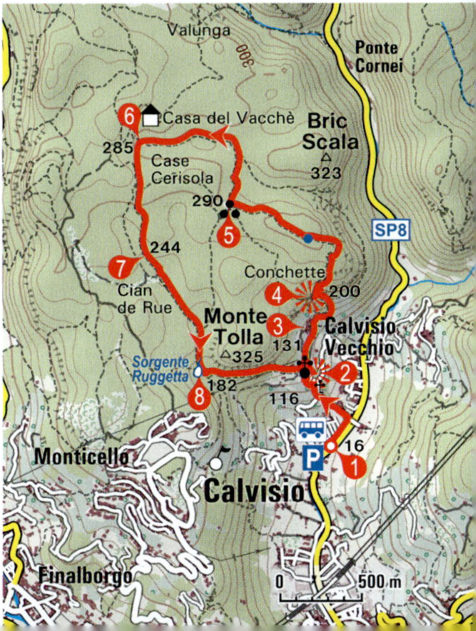

Markierung 90 m geradeaus zu einer Gabelung weiter, von wo wir halbrechts auf dem felsigen Pfad Sentiero di Cian de Rue / Sentiero Ermanno Fossati durch immergrünen Wald ein längeres Stück immer Richtung Süden zu einem **Felsenhohlweg** ❼ hinabwandern. Danach kommen wir ins lichtere Val Varreggina, das sich verengt und dann tiefer eingeschnitten ist. Unter hohen schlanken Bäumen kommen wir auf unserem weiß-rot markierten, felsigen Pfad an Natursteinmauern und kleinen Höhlen vorbei. Bald passieren wir rechtsseitig karstige Felsen und auf der linken Talseite kleine Höhlenställe. Das urwaldartige Tal öffnet sich und wir kommen hinaus zur Quelle **Sorgente Ruggetta** ❽, die sich kurz über unseren Pfad ergießt. Nach 65 m gehen wir bei der Gabelung links und unter der mächtigen Südwand des Monte Tollo weiter, unter dessen Überhängen wilde Bienenvölker Schutz gefunden haben.
Auf dem terrassenartig angelegten schmalen Pfad (weiß-rot markiert, S.E.F.) kommen wir an Olivenbäumen vorbei zur Kirche **San Cipriano** ❷ im Weiler Lacremà. Wir gehen links um sie herum und dann auf dem Herweg zurück zur Bushaltestelle in **Calvisio** ❶.

Mitten im Urwald des Engtales eine Begegnung der anderen Art.

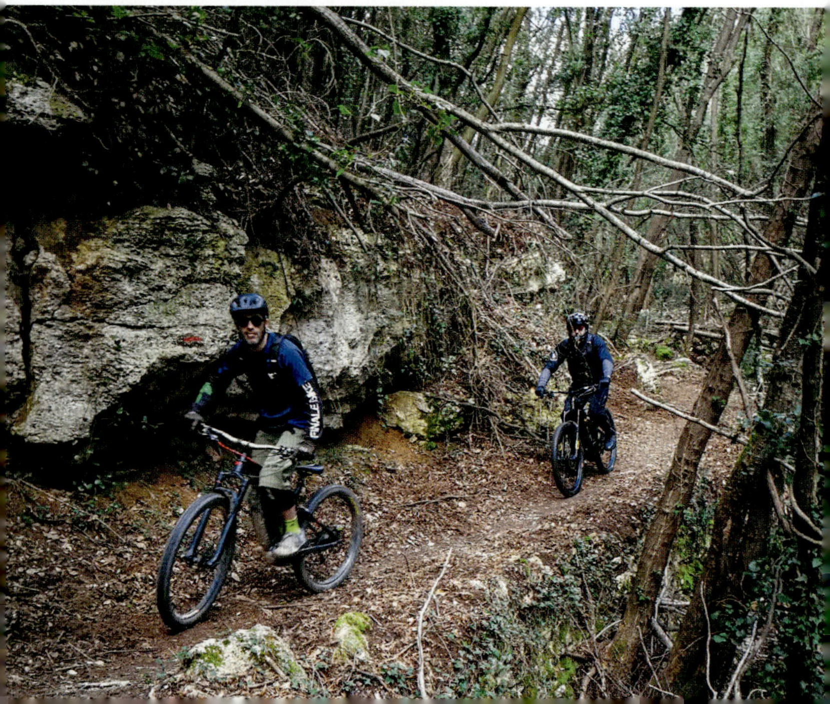

↗ 500 m | ↘ 500 m | 10.4 km

4.00 h

Bric del Forno, 539 m – Rocca dei Corvi, 793 m

36

Hoch über Spotorno zum Rabenberg

Jeder, der öfter auf der A 10 unterwegs ist, kennt das Örtchen Vezzi Portio vom Sehen her, weil es prominent auf einem Kammriegel oberhalb der Autobahn thront. Weniger bekannt sind die Berge in seinem Rücken, zu denen diese Tour führt, die man auch in den Sommermonaten machen kann. Denn den Anstieg zum Bric del Forno und zur Rocca dei Corvi Sud bewältigt man fast durchgehend im Wald. Obwohl die Route bei den Rocche Bianche nur einige hundert Meter entfernt von der Alta Via verläuft, genießt man auf ihr viel Bergeinsamkeit und wird nach dem schweißtreibenden Anstieg mit tollen Ausblicken vom Gipfelkamm zwischen der Rocca dei Corvi und ihrem südlichen Vorgipfel belohnt.

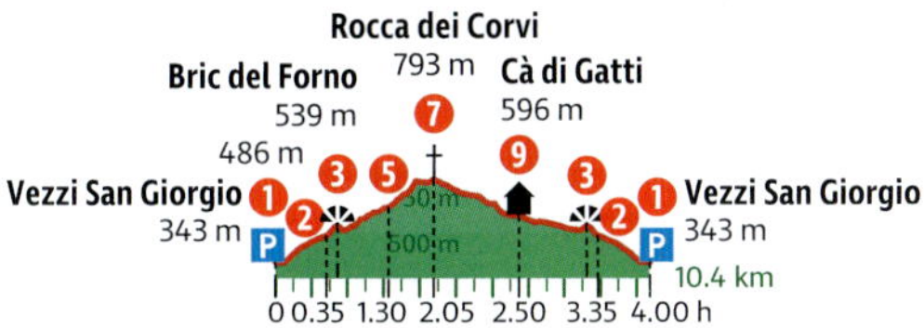

Ausgangspunkt: Vezzi San Giorgio, 343 m, Via S. Antonio; von der Autobahnausfahrt Spotorno fährt man auf der SP 8 nach Vezzi und parkt kurz vor der Kirche San Giorgio auf der rechten Seite.
Anforderungen: Beim Anstieg ist Kondition erforderlich, besonders am Expresssteig zur Rocca dei Corvi Sud. Beim Queren an der Nordflanke der Rocca dei Corvi ist Trittsicherheit gefragt. Mitnahme von Verpflegung und ausreichend Wasser ist ratsam.
Einkehr: Agriturismo Cà di Gatti, Tel. +39 019 884277; Hotels, Bars und Restaurants in Spotorno.
Variante: Alternativer Ausgangspunkt bei ❷ 1,6 km oberhalb Vezzi Portio, ab hier 300 Hm im Anstieg und im Abstieg; Anfahrt mit einem geländetauglichen SUV von Vezzi Portio nach dem Municipio rechts aufwärts und dann auf der schotterig-felsigen Strada Bianca (Via Rocche Bianche).

In **Vezzi San Giorgio** ❶ starten wir am Parkplatz an der Via S. Antonio, wandern rechts aufwärts und auf dem Waldpfad in einer Serpentine weiter hinauf zum breiten Fahrweg Via S. Filippo. Diesem folgen wir rechts an der nahen Cà de Cruxa vorbei bis zur Gabelung nach der Überlandleitung und steigen stets linkshaltend an – erst 150 m aufwärts zur Einmündung in die Strada Bianca und dann noch 20 m weiter aufwärts zum gut markierten **Abzweig des Kammpfades** ❷ (→ Variante: Einmündung des alternativen Anstiegswegs). Von nun an folgen wir dem mit zwei roten Quadraten markierten schmalen Fußpfad durch lichten Mischwald aufwärts zum Kamm,

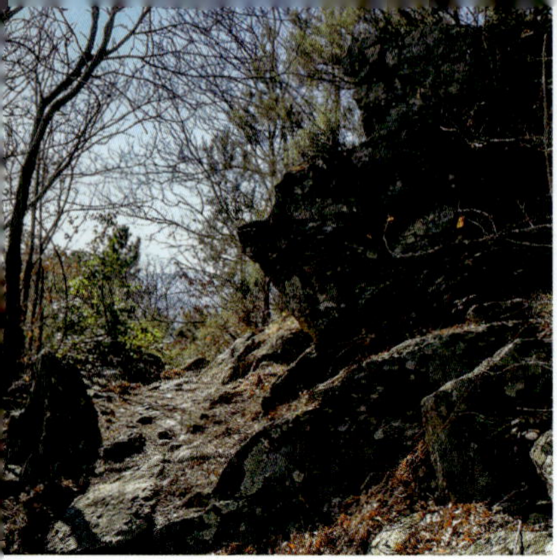

Beim Anstieg zum Bric del Forno passiert man Niederwald und Felsen.

wo wir an einem Baumstamm auch eine neue Markierung (schwarzes TA auf rot-gelb-rotem Grund) sehen, die uns zeigt, dass wir auf dem hier erdig-steinigen Sentiero delle Terre Alte unterwegs sind. Nach einem lichten Kiefernwald öffnet sich uns bei den Kammschrofen am **Bric del Forno** 3 der Blick rechts hinab zur Hafenstadt Savona und zum Monte S. Elena am Ausläufer rechts davon. Wir wandern anschließend auf dem Wanderpfad bequem durch jungen Kiefernwald hinab zum Straßenpass an der **Sella Via dei Tedeschi** 4. Dort überqueren wir die Asphaltstraße und setzen jenseits unseren Kammanstieg fort. Nach 380 m erreichen wir eine Dreizackgabelung und steigen mittig weiter steil am Kamm an. Wir unterqueren eine Überlandleitung vor einer Linkskehre, gehen danach eine Links-Rechts-Serpentine aus und kommen zum **Abzweig des Expressteigs** 5. Hier folgen wird dem Pfad 100 m nach rechts zum Kamm, wo wir ein schweißtreibendes Stück ansteigen, bis der deutliche Pfad endet. Auf Pfadspuren gehen wir 35 m weiter und in der Links-Rechts-Serpentine im Wäldchen aufwärts. Dann kommen wir linkshaltend zu drei mehrfach mit den zwei Quadraten markierten Bäumen und zum Vorgipfel **Rocca dei Corvi Sud** 6. Mehr Aussicht als hier haben wir auf dem Gratfahrweg (roter Strich mit rotem Punkt), auf dem wir oberhalb des steilen Osthanges genau nach Norden 460 m zum aussichtsreicheren Hauptgipfel **Rocca dei Corvi** 7, 793 m, mit einem Stahlgittermast hinüberwandern. Nach der Aussicht über die Küste bei Savona und Albisola beginnen wir auf dem Weg, der links vom Mast auf den nördlichen Vorgipfel Rocca dei Corvi Nord zuführt, mit dem Abstieg. Nach 220 m führt ein Pfad im spitzen Winkel nach links abwärts. Wir

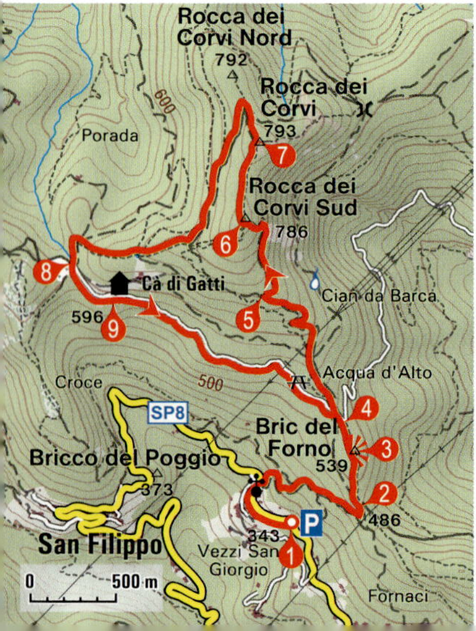

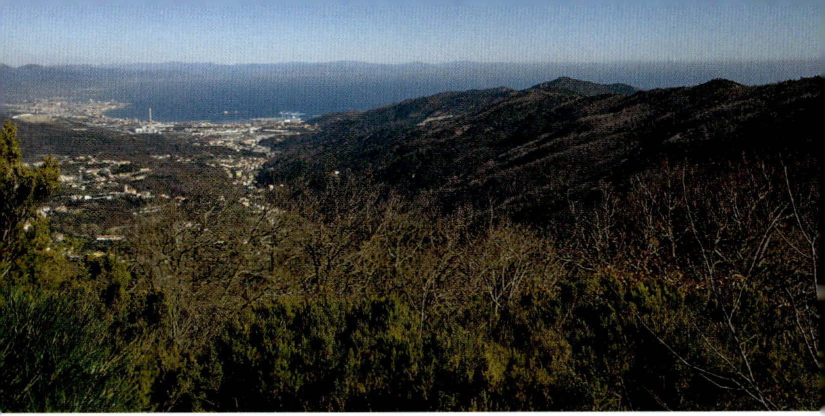

Blick vom Bric del Forno über Savona bis zu den Cinque Terre.

steigen auf Letzterem zwischen Ginster, Zistrosen und Niederwald gleichmäßig nach Süden ab, ignorieren dabei zwei Einmündungen von rechts und kommen rasch hinab zur Wegkreuzung bei einem Kiefernwäldchen auf dem Westausläufer der Rocca dei Corvi Sud. Hier wenden wir uns nach rechts und folgen dem Ziehweg (roter Strich mit rotem Punkt) durch den Kastanienwald hinab zu einem großen, edel eingezäunten quadratischen Brandschutz-Wasserreservoir. Wir gehen rechts daran vorbei und weiter auf dem Kammpfad (roter Strich mit rotem Punkt) erst auf einem leichten Gegenanstieg zu einer offeneren steinigen Kammkuppe und danach durch junge Kastanien, Hainbuchen, Baumheide und Ginster hinab zu einem Fahrweg, dem wir nach links 130 m zu einem dreieckigen Platz vor dem ehemaligen Steinbruch und den Felsen **Rocche Bianche** 8 (Rocche Gianche) folgen. Ein Denkmal erinnert vor diesen an drei 1944 gefallene Partisanen. Auf dem Sträßchen Via dei Tedeschi setzen wir unseren Weg in südöstlicher Richtung fort und spazieren sanft abwärts zum Agriturismo-Weiler **Cà di Gatti** 9. Anschließend wandern wir auf der Via dei Tedeschi (quergestrichener roter Kreis) ein langes Stück am bewaldeten Hang weiter, stetig sanft abwärts. Nachdem wir die Überlandleitung unterquert haben, kommen wir zu einem großen markierten Picknickplatz bei der Quelle Acqua d'Alto, wo wir eine kurze Rast im Schatten einlegen können.

Nach 135 m zweigt rechts die Strada Bianca (quergestrichenen roter Kreis) ab, wir gehen aber geradeaus in leichtem Auf und Ab weiter zur nahen **Sella Via dei Tedeschi** 4, die wir vom Anstieg her kennen. Von hier wandern wir auf dem ebenfalls bekannten Kammweg (zwei Quadrate, TA) über den **Bric del Forno** 3 zum **Abzweig des Kammpfades** 2, dem Ausgangspunkt der SUV-Wanderer an der Schotterstraße Via Rocche Bianche.

Nach 160 m rechts führt uns die Straße weiter abwärts auf dem bekannten Herweg nach **Vezzi San Giorgio** 1.

↗ 230 m | ↘ 230 m | 2.2 km

37 Monte Corno, 306 m

1.45 h

Ein prominenter Felssporn bei Verzi

Diese anspruchsvolle Tour soll wie der Sentiero degli Alpini all jenen bergerfahrenen Wanderern gerecht werden, die schon einmal an Steilkaren oder im felsigen Gelände wanderten und sich nicht scheuen, an einigen Schlüsselstellen am steilen Hang kurz mit den Händen an den Fels zu fassen (DAV/CAS Schwierigkeitsgrad T3): Was wäre das Finalese auch ohne Klettern, und sei es auch nur Bergsteigen light oder anders ausgedrückt anspruchsvolles Bergwandern im steilen Gelände? Der in der Variante beschriebene Besuch des benachbarten Kletterbalkons an der Südostwand des Monte Corno ist daher eine Variante für Wanderer mit einem Minimum an bergsteigerischer Erfahrung – für sie als spielerische und lohnende Miniklettereinlage ein besonderer Finalese-Genuss.

Ausgangspunkt: Val Ponci, 138 m, Wanderparkplatz; von Finalpia auf der SP 8 Via Calvisio und über die Ponte di Verzi bis zur letzten Serpentine vor Verzi, dort zweigen wir im Scheitel der Rechtskurve links ab und erreichen den Parkplatz nach 650 m auf der geschotterten Römerstraße Via Julia Augusta im Val Ponci.

Anforderungen: Beim Anstieg etwas Kondition am Expressteig vor der Südwand des Monte Corvo erforderlich, Trittsicherheit und Schwindelfreiheit beim Anstieg durch felsiges Terrain; Mitnahme von Verpflegung und Wasser ist ratsam.

Einkehr: Keine; Agriturismi und Osteria in Verzi; Hotels, Bars und Restaurants in Finalpia.

Variante: Wanderer mit etwas Klettererfahrung können vom Abzweig kurz vor der Südwand einen kleinen Abstecher 30 m nach rechts durch den jungen Steineichenwald und dann 20 m aufwärts zum Fuß der Südostwand machen, wo sie zum Felsbalkon hinaufklettern können. Geeignete Einstiege erkennt man an herabhängenden Tauen, die aber zur Bewältigung nicht zwingend notwendig sind. Oben angekommen erwartet einen unter der großen Nische einer weit überhängenden Felswand ein aussichtsreicher Naturbalkon der Extraklasse im Settore Sud-Est des Monte Corno, 280 m, gelegentlich auch eine Begegnung mit Kletterern, die ihn als Basecamp nutzen. Auf dem Herweg zurück zum Abzweig.

Tipp: Im Val Ponci haben sich an der alten Römerstraße Via Julia Augusta mehrere antike Straßenbrücken sensationell gut erhalten. Die 6,60 m lange und 3,80 m hohe rundbogige Römerbrücke Ponte delle Fate wurde 124 n. Chr. erbaut und ist derart gut erhalten, dass sie heute, nach 1900 Jahren, noch befahren werden darf! Zum Vergleich: Moderne Straßenbrücken aus Stahlbeton tun ihren Dienst maximal 80–100 Jahre.

Auf dem Wanderparkplatz **Val Ponci** ❶ gehen wir an der Infotafel vorbei zum Bachbett hinab und überqueren es bei der Furt. Linkshaltend wandern wir auf dem schmalen Anstiegspfad (Markierung rote Raute) durch den Wald gut 200 m zum Südkamm hinauf. Dort steigen wir auf unserem nun sehr steilen Pfad express im Zickzack bis zur Gabelung kurz vor dem Wand-

Die Engstelle an der Felsnase.

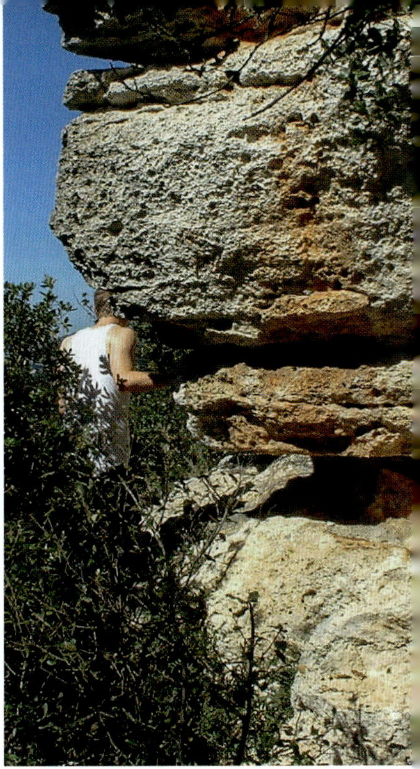

fuß des Monte Corno an (→ Variante für Klettererfahrene).

Wir gehen beim Abzweig nach links (rote Raute, F.I.E.) weiter und umgehen so den Felssporn des Monte Corno, immer nahe seines westlichen Wandfußes. Unser Pfad, der manchmal zusätzlich als Sentiero Ermanno Fossati (rot-weiß-rot, S.E.F.) markiert ist, führt uns zu einem Abzweig mit einer Markierung am Felsen (roter Pfeil aufwärts, rote Raute).

Vor der Felswand Zona Rossa steilt unser Weg in einer Serpentine derart stark auf, dass wir uns hier Zeit lassen. Bei drei kurz aufeinanderfolgenden Schlüsselstellen an der Passage mit Felsstufen benutzen wir unsere Hände zum Abstützen oder Festhalten, unvermeidbar bei der **Schlüsselstelle II** ❷.

Dann gehen wir noch 25 m nach links zu einer ausgesetzten Felsnase mit einer Felsnische (Wetterschutz), direkt an ihr um sie herum und nach ein paar Schritten beim Abzweig nach rechts (roter Pfeil, Vetta Monte Corno). Hier machen wir auf dem Gipfelplateau einen 160-m-Abstecher auf dem schmalen Pfad, der mal erdig, mal felsig zwischen Büschen nach Süden zum aussichtsreichen, aber ungesicherten Sporn des **Monte Corno** ❸, 306 m, führt. Aufpassen heißt es vor dem eigentlichen Abruch (!) – das Erklimmen der Klippe etwas unterhalb am Seil ersparen wir uns, denn vom Anstieg her wissen wir, wie jäh sie nach Süden hin abbricht! Nach dem Genuss der Aussicht über Verzi und Calviso zur Küste beziehungsweise

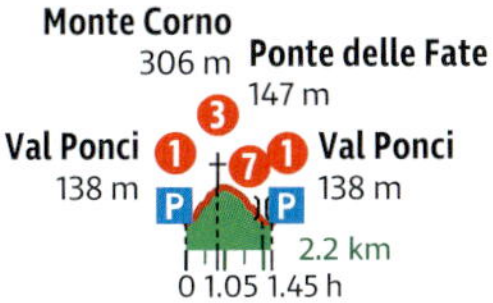

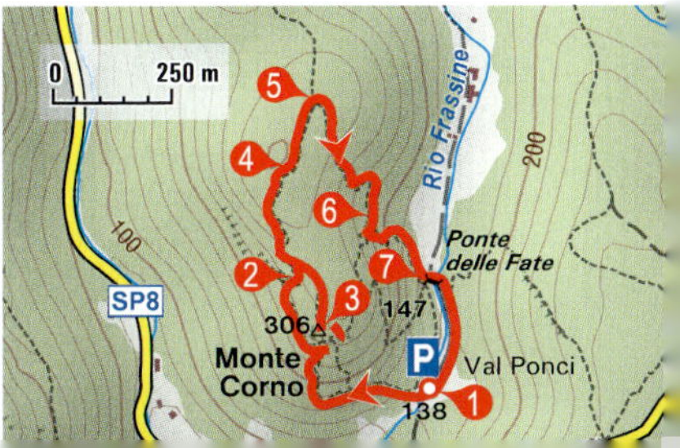

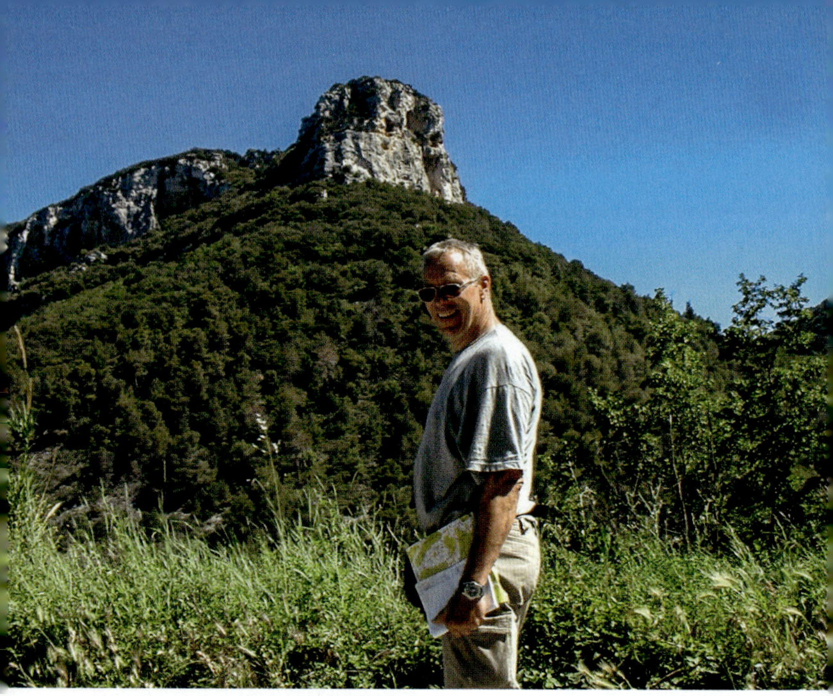

Als prominenten Gipfelfelsen erkennt man den Monte Corno schon von Weitem.

nach rechts zum Bric Reseghe und Bric Spaventaggi wandern wir zurück zur Gabelung bei der Felsnase und setzen unseren Weg jetzt nach rechts fort. Auf dem gut markierten Wanderpfad (rote Raute und Sentiero Ermanno Fossati) spazieren wir mühelos durch den urwaldartig verbuschten Steineichenwald der Karsthochfläche, passieren nach 230 m den unscheinbaren höchsten Punkt des Gipfelplateaus, die **Rocca di Corno** ❹, 303 m, und verlassen 150 m danach bei der **Gabelung** ❺ nordöstlich unseren Rote-Rauten-Weg nach rechts.
Bald beginnt der neue Pfad im Wald steiler zu fallen und wir passieren erst eine markante Rechtskehre mit Feldsteinmauer sowie kurz darauf eine **Gabelung** ❻, wo rechts ein schmaler Pfad zu Höhlen und Kletterwänden führt, wir aber geradeaus abwärts wandern.
Nach einer Serpentine geht es wieder geradeaus und dann links aus dem Wald hinaus zur Schotterstraße und zur Römerbrücke **Ponte delle Fate** ❼. Auf der Via Julia Augusta wandern wir schließlich bequem talauswärts mit Blick auf die Westwand des Monte Corno zurück zum nahen Wanderparkplatz **Val Ponci** ❶.

4.15 h

Finalpia – Grotta d'Arma – Varigotti

Ein Ausflug in die Vorzeit Liguriens

Dieser Ausflug über die Karsthochebene Le Manie im Hinterland von Varigotti erschließt dem Wanderer beim Besuch der größten Höhle im Finalese ein Highlight der ligurischen Frühgeschichte: Die Grotta d'Arma war schon in der Altsteinzeit bewohnt. Die Speerspitzenfunde der untersten Grabungsschicht belegen ihre Nutzung durch Homo-erectus-Jäger schon vor 300 000 Jahren.

Ausgangspunkt: Finalpia, 5 m, Fermata Piazza Abbazia Cappuccini der TPL Linea 40/; Parkplatz.
Endpunkt: Varigotti, 5 m, Fermata Piazza Ulivi der TPL Linea 40/ an der Via Aurelia.
Anforderungen: Beim Anstieg ist ein bisschen Kondition erforderlich, danach auf dem Asphaltsträßchen ein wenig Geduld und wegen der Länge der Streckenwanderung insgesamt Ausdauer. Die Mitnahme von ausreichend Wasser ist ratsam.
Einkehr: Trattoria La Grotta in Arma, Tel. +39 019 698457; Hotels, Bars und Restaurants in Finalpia und Varigotti.
Variante: Wanderer mit Pfadfinderqualitäten wählen auf der Hochebene die Waldvariante: Man folgt der SP 45 vom Passà du Perin zuerst 135 m nach rechts und verlässt sie dann nach links 20 m hinab zu einer Villa; dann folgt man dem Fahrweg 200 m nach rechts zur Wegkreuzung Cian de Manie. Hier links zum Waldrand und zweimal geradeaus zur Gabelung im Wald. Bei der nächsten Gabelung halbrechts weiter zum Anwesen Brera, das man links oder auch rechts umgehen kann: Die Flechtgittertore darf man passieren (passaggio libero). Jenseits des Anwesens wandert man auf dessen Zufahrtssträßchen 400 m weiter zum Dörfchen Manie, wo man erst rechts zur SP 45 hinaufgeht und dann auf ihr nach links 150 m zum Straßenabzweig nach Arma kurz vor der ehemaligen Friedhofskirche spaziert.
Tipp: Die Grotta d'Arma (delle Manie) ist neben den Balzi Rossi an der französischen und Luni an der toskanischen Grenze eine der vier bedeutendsten vorgeschichtlichen Fundstellen in Ligurien (Infotafeln) – wie auch die nur 450 m Luftlinie südwestlich gelegene, ursprünglich von Höhlenbären bewohnte Höhle Arma delle Fate im Felsabbruch hoch über der gleichnamigen Römerbrücke im Nachbartal Val Ponci. Die Mauerreste unterhalb des extrem weit vorkragenden Höhlendaches der Grotta d'Arma sind landwirtschaftliche Relikte der letzten Jahrhunderte.

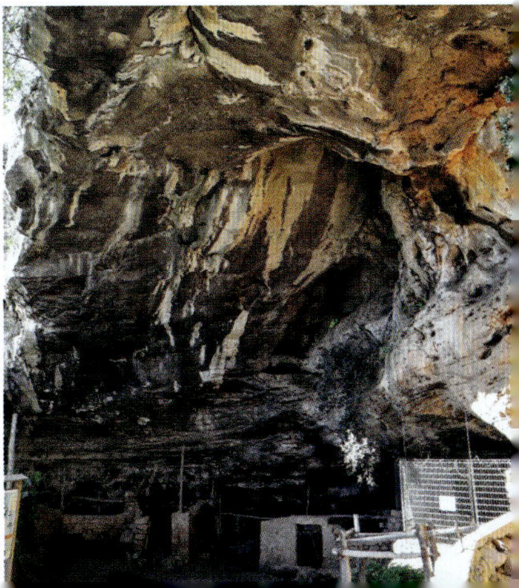

Grotta d'Arma.

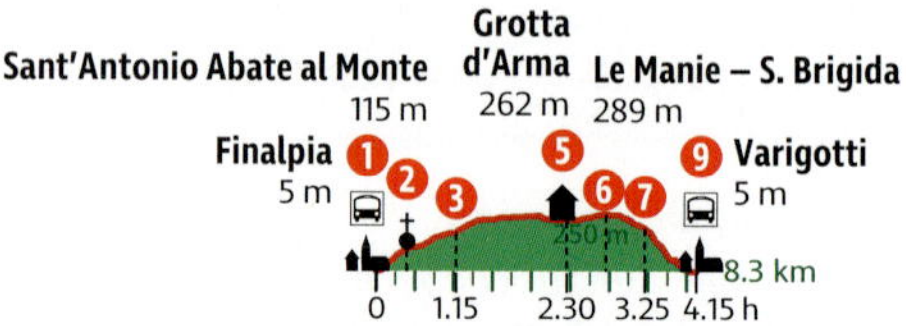

Bei der Bushaltestelle Piazza Abbazia Cappuccini in **Finalpia** ❶ beginnen wir unsere Wanderung, gehen auf der Via Asilo zwischen einer Kirche und der Benediktinerabtei durch die Altstadt und steigen dann zur SP 45 Via Paolo Cappa an. Wir kürzen auf dem vis-à-vis ansteigenden Fußweg ab, überqueren erneut die SP 45 halblinks und steigen erst auf Beton, dann auf der Mulattiera (Markierungen gelber Punkt, rotes Dreieck, rote Raute) an. Nach einem Bildstock mit Madonnina kommen wir zwischen einer Stützmauer (rotes Dreieck) und einem eingezäunten Olivenhain zu einem Asphaltsträßchen. Auf ihm gehen wir 100 m geradeaus auf die Cappella **Sant'Antonio Abate al Monte** ❷ zu, zweigen aber vor ihr nach links gut markiert (rotes Dreieck, rote Raute, SL = Sentiero Ligure) ab. Auf einer zementierten Mulattiera steigen wir zu den Häusern von Monte hinauf. Zwischen zwei Häusern gehen wir weiter aufwärts und folgen dann linkshaltend den markierten Stützmauern (rotes Dreieck, rote Raute, gelber Punkt) oberhalb eines Weinbergs zur Gabelung. Wir wandern hier halbrechts Richtung Verzi weiter, erst auf der Mulattiera, dann auf selten markiertem Erdpfad (rotes Dreieck, rote Raute oder gelber Punkt) und stoßen nach 1 km

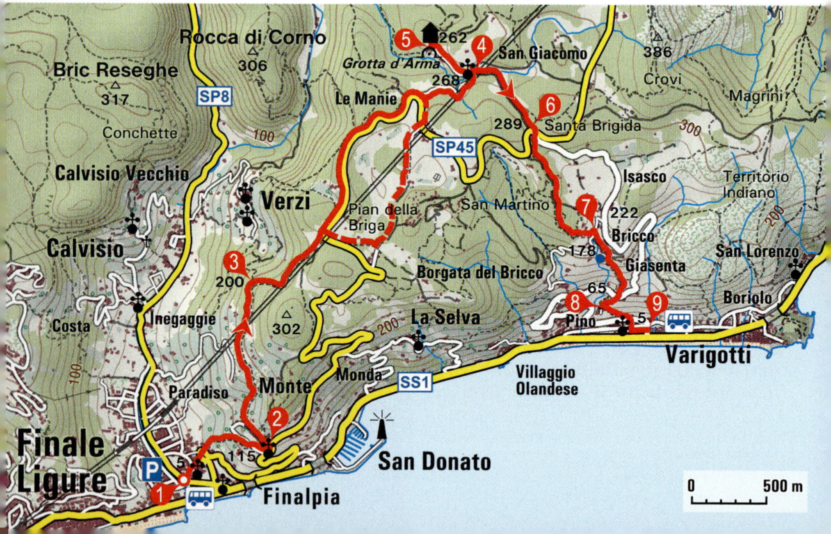

Bei Monte folgt man den Naturstützmauern – die schmückende Calendula kommt in Ligurien auch als Wildform vor.

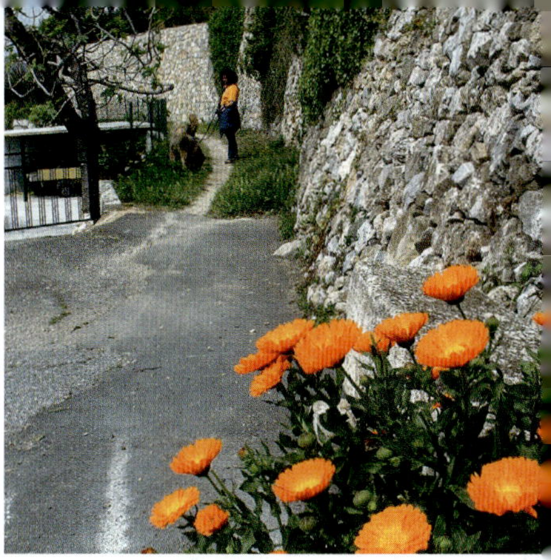

auf die **Gabelung** ❸ Bivio Verzi–Finalpia–Manie. Nach rechts (rotes Dreieck) steigen wir im Wald an und stoßen am Passà du Perin vor Pian della Briga, einem Teil der Manie-Hochebene, auf die SP 45. Hier gibt es zwei Möglichkeiten: entweder links 1200 m auf der Asphaltstraße bis zum ehemaligen Friedhof, oder durch das zentrale Wäldchen und das Dorf Manie dorthin (→ Variante). In beiden Fällen verlassen wir 35 m östlich der ehemaligen Friedhofskirche die SP 45 und folgen dem Sträßchen Richtung Arma delle Manie (rotes Dreieck) hinab, am **Wegweiser am Waldrand** ❹ vorbei und über die Brücke. Dort geht es bei der Kirche San Giacomo links zur Trattoria La Grotta. Links unterhalb an ihr vorbei erreichen wir nach 70 m die **Grotta d'Arma** ❺ (→ Tipp).

Nach der Einkehr in der Trattoria treten wir dann den Rückweg zur Küste an, zweigen nach der Manie-Brücke beim **Wegweiser am Waldrand** ❹ links ab und wandern (SL, zwei rote Quadrate) Richtung Varigotti zur SP 45. Wir überqueren die Asphaltstraße am Sechs-Wege-Knotenpunkt **Le Manie – S. Brigida** ❻ halblinks, steigen auf der Strada di Isasco an und verlassen diese nach 15 m gleich wieder nach rechts (SL). Auf dem Sentiero-Ligure-Pfad gehen wir etwas links unterhalb des Kammes weiter. Nach dem Sattel mit der Villa wandern wir rechts unterhalb des Waldkammes auf unserem Sentiero-Ligure-Pfad (SL) weiter und dann hinab zur **Kreuzung vor Giasenta** ❼ die letzten 15 m auf der Straße. Wir zweigen scharf rechts ab und wandern beim Wegweiser rechtshaltend auf dem Pfad oberhalb des Bachgrabens weiter bergab. Er mündet in einen Fahrweg, dem wir nach rechts zum Weiler Giasenta folgen (Brunnen). Um das Mäuerchen links herum, dann wandern wir immer auf der Mulattiera stetig abwärts zur Strada di Isasco, die wir queren, und nach 17 m nach links auf der Strada del Pino eine Serpentine 70 m hinab. Rechtshaltend gehen wir in das malerische Bergdörfchen **Pino** ❽ hinein. Auf der Strada del Pino (zwei rote Quadrate, SL) stoßen wir weiter unten erneut auf die Strada di Isasco, die wir überqueren und diesmal 35 m nach links versetzt auf der Strada del Pino rechts weitergehen. Durch einen Tunnel erreichen wir die SS 1 Via Aurelia, der wir dann nach links, am Oratorio Sant'Antonio und der Kirche San Lorenzo vorbei, parallel zum Strand bis zur Bushaltestelle an der Piazza Ulivi in **Varigotti** ❾ folgen.

TOP

39 Varigotti – Noli

↗ 300 m | ↘ 300 m | 5.2 km

2.30 h

Hoch über der Küste zum Monte Capo di Noli

Wer spektakuläre Ausblicke übers Meer und die Küste liebt, kommt bei dieser Tour auf seine Kosten. Als Erweiterung bietet sich ein Abstecher zur Chiesa di San Lorenzo Vecchio an, von wo man den perfekten Blick auf den Kapvorberg von Varigotti genießt: die Punta Crena mit dem Castello.

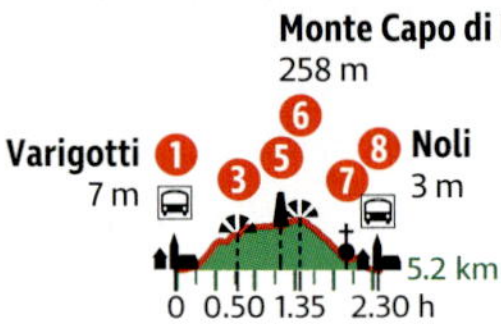

Ausgangspunkt: Varigotti, 7 m, Bushaltestelle Fronte Civ. 2 der TPL Linea 40/ an der Via Aurelia in Finale Ligure; Parken gegenüber oder an der Kreuzung Strada degli Orti / Strade degli Ulivi.
Endpunkt: Noli, 3 m, Bushaltestelle Hotel Monique der TPL Linea 40/ an der Via Aurelia.
Anforderungen: Beim Anstieg ist ein wenig Kondition erforderlich; die Mitnahme von Verpflegung und ausreichend Wasser ist ratsam.
Einkehr: Keine; Hotels, Bars, Restaurants in Varigotti und Noli.
Varianten: Von der unteren Gabelung, der Doppelgabelung vor San Lorenzo, kann man einen ersten 180-m-Abstecher auf gepflegter neu angelegter Mulattiera halbrechts hinab und dann ebener auf einem Kiesweg zur Chiesa di San Lorenzo Vecchio machen, von deren Aussichtsterrasse man bei klarem Wetter einen freien Blick bis zu den Cinque Terre genießt. Die Kirche wurde auf einem fast senkrecht zur Küstenstraße abfallenden Felssporn an der Stelle eines frühmittelalterlichen Vorgängerbaus im 12.–14. Jh. errichtet. Auf dem Herweg zurück und 30 m in einer Serpentine aufwärts zur oberen Gabelung, 85 m. Hier macht man noch einen zweiten Abstecher nach links auf einer Mulattiera, dann auf dem Felsenpfad (roter Kreis mit zentralem Punkt) 100 m zu einem Abzweig und scharf links 40 m zu einer aussichtsreichen Felsenkanzel hinaus, einem wahren Balcone Panoramico mit Blick auf Varigotti und die Küste. Danach auf dem Herweg zurück zur Oberen Gabelung der Doppelgabelung und regulär weiter.

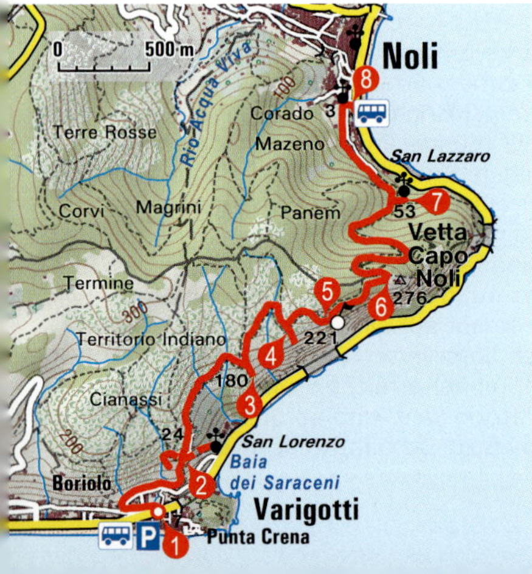

Von der Bushaltestelle an der Via Aurelia in **Varigotti** ❶ gehen wir 20 m an der SS 1 in westlicher Richtung entlang, verlassen sie 10 m nach rechts zur Strada degli Orti und gehen links 160 m weiter zur Strada Vecchia, auf der wir nun

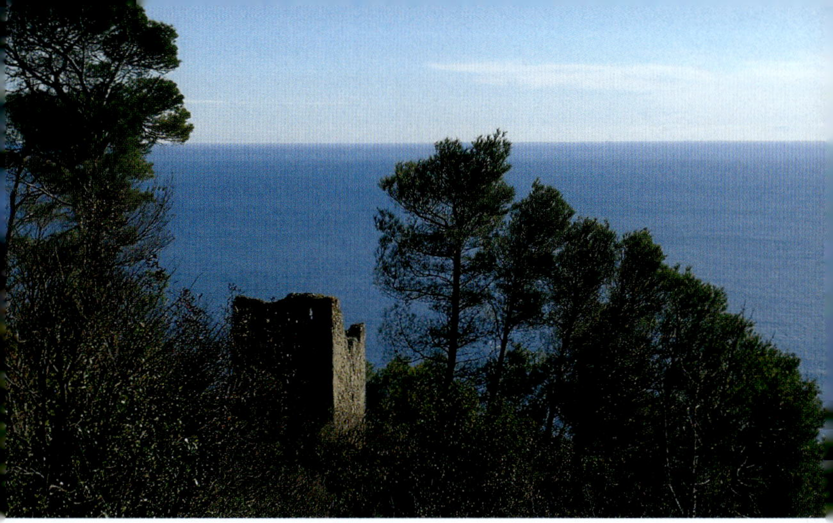

Der ehemalige Wachturm Torre delle Streghe.

rechter Hand eine Infotafel passieren und in Richtung des ehemaligen Semaforo Capo Noli (Markierung rotes X) 320 m zwischen einem Weinberg und einem eingezäunten Olivenhain bis zum Beginn der **Mulattiera** ❷ aufwärtswandern. An einer weiteren Infotafel vorbei steigen wir zwischen Häusern bergan, aber bald verläuft die Mulattiera als aussichtsreicher Terrassenweg unterhalb von Felsen. Hier haben wir den Kapvorberg mit dem Castello ganz nah vor Augen. Zwischen Oliventerrassen und später durch Kiefernwald kommen wir an einer Solarleuchte vorbei zur Doppelgabelung vor San Lorenzo (→ Varianten).

Am oberen Abzweig der Doppelgabelung setzen wir halbrechts unseren Weg (rotes X) oberhalb eines vernachlässigten Olivenhaines fort und steigen dann durch einen weiten Talschluss mit einem kleinen Rinnsal an. Das Gelände wird zusehends felsiger und wir queren einen weiteren kleinen Bach. Dann steigen wir diagonal nach rechts, zum Teil auf plattigen Felsen, hinauf zum Kamm eines kiefernbestandenen Ausläufers, wo wir zunächst 40 m zu einem **Aussichtspunkt** ❸ absteigen und den Ausblick über die Küste und die Baia dei Saraceni zur Punta Crena genießen.

Anschließend gehen wir zum Markierungspfahl zurück und folgen dem Kammweg 150 m zur nächsten Gabelung, wo unser Weg (rotes X) den Kamm nach rechts verlässt und in einen Talschluss mit Rinnsal führt, aus dem wir zum nächsten felsigen Kamm ansteigen. Auch hier gönnen wir uns noch einen 45-m-Abstecher nach rechts zur Kammkuppe.

Zurück am **Wegweiser bei der Weggabelung** ❹ am Kamm folgen wir dem mit »X« markierten Sentiero del Pellegrino nach rechts. Ohne große

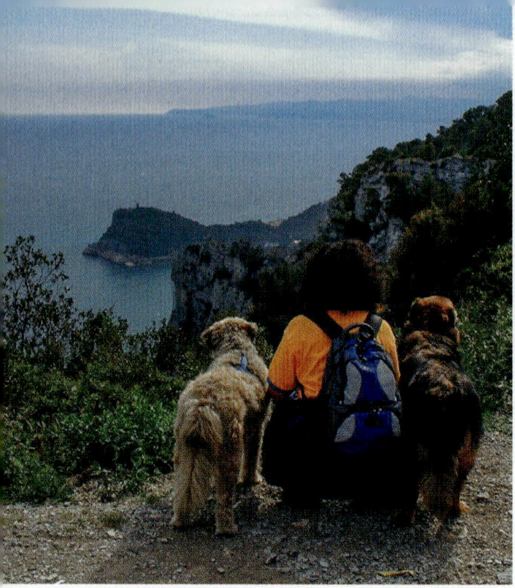

Blick vom Monte Capo Noli zur Punta Crena.

Steigung wandern wir bequem auf einem Kiespfad und nehmen nach 200 m einen 80-m-Abstecher hinab zum Hexenturm **Torre delle Streghe** ❺ mit, zu einem von der Stadt Noli erbauten Wachturm, von dem aus die Küste westlich des Kaps überwacht werden konnte. Der Felssporn, auf dem er steht, bricht zur Via Aurelia und zur Küste gefährlich steil ab! Zurück auf dem nun ebenen Pilgerpfad (rotes X), wandern wir rechts durch buschigen Wald zu einer Fahrstraße auf dem breiten Ausläufer weiter. Dieser folgen wir rechtshaltend Richtung Noli. 100 m später steigen wir auf einem Pfad halbrechts zu einer alten Flakstellung am **Monte Capo di Noli** ❻ an, wo wir vor dem Abstieg noch eine Rast einlegen können.

Wir gehen danach auf den Sendemast beim ehemaligen Leuchtturm am Monte Capo Noli zu und folgen nach der Linkskehre einer neuen Markierung (roter quergestrichener Kreis, gelbe Pfeile) der Fahrstraße hinab. Nach 100 m zweigen wir rechts auf einen Fußpfad ab (gelber Pfeil), überqueren die Fahrstraße abermals (gelber Pfeil) und vernichten dann in großen Serpentinen durch den steilen Waldhang Santa Margherita in kurzer Zeit 170 Hm. So kommen wir auf unserem markierten Pfad (roter quergestrichener Kreis, Noli) hinab zur Einmündung in einen Querweg, wo wir nach links an einem Wegweiser vorbei in einen feuchten Talschluss hinein- und aus diesem wieder 60 m hinauswandern. Dort zweigt ein 45-m-Abstecher halbrechts abwärts ab zur Cappella **San Lazzaro** ❼.

Danach kehren wir holzgeländergesichert zu unserem markierten Weg zurück und gehen an den Mauerresten des ehemaligen Lazaretts vorbei weiter Richtung Noli. Nach einem kurzen Anstieg passieren wir die Einmündung des Sentiero Amico und wandern danach auf unserem terrassenartig angelegten Weg gleichmäßig sanft abwärts zu einer betonierten Serpentine bei den ersten Häusern von Noli. Selbst hier bleibt unser Weg (roter quergestrichener Kreis, blau-grüne Striche, SL, gelbe Pfeile an Betonmasten) gut und oft markiert. Zwischen Stützmauern und hohen Häusern wandern wir schließlich auf der Via XXV Aprile auf einen großen Platz vor dem ehemaligen Franziskanerkloster hinaus und steigen von dort in einer Rechts-Links-Kurve hinauf zur Bushaltestelle in **Noli** ❽ an der SS 1 Via Aurelia vor dem Sandstrand.

↗ 300 m | ↘ 300 m | 6.9 km

3.30 h

Spotorno – Savona-Vado

40

Auf der Via Aurelia Antica an Bergfestungen vorbei nach Vado

Diese aussichtsreiche Höhenwanderung verbindet über eine alte Römerstraße den Badeort Spotorno und den waldigen Kammrücken – oberhalb der Punta delle Grotte und der vorgelagerten Isola di Bergeggi – mit dem Pass Gola Sant'Elena. Der Abstieg führt durch einen natürlichen Korkeichenwald hinab zum lauten Hafen von Savona-Vado jenseits des Kapgebirges und tangiert dabei auch drei alte Bergfestungen.

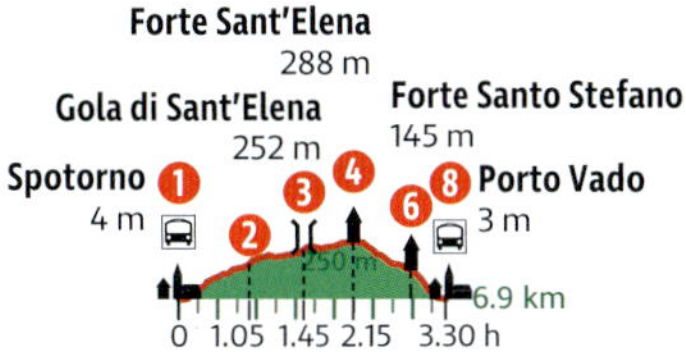

Ausgangspunkt: Spotorno, 4 m, Parkplatz am nordöstlichen Ortsrand; TPL Linea 40/, Bushaltestelle Vivo Croce am Centro Congressi, von dort ca. 500 m am Strand entlang nach Nordosten zum Ausgangspunkt.
Endpunkt: Porto Vado, 3 m, Bushaltestelle; mit Linea 6 oder TPL Linea 40/ zurück nach Spotorno.
Anforderungen: Beim Anstieg ist ein wenig Ausdauer erforderlich. Die Mitnahme von Verpflegung und ausreichend Wasser ist ratsam. Beim Schlussabstieg ist ein Stock nützlich.
Einkehr: Hotels, Bars, Restaurants in Spotorno und Savona-Vado.
Hinweis: 200 m vor der Gola di Sant'Elena kann bei anhaltendem Regen die Passage eines Murenganges gefährlich sein: Man macht dann kehrt, steigt nach dem Waldrand am Hang auf Pfadspuren erst 75 m halbrechts und dann im Zickzack hinauf zum Kammweg und auf Letzterem rechts abwärts zur Gola di Sant'Elena.

Von der Bergfestung Santo Stefano haben sich stattliche Mauerreste erhalten.

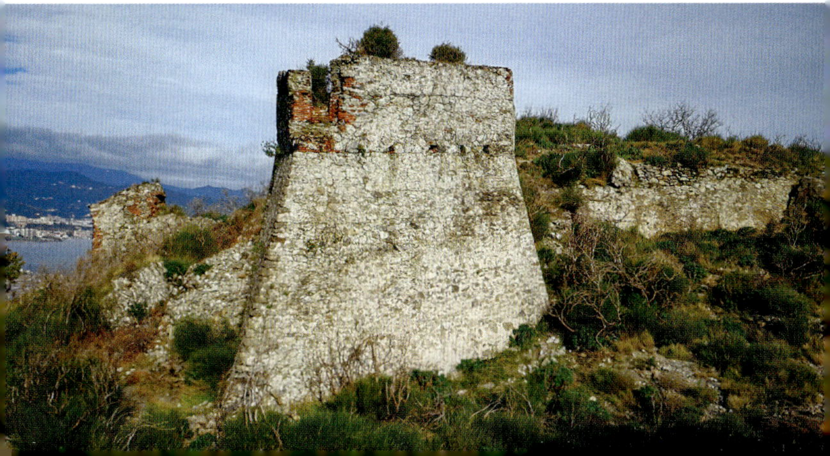

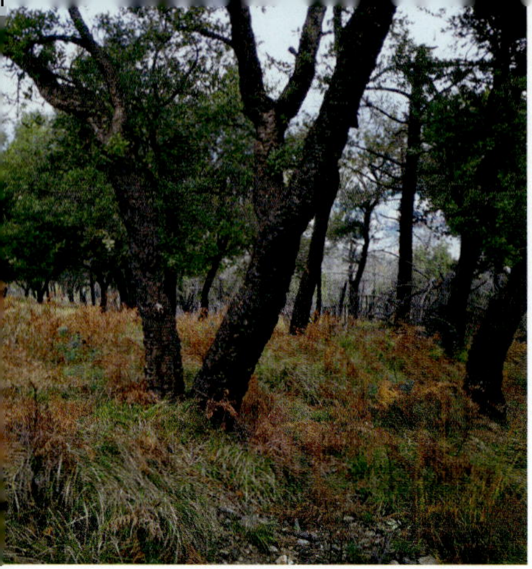

Der Korkeichenwald Sughereta.

Vom Parkplatz in **Spotorno** ❶ 240 m die Via Beminzoni entlang Richtung Südwesten zur Via Antica Romana, wo wir nach rechts 70 m auf Asphalt bis zu einer Kurve hochgehen. Von dort steigen wir rechts auf einer Treppe mit blauem Geländer (geradeaus, dann links) steil hinauf. Danach gehen wir auf der Via Orazio leicht abwärts, steigen aber auf der Via Cicerone gleich wieder steil an. Kurz vor ihrer Einmündung in die Via Antica Romana schwenken wir am Beginn des Kammweges nach rechts und gehen in einer Linkskurve durch Niederwald aufwärts zu einer Wegkreuzung. Wir wandern halbrechts auf dem Römerweg (Markierung rotes X) weiter und genießen hoch über der Küste den Blick auf das Kap Punta del Maiolo und die vorgelagerte Isola di Bergeggi. Wir passieren eine Villa, steigen auf dem nur meterbreiten Pfad leicht durch Macchia an und erreichen kurz nach einer Kammwegeinmündung (Monte Mao) eine **Weggabelung nach dem Kamm** ❷. Richtung Gola di Sant'Elena geht es auf der nur noch handtuchbreiten Römerstraße geradeaus weiter. Nach dem Bächlein und der Quelle im Talschluss vergrößert sie sich zum Feldweg. Auf diesem queren wir im Laubwald einen breiten Murengang (→ Hinweis).

Wir erreichen eine Gabelung, wo wir scharf links zur nächsten Gabelung und gut markiert zur **Gola di Sant'Elena** ❸ hinaufgehen – Richtung Lärm, der meist vom jenseitigen Steinbruch heraufschallt. Auf der Passhöhe halten wir uns scharf rechts und queren die stillere Waldflanke des aussichtslosen Monte Sant'Elena. Wir passieren nach dem verlassenen Haus eine kleine Höhlenquelle sowie ein großes Wasserbecken. Bei der Weggabelung gehen wir halbrechts (rotes Dreieck) und queren die waldige Südostflanke des Monte Rocchetto zum großen Freiplatz an der Kurve der Strada Forte Sant'Elena. Dieser folgen wir links (nach Norden) zur nächsten Linkskurve und spazieren von dort nach rechts per Fahrweg zum Aussichtspunkt vor der ehemaligen Bergfestung **Forte Sant'Elena** ❹, 288 m. Das Waffen- und Munitionsdepot explodierte beim Waldbrand 1921 (250 Verletzte, 25 Tote).

Wir passieren die Ruine links und erreichen den Weg Alta Via Golfo dell'Isola an der Kuppensüdflanke. Hier wandern wir nach links zum Drachenflieger-Startplatz unterhalb der Kurzwellenstation. Während der Rast schweift der Blick über das Kirchlein Santo Stefano hinab nach Bergeggi und übers Ligurische Meer. Über die Wiese folgen wir dem Pfad in den Wald (rotes Dreieck) immer leicht abwärts zu einem Wasserreservoir und auf einer Serpentine hinab zur Schranke jenseits einer Kreuzung. Dort informiert die Naturlehrtafel **Sughereta** 5 über den Korkeichenwald (Sughereta Natte) unterhalb. Am TV-Umsetzer vorbei gehen wir auf dem Kammpfad (drei rote Punkte) abwärts, vorbei an roten Waldbrand-Hydranten. Verkohlte Baumruinen bestätigen ihre Notwendigkeit. Typisch für die streng geschützten endemischen Bäume ist ihre dicke wulstige Borke; ihr büscheliges Laub ist ungewohnt, die Eicheln sind dagegen »normal«. Begleitet vom permanenten Dröhnen des Hafens Savona-Vado passieren wir die Reste ehemaliger MG-Nester. Der Weg (drei rote Punkte) wird bei der Kaserne Forte La Batteria (18.–20. Jh.) breiter und ebener, fällt aber nach den TV-Umsetzern gleich wieder am Kamm ab und führt aussichtsreich über offeneres Gelände zur Ruine der nächsten Festung am Kamm, dem **Forte Santo Stefano** 6 aus dem 17. Jh. – links überblicken wir den Fährhafen Savona-Vado (Korsika/Sardinien) und rechts vom Kamm den modernen Containerhafen mit dem Leuchtturm am Capo di Vado. Etwas links von Kamm und Ruine folgen wir unserem markierten Macchiapfad (rotes Dreieck) hinab, der nach 200 m rechts zurück zum Kamm und dann in einer Links-Rechts-Serpentine (drei rote Punkte) abwärts führt. 25 m Luftlinie vor der nächsten Festung wendet sich der Pfad abrupt nach links (rotes Dreieck, drei rote Punkte, Pfeil) auf eine markante Eiche am Waldrand zu. Dort beginnt der frei geschnittene Pfad durch hohen Ginster und Brombeeren, der in einer Links-Rechts-Serpentine (Ranken: Stock!) zur Festungsruine **Forte San Giacomo** 7 hinabführt. Die Bastionen aus dem 10.–18. Jh. sind gut erhalten.

Neben den Schienen eines Munitionsaufzuges (Flakstellungen aus dem 20. Jh.) steigen wir auf geländergesicherten Betontreppen mit den drei roten Punkten im Zickzack hinab zu einer Zufahrt. Auf dieser passieren wir nach 200 m einen Tunnel (rotes Dreieck, drei rote Punkte).Kurz danach erreichen wir die SS 1 Via Aurelia, an deren linken Seite entlang wir die letzten 200 m zur Bushaltestelle **Porto Vado** 8 spazieren.

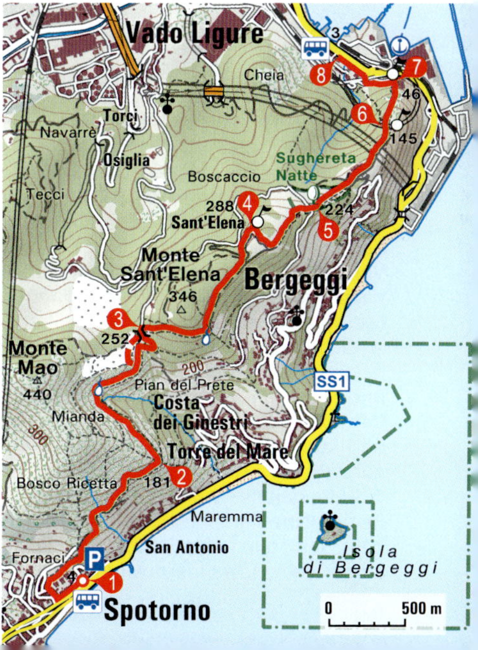

↗ 320 m | ↘ 320 m | 5.8 km

41 Albisola – Bric Croi, 251 m – Celle Ligure

3.00 h

Auf ruhigen Pfaden im Hinterland von Albisola

Drei Welten, nur wenige Kilometer voneinander entfernt: Schon bei der Anfahrt von Albisola Superiore mit seinen Hochhäusern und Geschäftsstraßen zur Bushaltestelle Garbasso jenseits des Tunnels und beim Anstieg auf den Ausläufer darüber erlebt man den ersten Wechsel.

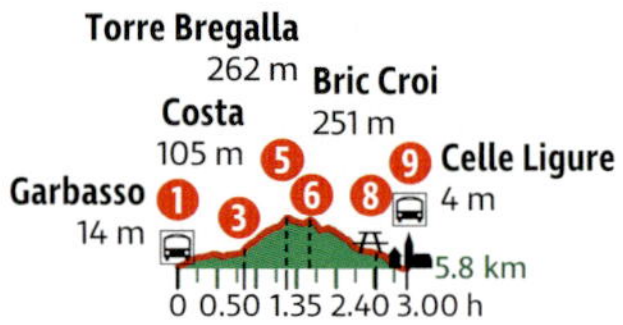

Ausgangspunkt: Garbasso, 14 m, Bushaltestelle Albisola-Garbasso am Corso Filippo Ferrari an der SS 1 Via Aurelia, TPL Linea 30; Parkmöglichkeiten.
Endpunkt: Celle Ligure, 4 m, Bushaltestelle an der SS 1 Via Aurelia, TPL Linea 30.
Anforderungen: Beim Anstieg ist ein wenig Kondition erforderlich; die Mitnahme von Verpflegung und Wasser ist ratsam.
Einkehr: Unterwegs keine; Hotels, Bars und Restaurants in Albisola und Celle.
Variante: Wer nur bis Sanda wandern will, geht am Bric Croi nach links (drei rote Punkte) auf den Überlandmast zu und nach der Pfadkreuzung geradeaus durch Laubwald zum Gipfel des Bric Corvi. 200 m danach verlässt der Weg (drei rote Punkte) den Kamm, quert die Nordflanke und folgt dann dem Nordausläufer zum Poggio di Sanda. Von dort wandert man zwischen hohen Bäumen fast eben zum Waldrand und zur Kirche S. Giorgio und schließlich rechts hinab zur Bushaltestelle in Sanda, 174 m, an der SP 22.

Von der Bushaltestelle in **Garbasso** ❶ vor dem östlichen Tunnelausgang der Galleria Capotorre gehen wir am Car-Wash vorbei zu einer schlechten Straße, die nach rechts in zwei Serpentinen hinauf zur Kammstraße auf dem langen Südausläufer des Bric Croi führt.
Von der Einmündung ins Kammsträßchen **Via degli Ulivi** ❷ wandern wir nach rechts zwischen Olivenhainen an Wohnhäusern, Fattorie, einem Eselsgestüt und zwei großen zylindrischen Wasserspeichern vorbei. Wir erreichen einen Weiler, wo wir nach einer Rechts-Links-Kurve auf die Via dei Siri stoßen, der wir nach links und dann eine Rechtskurve hinauf folgen und so unsere bisherige Richtung auf dem Kamm beibehalten: Wir wandern 350 m auf der Via dei Siri zwischen Gärten und Olivenhainen weiter und kommen nach den Häusern des Weilers an eine Gabelung vor dem aufsteilenden Kamm. Geradeaus und 25 m aufwärts (Markierung zwei rote Punkte, gelbes M) finden wir nach den letzten Häusern von **Costa** ❸ den Beginn eines Fußpfades. Er führt nahe des Zaunes erst durch einen Olivenhain, dann durch den Stieleichenwald aufwärts zum waldigen Kamm. Oben angekommen, wandern wir zwischen Ginster, Wacholder und Baumheide

über den bald etwas offeneren Kamm. Die nächste Kammkuppe Cima del Bregalla umgehen wir an ihrer Westflanke und kommen zu einer Weggabelung mit dem beschilderten **Abzweig** 4 zum Torre Bregalla. Wir folgen ihr nach rechts zum Kamm hinauf und wandern dann in einer sanften Rechtskurve 170 m leicht abwärts zur nächsten Gabelung im Wald. Hier steigen wir links auf deutlichem Pfad im Zickzack steiler an und kommen nach einer Linkskurve zum Schluss weniger steil im Wald hinauf zur turmlosen Kammkuppe **Torre Bregalla** 5, einer Lichtung mit zwei Bänken.

Anschließend wandern wir auf dem Kammweg weiter Richtung Norden, am Mast der Überlandleitung vorbei. Wir verlieren etwas an Höhe, ein Sentiero Botanico sowie zwei andere Wege münden ein. Ab dem Wegweiser bleiben wir unserem Weg noch 160 m treu, gehen aber dann nicht geradeaus Richtung Sanda (→ Abstiegsvariante nach Sanda und von dort per Bus zur Küste).

Stattdessen wandern wir bei der Gabelung halbrechts auf dem Kammweg weiter und steigen 120 m an zum **Bric Croi** 6, 251 m. Wir gehen mit der Markierung roter Strich mit Punkt zuerst 200 m am Ostausläufer durch den Wald bergab und steigen nach dem Sattel wieder an. Dann unterqueren wir die Überlandleitung ein zweites Mal und stehen 65 m später auf der Kammkuppe **Bric Casanova** 7.

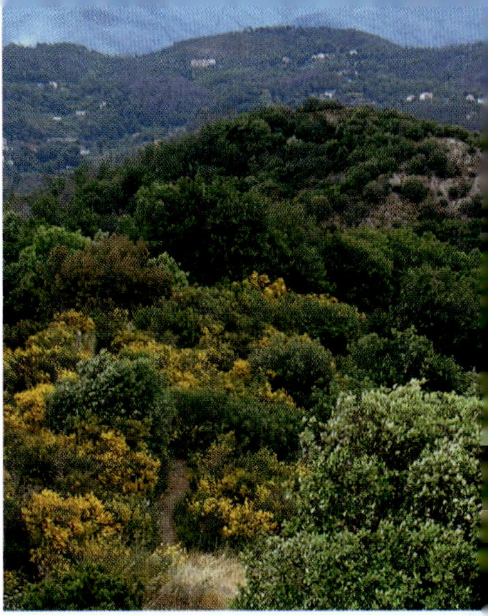

Am Kamm wechseln sich waldige Partien mit Macchia und Schieferfelsen ab.

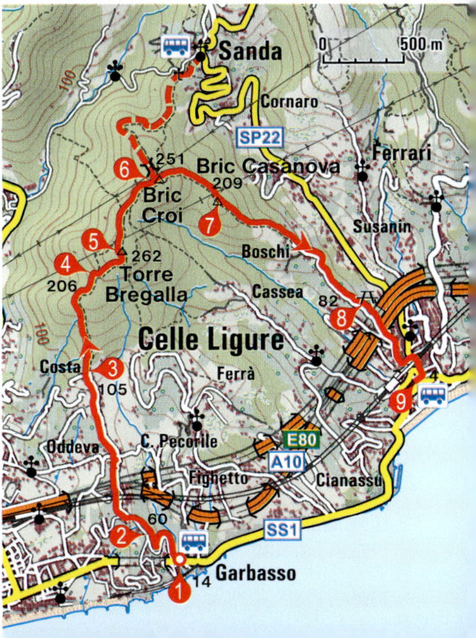

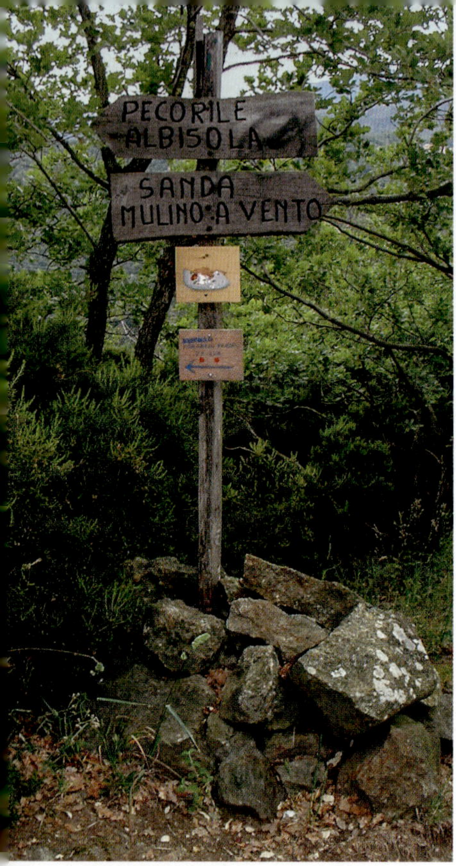

Der Wegweiser im Sattel nach dem Torre Bregalla.

Auf dem Kammweg wandern wir ein längeres Stück bequem bergab, erst durch Wald, dann oberhalb bebauter Terrassen und danach halbrechts an einer Fattoria vorbei. Auf ihrer Zufahrt spazieren wir abwärts bis zur Einmündung mit Wegweiser in ein Teersträßchen (Gabelung, neben Hydranten roter Strich mit Punkt, Richtung Mulino a Vento).

Ein paar Schritte halblinks bringen uns zur Kammstraße Via Boschi, auf der wir nun einen Miniabstecher nach links zu der mit Holzzäunen eingefriedeten Ruine einer Windmühle mit dem Picknickplatz **Mulino a Vento** **8** machen.

Nach der Aussicht über Celle und die Chiesa de San Michele Arcangelo wandern wir auf der Asphaltstraße Via Mulino a Vento zwischen jungen Olivenbäumen zu zwei TV-Umsetzern (roter Strich mit Punkt) oberhalb der Autobahn weiter. An der nächsten Gabelung (roter Strich mit Punkt) gehen wir geradeaus auf der Via Boschi weiter. Am Mobilfunkmast vorbei kommen wir zur Rechtskehre, wo wir im Kurvenscheitel geradeaus einen Laternenmast (roter Strich mit Punkt) passieren und zwischen dem Metallzaun der Zufahrt und dem Maschendrahtzaun rechts daneben auf einem schmalen Fußweg immer geradeaus weitergehen. Oberhalb einer Straßenverbauung mit Blick über den Bahnhof von Celle führt er geländergesichert nach links zu einer Stahltreppe an ihrem Ende. Wir steigen die Treppe hinab (roter Strich mit Punkt) zur Via Gioia, der wir die Bahn entlang, dann rechts abwärts folgen und durch die Bahnunterführung gehen. Geradeaus spazieren wir auf der Via Federico Colla bis zur Via Aurelia, die hier Via Michelino Poggi heißt. Zur Bushaltestelle in **Celle Ligure** **9** beim Straßenschild SS 1 kommen wir rechts nach wenigen Metern.

↗ 400 m | ↘ 690 m | 10.1 km

5.00 h

San Martino di Stella – Bric delle Forche, 452 m – Varazze

42

Auf den Kämmen oberhalb von Celle und Varazze

Diese Streckenwanderung führt hauptsächlich durch Wald und ist deshalb auch im Sommer angenehm. Laut wird es in der Saison vorübergehend in der Nähe des eingezäunten Trialgeländes an der Rocca Guardiola. An allen anderen Tagen genießt man hier die Ruhe des duftenden Waldes und das Säuseln des Kammwindes.

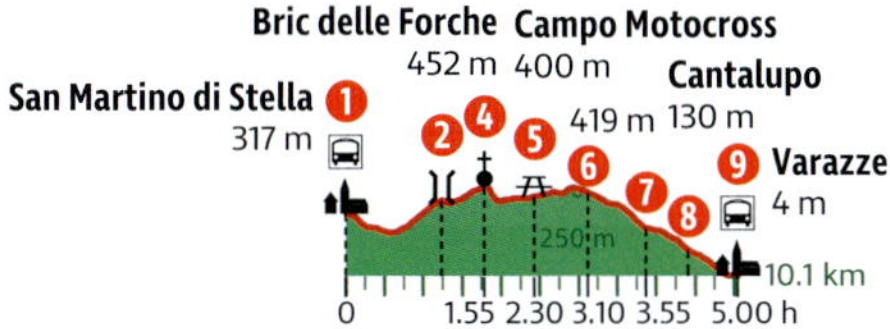

Ausgangspunkt: San Martino di Stella, 317 m, Bushaltestelle TPL Linea 19 von Albisola; Anfahrt mit dem Pkw von Albisola Richtung Sassello, rechts abbiegen auf die Località Mezzano, Parkplatz in San Martino.
Endpunkt: Varazze, 4 m, Bushaltestelle an der SS1 Via Aurelia, TPL Linea 30.
Anforderungen: Beim Anstieg ist ein bisschen Kondition erforderlich, und wegen der Länge der Streckenwanderung auch Ausdauer. Die Mitnahme von Verpflegung und viel Wasser ist ratsam.
Einkehr: In der Saison Bar an der Trialpiste; Bar-Restaurant in San Martino; Hotels und Bar-Restaurants in Varazze.
Variante: »Pfadfinder« gehen am Sattel kurz vor Cullu (Markierung rote Raute) links leicht abwärts und dann in sanftem Auf und Ab durch Kastanienwald zur Nordostflanke des Bric delle Forche weiter. Nach dem felsendurchsetzten Ausläufer zweigt man rechts auf einen Fußpfad (rote Raute) ab und steigt zuerst moderat, dann express an zum Wendeplatz mit Feuerstellen.
Tipp: Beim Bäcker Bolla in San Martino kann man sich sehr gut für unterwegs mit Proviant (Focaccia, Pizza, Getränke) versorgen.

Von der Bushaltestelle in **San Martino di Stella** ❶ gehen wir zur Straßengabelung an der Piazza A. Rocca und dann 75 m Richtung Celle. Gleich nach dem letzten Haus verlassen wir die SP 22 nach links auf einer zementierten Treppe abwärts. Nach der Fahrwegquerung gehen wir etwas versetzt auf dem Fußpfad durch den Kastanienwald hinab zu einer Kreuzung. Wir wandern nach rechts durch den Weiler Pietra zum Waldrand am Nordostausläufer des Bric Vaccalenda, den wir nach einer Linkskurve im Uhrzeigersinn umgehen. Dabei passieren wir Bildstöcke und zwei Einmündungen von links. Nach 500 m ignorieren wir eine dritte von rechts und folgen unseren Fahrspuren noch 50 m zum nächsten Abzweig. Wir verlassen sie nach rechts und wandern im Wald 150 m zu einer Lichtung hinauf. Dem rechten Waldrand folgen wir und queren den Ostausläufer des Bric Batù. Der Pfad wird im Kastanienwald steiler, aber nach einer Serpentine queren wir unter der Kuppe Bric Riundu fast eben zu einer Kreuzung im **Sattel Cullu** ❷. Hier kann man links den Expressweg zum Wendeplatz am Bric delle Forche nehmen (→ Variante).

Wir wandern bequem geradeaus auf dem Fahrweg weiter, der durch Steineichenwald zum Weiler Cullu führt, wo er in die asphaltierte Via Bricco di Forche mündet. Auf dieser spazieren wir sanft bergan und biegen nach einer Villa beim **Abzweig** ❸ zum Bric delle Forche (drei rote Punkte, zwei rote Quadrate) links ab. Am Eisenzaun entlang führt unser Weg hinaus in die mit Kiefern durchsetzte Baumheide. In der markanten Rechtskehre öffnet sich der Blick bis zu den höchsten ligurischen Gipfeln des Alpenhauptkamms. Danach führt unser steinig-felsiger Kammweg erst zum Wendeplatz mit Feuerstellen und jenseits zu einer Kettenabsperrung (drei rote Punkte, rote Raute). Wir umgehen diese rechts und steigen auf Treppenstufen hinauf zur Don-Bosco-Kapelle San Giovanni am **Bric delle Forche** ❹, 452 m.

Nach dem Besuch der Kapelle geht es zum Wendeplatz zurück, den wir nun nach rechts auf dem Expresssteig (rote Raute) verlassen, der erst durch die Macchia und dann rechts hinab zum Ziehweg (rote Raute) führt, auf dem wir nach rechts sanft aufwärts weiterwandern. Unter einer Überlandleitung

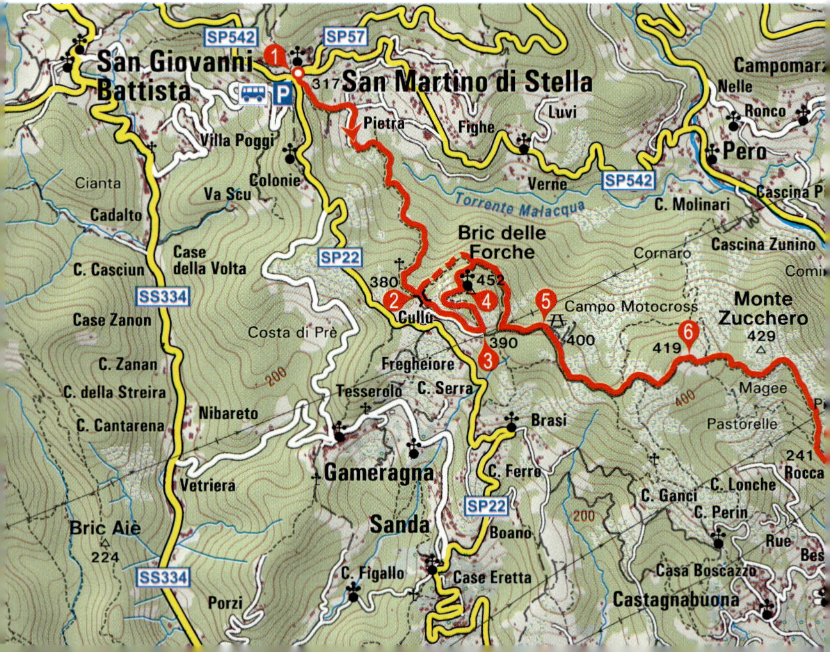

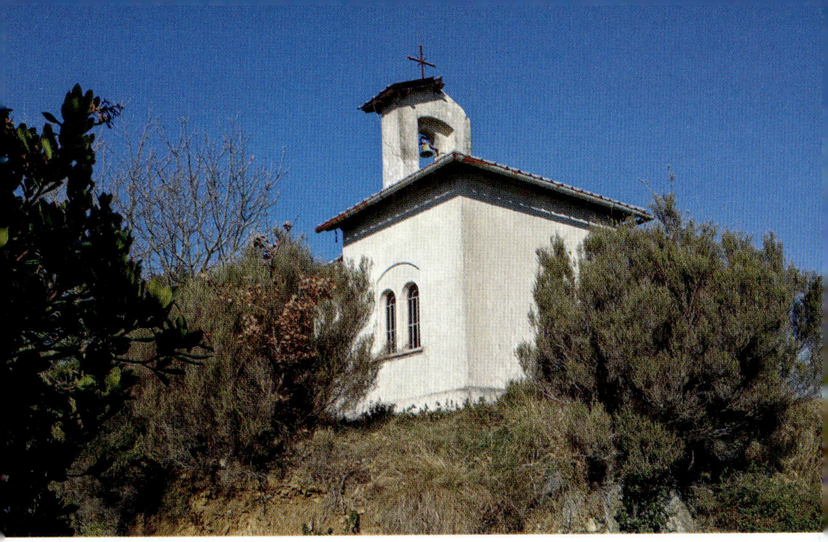

Die Cappella Don Bosco wurde prominent am Gipfel des Bric delle Forche erbaut.

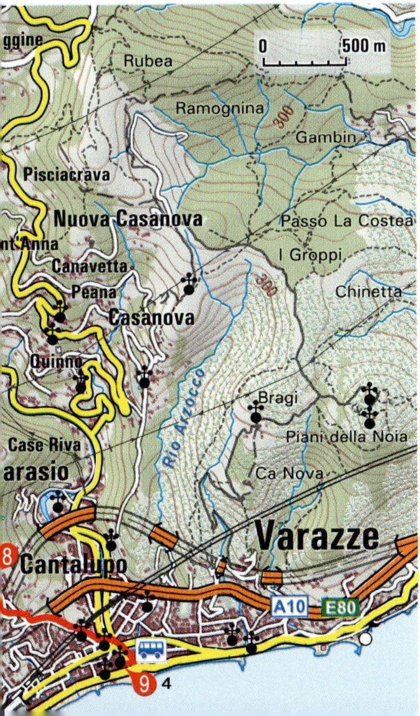

hindurch stoßen wir auf die Via Bricco di Forche. Auf dem Asphalt (rotes Dreieck, Cantalupo–Varazze) spazieren wir nach links durch den Wald hinauf zum großen Freiplatz vor dem **Campo Motocross** 5 an der Rocca Guardiola.

Rechts des Trialgeländes wandern wir auf einem Schotterweg (rotes Dreieck, rote Quadrate) weiter durch Mischwald aufwärts. Der zum Teil zementierte Weg wird steiler und wir queren den 60 m nahen Bric dei Brasi an seiner Nordflanke zu einer Lichtung. Nach 120 m passieren wir den Abzweig nach Croce–Castagnabuona und danach einige Felsblöcke auf unserem Ziehweg Richtung Varazze (rotes Dreieck). Wir erreichen nach 500 m die große Lichtung **Piani di Cantalupo** 6. An der Gabelung vor der Stallruine wandern wir halbrechts (Richtung

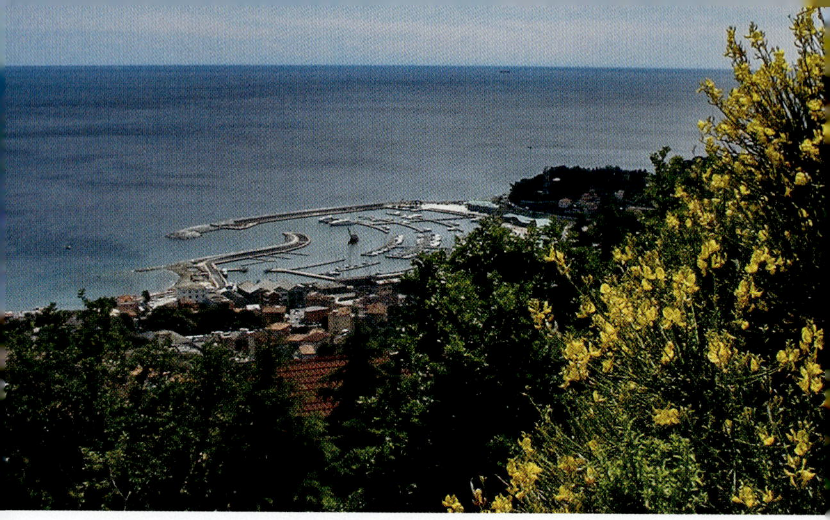

Unterhalb des Bolzplatzes von Cantalupo blickt man zur Marina di Varazze hinab.

Cantalupo–Varazze) hinein in den vor Jahren abgebrannten Kiefernwald Magee unterhalb der Südflanke des Monte Zucchero. Wir ignorieren den Abkürzer-Abzweig beim Wendeplatz und gehen noch 170 m weiter bis zu einer großen Rechtskurve, wo unser schmaler Kammpfad beginnt. Auf ihm wandern wir nun 400 m durch einen lichten Kiefernwald abwärts. Nach der Überlandleitung wird unser Pfad abschüssiger. Auf dem bergseitig teils von Natursteinmauern (rotes Dreieck) flankierten Weg nahe der ehemaligen **Rocca** 7 wandern wir zum Kammhügel Bric della Crocetta mit einer Villa, auf deren Zufahrt Via Gerolamo Craviotto wir abwärts unseren Weg fortsetzen.

Wir passieren den Fußballplatz, verlassen die Straße 200 m später an der Kreuzung nach rechts und steigen auf einer Natursteintreppe hinab zur Via Nuova Cantalupo. Im nächsten Kurvenscheitel verlassen wir sie geradeaus und kommen auf Carruggio aus Backstein (Via Vecchia Cantalupo) zur Ortsmitte von **Cantalupo** 8. Vom Platz vor der Pfarrkirche San Giovanni Battista wandern wir gleich halbrechts auf der Via Nuova Cantalupo weiter. Später kürzen wir ihre Serpentine auf dem Ziegelweg geradeaus ab. Unten angekommen, folgen wir der Via Nuova Cantalupo noch 150 m zur nächsten Rechtskurve, gehen dann aber auf dem Fußweg Via San Francesco d'Assisi an der Kirche San Francesco vorbei geradeaus hinab bis zum Kreisverkehr über dem Fluss Teiro in Varazze. Wir überqueren die Via Carlo Nocelli und gehen am Palazzo del Comune vorbei Richtung Meer zum kleineren Kreisverkehr. Dort erreichen wir 70 m nach rechts die Bushaltestelle von **Varazze** 9 an der SS1 Via Aurelia.

↗ 920 m | ↘ 200 m | 9.4 km

4.30 h

Monte Beigua, 1287 m

Durch den Parco del Beigua und einen Antennenwald am Gipfel

Auch wenn sein Gipfel heute von TV- und Mobilfunksendemasten dominiert wird, ist der Monte Beigua dank seiner Naturschönheiten ein lohnenswerter Berg am Ligurischen Apenninhauptkamm. Der Parco del Beigua (UNESCO Geopark) ist das größte terrestrische Naturschutzgebiet Liguriens.

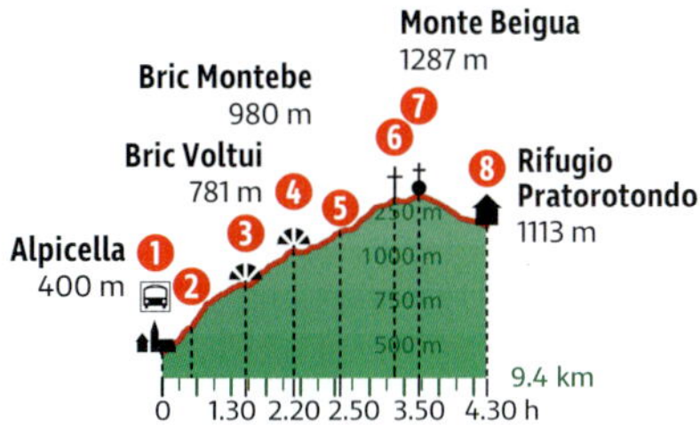

Ausblick zur Küste bei den kleinen Schrofen südwestlich der Giare dell'Olio.

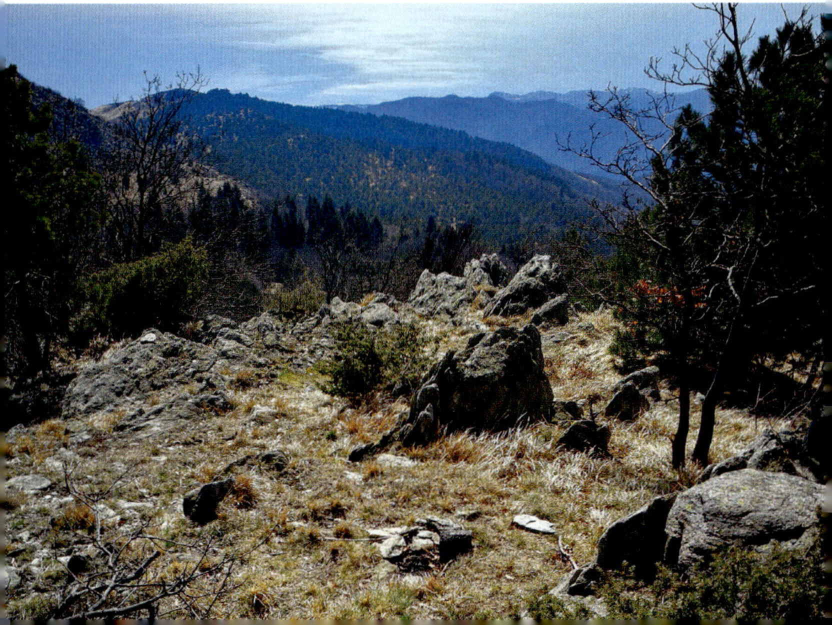

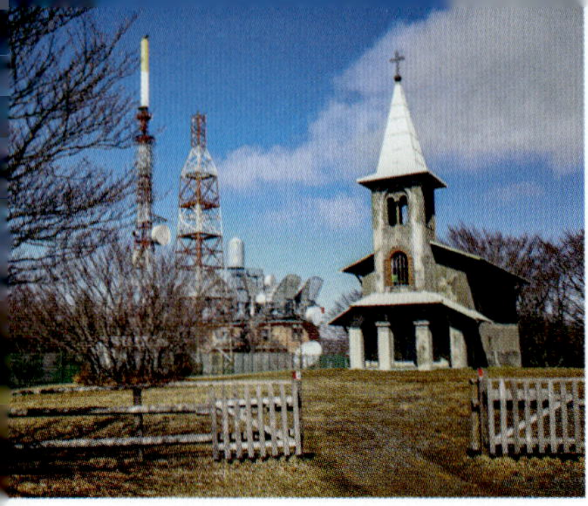

Das Wallfahrtskirchlein Santuario Regina Pacis am Monte-Beigua-Gipfel.

Ausgangspunkt: Alpicella, 400 m, Parkplatz; Bushaltestelle unterhalb der Kirche S. Antonio Abate an der SP 57bis Via Alpicella, TPL Linea 22 von Varazze.
Endpunkt: Rifugio Pratorotondo, 1113 m; wer nicht zurückwandern möchte (evtl. mit einer Übernachtung → Varianten), kann ein Taxi kommen lassen: Radiotaxi Varazze, Tel. +39 019 931010.
Anforderungen: Beim Anstieg ist Kondition erforderlich, und wegen der Länge der Tour auch Ausdauer. Die Mitnahme von ausreichend Verpflegung und viel Wasser ist ratsam. Wer die Abstiegsvariante über die Cappelletta Le Faie wählt, sollte frisch verproviantiert und kartenkundig sein sowie über Trittsicherheit verfügen.
Einkehr: Rifugio-Ristorante Pratorotondo, Tel. +39 010 9133587, rifugiopratorotondo.it; ab Ostern an Wochenenden und Feiertagen auch Schlafsackübernachtung im Rifugio-Ristorante Monte Beigua, 200 m westlich des Monte Beigua, Tel. +39 019 931304; Hotels und Bar-Restaurants in Alpicella.
Varianten: Man kann aus der Tour eine Zweitageswanderung machen: 1. In der Saison übernachtet man am Monte Beigua im Albergo Monte Beigua und wandert am nächsten Tag auf dem Herweg nach Alpicella zurück (Abstieg: 3:00 Std., 900 Hm). 2. Variante: Man übernachtet im Rifugio Pratorotondo und steigt anderntags (Markierung roter Strich) zur Cappelletta Le Faie (Bushaltestelle) ab. Von dort erst auf dem Wanderweg (Markierung rotes Quadrat) bis zur Via Ceresa und auf der Asphaltstraße links weiter über den Bric Caste und I Ferri nach Alpicella (Abstieg: 3.45 Std., 800 Hm Abstieg).
Kombinationsmöglichkeit: Mit den Touren 45 und 46 zur Dreitageswanderung mit Übernachtung im Rifugio-Ristorante Pratorotondo und im Ristorante-Albergo La Nuvola sul Mare am Passo del Faiallo, Tel. +39 348 8829978.

Vom zentralen Parkplatz in **Alpicella** ❶ gehen wir auf der Via Gino Pellegrini Richtung Monte Beigua 100 m aufwärts. Neben einem rosa getünchten Haus starten wir rechts auf einer Betontreppe mit roter Markierung. Auf dem Fußpfad gehen wir linkshaltend zur Weggabelung am bewaldeten Ausläufer. Wir folgen rechts 30 m den Fahrspuren und steigen dann scharf links wieder auf dem markierten Fußpfad (rote Triangel) durch den Kastanienwald in einer Serpentine zum Kamm an. Dabei passieren wir die Kapelle Nicciu du Bricciu du Bruxin. Auf Fahrspuren kommen wir durch den Kammwald hinaus zu einer Betonstraße oberhalb eines Hauses. Auf dieser gehen wir bis zur nächsten Rechtskehre aufwärts, verlassen sie im Kurvenscheitel und wandern 100 m ohne große Steigung an einem Felsen vorbei geradeaus weiter. Dann zweigen wir bei der **Gabelung** ❷ (rote Triangel) rechts ab. Im Zickzack steigen wir an, queren eine Schneise mit Überlandleitung und wandern ein längeres Stück durch den Kastanienwald zur

Rechtskehre einer ehemaligen Mulattiera hinauf. Ihr folgen wir 380 m nach Süden durch ein kleines Feuchtgebiet zu einer Kreuzung am Kamm, wo wir nach rechts einen 100-m-Abstecher zum freien **Bric Voltui** 3 machen und eine Rast mit Blick auf Alpicella einlegen.
Zurück an der Kreuzung wandern wir mittig auf dem Kammpfad (rote Triangel) am Monte-Priafaia-Ausläufer mit seinen Schwarzkiefern bergauf. Unterhalb einer Ruine verlassen wir den Wald und steigen über die offene Weide Pianazza an der Westflanke des **Bric Montebe** 4 an, zu dem wir am Kamm einen Abstecher nach rechts machen.
Zurück auf dem Weg gehen wir unter dem mächtigen Felsvorsprung hindurch, zum Kammkiefernwäldchen hinauf und umrunden dann (rote Triangel) den Monte Cavalli an seiner Westflanke: Nach dem Geröllhang steigen wir dabei rechts oberhalb eines Rinnsals zum Ziehweg Sentiero Napoleonico an, der hier durch das geschützte Feuchtbiotop **Giare dell'Olio** 5 führt. Auf dem rot markierten Napoleonsweg queren wir nach rechts 300 m zur

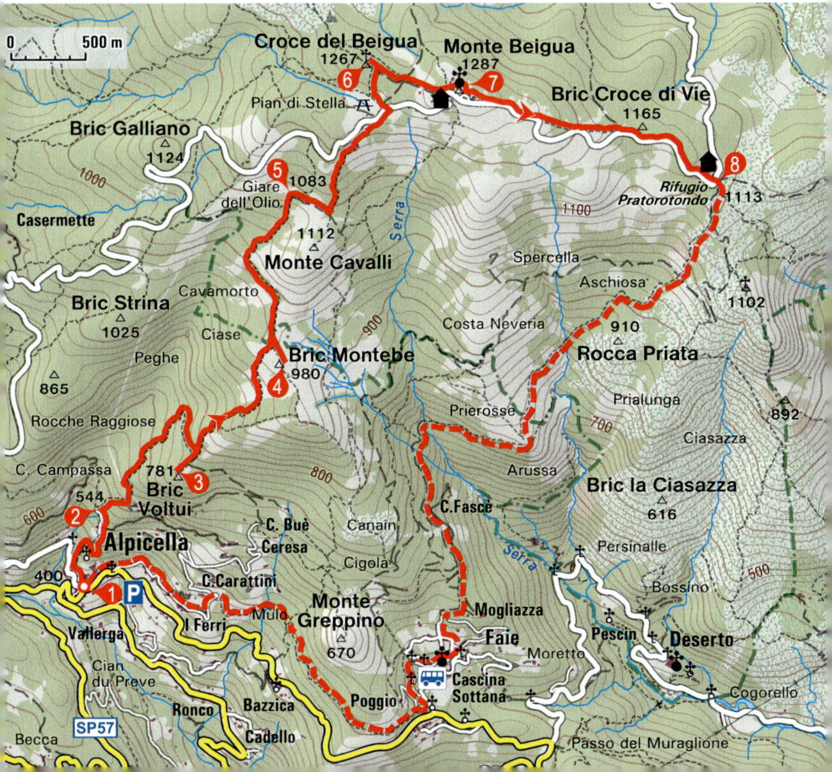

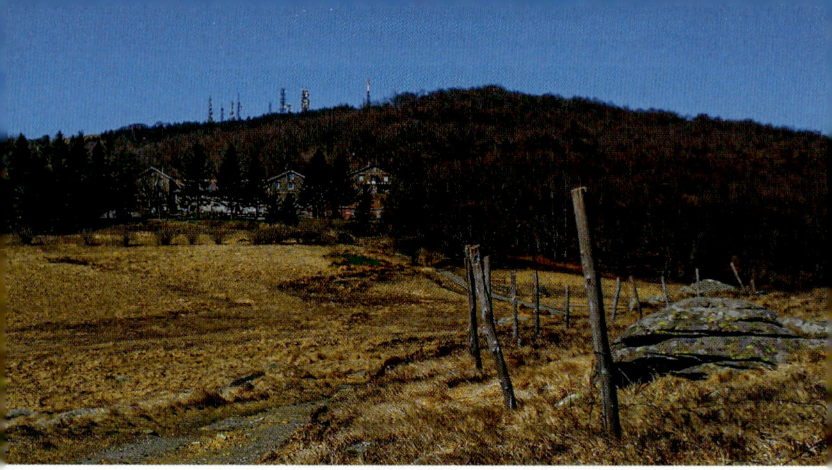
Der Monte Beigua, wie man ihn von der Almhochfläche Pra Riondo aus sieht.

Kreuzung am Wald. Dort schwenkt unser Weg rot markiert scharf nach links. Wir kommen durch Buchenwald und über Wiesen bis zu einer kleinen Serpentine. Hier verlassen wir den Sentiero Napoleonico und steigen rechtshaltend zur Asphaltstraße Via Monte Beigua hinauf. 120 m danach verlassen wir sie nach links und überqueren den großen Picknickplatz Pian di Stella.

Nach der Rast steigen wir nach Norden zum riesigen Betongipfelkreuz **Croce del Beigua** 6 am westlichen Vorgipfel hinauf. Zurück an der Gabelung wandern wir weiter, an einem Haus vorbei und hinab zur Kreuzung am breiten Sattel Sella del Beigua mit Wegweiser. Geradeaus auf der Alta Via dei Monti Liguri passieren wir einige TV-Umsetzer, benutzen 50 m lang die Via Monte Beigua und dann halblinks den AV-Weg zum flachen Gipfel des **Monte Beigua** 7, 1287 m, mit einer Erlöserstatue und der Wallfahrtskirche Santuario della Regina Pacis.

Durch ein Gartentürchen folgen wir den vielen rot-weißen AV-Markierungen zurück zur Via Monte Beigua, auf der wir nun 1700 m jenseits von Sende- und Antennenmasten aussichtsreicher abwärts wandern. Dabei verlassen wir das Asphaltsträßchen zweimal auf gut markierten Abkürzern jeweils nach links (rot-weiße AV-Markierungen, zwei hellblaue Punkte, rotes Quadrat). Nach der Einmündung eines Wanderweges vor der Kammkuppe Bric Croce di Vie queren wir eine Almwiese, dann wandern wir das letzte Stück unterhalb der Kammkuppe Bric da Pata bequem durch den Buchenwald hinab zur bewirtschafteten Hütte **Rifugio Pratorotondo** 8, die bereits auf dem Boden der Region Genua steht. Wer nicht übernachten und am nächsten Tag zurückwandern möchte (→ Varianten), kann von hier ein Taxi rufen.

↗ 560 m | ↘ 520 m | 12.5 km

6.00 h

Cappelletta Beato Jacopo – Il Deserto

44

Quer durch Macchia-Vorberge

Die langen Kämme vom Meer zum Monte Beigua sind oberhalb von Varazze gezeichnet von Waldbränden. Im mageren Lehmboden zwischen ockerfarbenen, rötlichen oder serpentingrünen Felsen und Felsschutt haben sich bereits Macchia und junge Schwarzkiefern ausgebreitet. Bachtäler sorgen in der sonst kargen Landschaft mit einigen Schatten spendenden Bäumen für einen grünen Kontrast. Und auch bei Il Deserto strafen üppiges Grün und alte Bäume den Namen des abgelegenen Klosters Lügen.

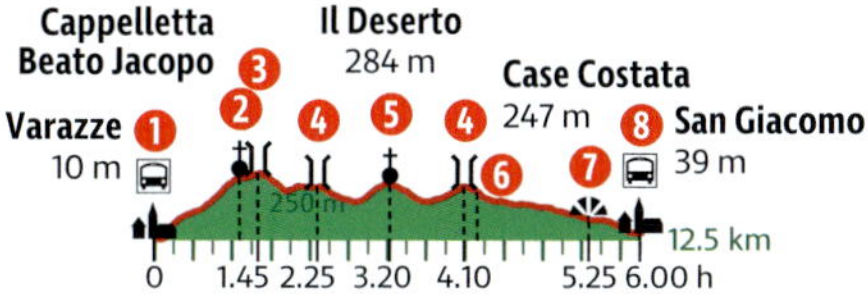

Ausgangspunkt: Varazze, 10 m, Parkplatz an der Brücke an der Via Piave SP 542; Bushaltestelle u.a. auch an der Treppenrampe (ACTS, Salita Via Bianca), TPL Linea 22 von Varazze.
Endpunkt: San Giacomo, 39 m, Bushaltestelle ATP, Parkplatz.
Anforderungen: Beim Anstieg ist Kondition erforderlich, und wegen der Länge der Streckenwanderung auch Ausdauer. Die Mitnahme von ausreichend Verpflegung und viel Wasser ist ratsam.
Einkehr: Unterwegs keine, außer an Sommerwochenenden Agriturismo-Ristorante La Fonda, 1200 m nordwestlich von Il Deserto, Via al Deserto 13, Anmeldung Tel. +39 019 918201; Hotels und Bar-Restaurants in San Giacomo, Cogoleto und Varazze.
Variante: Trittsichere Gipfelsammler gehen vor ④ links zum Bric della Costata, 302 m, auf dem gut erkennbaren Kammpfad durch Macchia zum Bric Berlese, 266 m, und zum Bric Meazze, 253 m; dann rechts vom immer felsiger werdenden breiten Kammsporn Beffadosso absteigen zum markanten roten Felsen Grifone, 200 m. Auf vier Serpentinen steigt man dann durch herrliche Felsenszenerie ab zur Via San Giacomo bei der modernen Fattoria kurz vor dem Aussichtspunkt bei ⑦.
Tipp: Die Cappelletta Beato Jacopo ist dem Urheber der Heiligenlegendensammlung Legenda Sanctorum (um 1264) geweiht. Jacobus de Voragine (Jakob von Varazze, 1228–1298) hatte dafür 180 Heiligenlegenden zusammengetragen und in seinem Buch nach dem Kirchenjahr geordnet. Um 1470 wurde die Legenda Aurea als eines der ersten Bücher gedruckt.
HInweis: Bei Sturm und Starkregen lässt man den Rio Arenon unterhalb der Case Costate aus und benutzt bereits ab den Häusern das Fahrsträßchen Via San Giacomo als bequeme Wandermöglichkeit zur Küste. Wird man schon früher davon überrascht, kann man sich bei Il Deserto oder den Case Isola ein Taxi kommen lassen, Radiotaxi Pegli Tel. +39 010 6974260.

Vom dreieckigen Parkplatz an der Via B. Pizzorno in **Varazze** ❶ gehen Autofahrer zwischen den Betonpfeilern der Autobahnbrücke in eine Fußgängergasse, die nach 85 m links durch ein Mauertor in die Via Piave mündet. Kurz vor der Bushaltestelle gehen wir rechts und beginnen unseren Anstieg auf einer Treppenrampe (Pfeil Eremo Deserto, Markierung roter Strich mit Punkt).

An Akanthusstauden vorbei gewinnen wir rasch an Höhe. Nach einer Brücke steigen wir rechts, dann links zur Weggabelung hinauf. Wir wandern rechts bergauf, passieren eine Madonnina und spazieren auf Asphalt hinauf zur Cappelletta di Costa. Teils auf der Via Beato Giacomo, teils auf einer markierter Mulattiera passieren wir Olivenhaine, eine Serpentine sowie eine Mimosenallee und steigen dann kammnah durch Baumheide zur Einmündung in einen Ziehweg an. Auf der Mulattiera erreichen wir die rosa getünchte **Cappelletta Beato Jacopo** ❷ mit roter Turmpyramide.

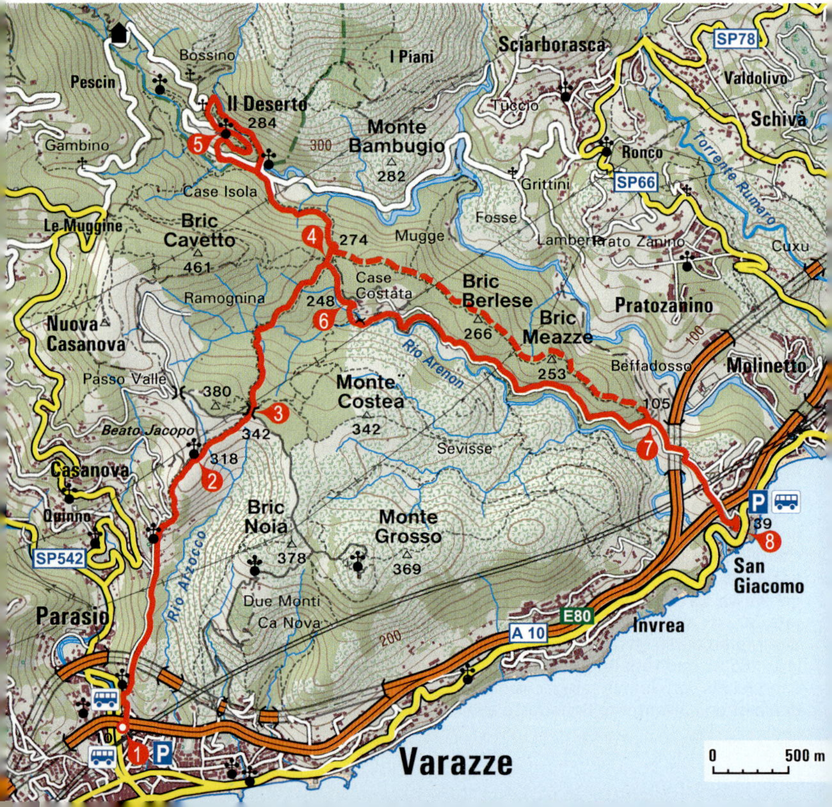

Der Innenraum der Cappelletta Beato Jacopo wirkt sehr gepflegt.

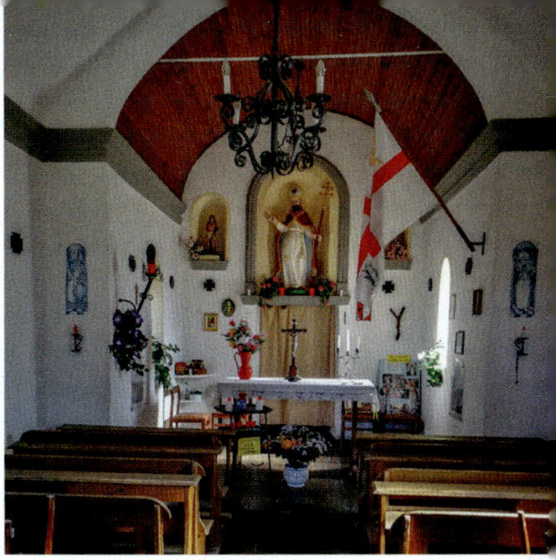

Wir gehen nach kurzer Rast rechts der Kapelle weiter und folgen den roten Strich-Punkt-Markierungen sowie dem Wegweiser Richtung Eremo del Deserto durch Macchia mit vielen Jungkiefern. Bei der Kreuzung am **Pass** 3, 342 m, genießen wir den Blick nach rechts zum prominenten Kirchlein Madonna della Guardia und links zum Monte Beigua. Ein paar Schritte nach links versetzt wandern wir nun zwischen den markierten Felsbrocken rechts vom Strommast abwärts und erreichen nach einer Rechts-Links-Serpentine die Furt am Rio Arenon, der im März gut Wasser führt; ist er nach Starkregen unpassierbar, quert man ihn 180 m weiter oberhalb. Über große Steine gelangen wir ans andere Ufer, wo wir nach ein paar Schritten talwärts halblinks auf engem, aber deutlichem felsigen Pfad (roter Strich mit Punkt) ein Stück steil ansteigen. Erst queren wir das kleinere Bachbett des Rio Senna, dann eine Art Macchia-Hochebene mit niederen jungen Schwarzkiefern und erreichen nach 600 m eine markante **Wegkreuzung am Kammsattel** 4, wo einige Bäume zu einer kurzen Rast einladen.

Wir gehen auf breitem Weg (roter Strich mit Punkt am Strommast) geradeaus und queren einen alten Erdrutsch zu einer Art Dreizackgabelung. Dort wandern wir mittig weiter entlang einer Stromleitung hinab (roter Strich mit Punkt an Felsen und am letzten Strommast) und passieren einen kleinen Talschluss mit Bächlein. Nach dem Weiler Case Isola stoßen wir auf das Asphaltsträßchen Via al Deserto, auf dem wir links am Parco-del-Beigua-Schild (roter Strich mit Punkt) vorbeigehen. Den Torrente Arrestro überqueren wir auf einer kleinen Brücke. Links der profanisierten Kapelle Sant'Anna di Cogorello führt eine zweite Brücke über den Rio Malanotte. 50 m danach gehen wir nach einem Natursteinhaus scharf rechts auf den Percorso Botanico, einen Ziehweg, der oberhalb des Gartens leicht ansteigt und um den Ausläufer führt, teilweise den Rio Malanotte entlang. Unser Pfad verlässt dann den Bach und wird steiler. Nach 180 m verlassen wir ihn beim Wegweiser und spazieren scharf links auf dem Sentiero Botanico zum Plateau Piano del Deserto mit dem 1616 erbauten Karmeliterkloster **Il Deserto** 5, 284 m (Infotafel).

Den Rückweg treten wir neben der linken Außenmauer des Konvents an und gehen an einem Bildstock vorbei auf ein Haus zu, vor dem wir scharf rechts abbiegen. Der Weg führt uns durch den Wald zu einem treppen-

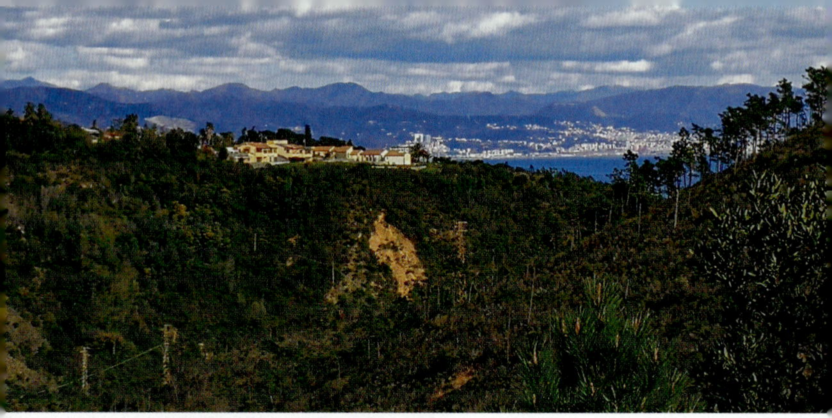

Auf dem Rückweg erspäht man hinter San Giacomo die Hafenstadt Genua.

artig an den Hang gebauten Haus. Auf der Zufahrt zur Asphaltstraße Via al Deserto, die zurück zu den Case Isola führt, wandern wir abwärts. Auf dem bekannten Herweg steigen wir wieder hinauf zur **Wegkreuzung am Kammsattel** 4 (→ Variante für kartenkundige und konditionsstarke Wanderer). Wir wandern an der Wegkreuzung auf dem hohlwegartigen, erdig-felsigen Ziehweg links abwärts und aussichtsreich um den Südausläufer des Bric della Costa herum zum Abzweig bei den **Case Costata** 6 (→ Hinweis). Dort steigen wir links talwärts an Häusern vorbei ab, queren ein Bachbett und verlassen nach 75 m unseren Weg (der geradeaus zur Kreuzung am **Pass** 3 zurückführen würde). Scharf links folgen wir einem Pfad, der am Nordufer des Rio Arenon entlangführt. Er mündet später in einen Fahrweg, der nach 500 m oberhalb einer Casetta im Olivenhain in die Via San Giacomo mündet. Auf dem Asphaltsträßchen queren wir nun sieben karge Nebenausläufer des Kammes links über uns – zum Schluss die beeindruckende Südflanke des mit roten Felsriffen und Felsblöcken durchsetzten Kammsporns Beffadosso. Wenig später passieren wir auf der Via San Giacomo (nach der Einmündung des Variantenweges) eine moderne Fattoria und kommen zu einer Kammsenke hoch über einem Tunnel der Ventimiglia-Trasse der A 10. 15 m nach den Zypressen erschließen wir uns mit einem Miniabstecher nach links über die Böschung und über eine alte Wasserleitung einen Aussichtspunkt am **Sattel** 7 mit Blick nach Osten. Den weiteren Kamm umgehen wir rechts und erreichen nach 400 m die moderne Ferienvillensiedlung Piani San Giacomo. Wir verlieren jetzt auf der Via San Giacomo rasch an Höhe und überqueren auf einer geländergesicherten Brücke die laute dreispurige Genua-Trasse der A 10 unter uns. Auf zwei Serpentinen gelangen wir rasch hinab zur Einmündung der Via San Giacomo in die SS 1 Via Aurelia, auf der wir 170 m nach rechts zur Bushaltestelle von **San Giacomo** 8 und zum Parkplatz zweier Restaurants spazieren.

↗ 530 m | ↘ 530 m | 7.2 km

5.15 h

Cima Fontanaccia, 1153 m – Monte Rama, 1148 m

Vom Rifugio Pratorotondo zum Felsensporn des Monte Rama

Bergerfahrene Wanderer, die einmal auf einen Tausend-Höhenmeter-Anstieg verzichten wollen, lieben diese Tour, weil sie an der Cima Fontanaccia bergsteigerisch und am Monte Rama mit grandiosen Fernblicken über das Ligurische Meer belohnt werden: Alpines Feeling so nahe am Meer – grandios!

Ausgangspunkt: Rifugio Pratorotondo, 1113 m, Parkplatz; Anfahrt von Varazze und Alpicella über den Monte Beigua.

Anforderungen: Beim Anstieg zur Cima Fontanaccia und am Steig vom Monte Rama hinab zur Casa Carbunea sind etwas Schwindelfreiheit und Trittsicherheit nötig, insgesamt auch Ausdauer. Die Mitnahme von Verpflegung und Wasser ist ratsam.

Einkehr: Rifugio-Ristorante Pratorotondo, Tel. +39 010 9133587, rifugiopratorotondo.it; Hotels, Bars und Restaurants in Alpicella.

Variante: Am Abzweig unterhalb der Cima Fontanaccia gehen Wanderer, die nur eine mittelschwere Tour machen wollen, geradeaus auf dem Pfad weiter der Hanglinie folgend direkt zum Monte Rama. Dort kehren sie dann um und wandern auf dem Herweg zum Rifugio Pratorotondo zurück.

Kombinationsmöglichkeit: Mit den Touren 43 und 46 zur schweren Zweitageswanderung oder auch zu einer Dreitageswanderung mit Tour 47, falls die Kondition und die Fitness der Beingelenke das erlauben: Bei der Ruine der Casa Carbunea geht man rechts statt links weiter und folgt den Markierungen (A im Kreis) zur Gabelung östlich der Casa Carbunea und linkshaltend zur Gabelung westlich vom Riparo Padre Rino. Dort steigt man nach links 325 m bis zur Einmündung am Passo Pian di Lerca in die Alta Via dei Monti Liguri an und wandert dann rechts auf dieser (schwarzes AV auf rot-weiß-rotem Grund, zwei blaue Punkte) über die Rocca del Groppazzo zur Rocca Vaccheria (GPX-Track steht zum Download bereit) und weiter zum Passo del Faiallo; Gehzeit Casa Carbunea–Faiallo 2 Std.; Übernachtung im Rifugio-Ristorante Pratorotondo und im Ristorante-Albergo La Nuvola sul Mare unter dem Passo del Faiallo; Tel. +39 348 8829978, falls man am dritten Tag zum Passo del Turchino weiterwandert. Beendet man die Tour schon in Faiallo, kostet das ohne Fremdhilfe ein Taxi zur Küste: Radiotaxi Pegli Tel. +39 010 6974260.

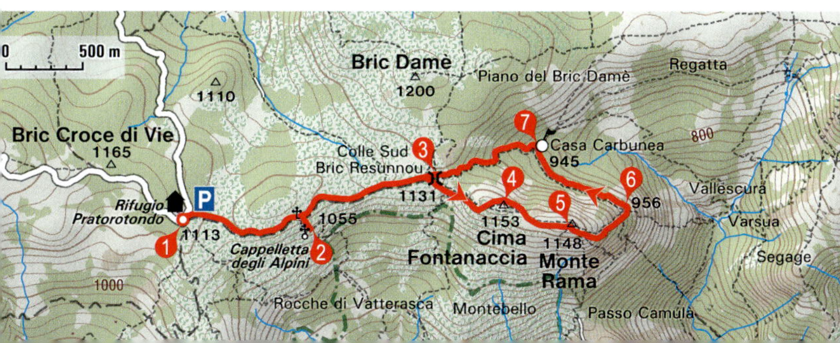

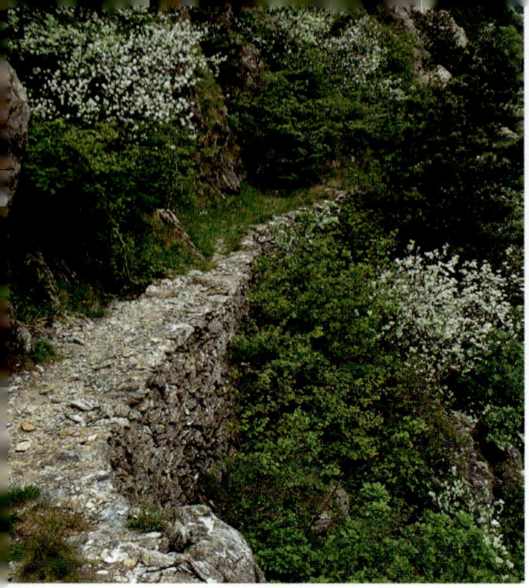

Der Nordflankenweg wurde ebenso mühsam wie gekonnt mit örtlichem Gestein in den steilen Felsabhang gebaut.

Beim **Rifugio Pratorotondo** ❶ überqueren wir die SP 57 zum Wegweiser bei der Schranke links vom Karten-Steinhäuschen und beginnen unsere Wanderung auf der rotweiß markierten Alta Via dei Monti Liguri Richtung Passo del Faiallo.
Auf dem Kiesweg queren wir die große »runde Almweide« pra riundu (Ligurisch) oder prato rotondo (Italienisch). Nach dem Felsensteinbruch kommen wir zur umzäunten **Cappelletta degli Alpini** ❷ mit Picknickbänken und Blick über den nahen Monte Sciguello, 1102 m, aufs Ligurische Meer. Wir passieren im Anschluss die zweite Hochebene und erreichen am Ende der weiten Weidefläche beim Wegweiser den **Colle Sud Bric Resunnou** ❸. Dort verlassen wir den AV-Weg nach rechts und folgen dem Wegweiser Richtung Monte Rama (gelbe Raute, zwei parallele rote Linien) zum Kamm hinauf, den wir zur Südseite queren. Dann wandern wir aussichtsreich zwischen markierten Felsen und Schrofen bergauf. So kommen wir zu einem Abzweig mit kleinem Wegweiser (→ Variante für Wanderer, die eine mittelschwere Tour bevorzugen: Sie gehen hier auf dem Pfad geradeaus weiter.)
Die Bergerfahreneren verlassen beim Abzweig den Flankenweg nach links aufwärts, umgehen eine Felsenkrone nach links (roter Pfeilwegweiser) und steigen durch ein Couloir (Schlüsselstelle) in leichtester Kletterei steil hinauf zum großen vertikalen Flusskiesel mit rotem Kreuz am Felsengipfel der **Cima Fontanaccia** ❹, 1153 m. Beim Abstieg verlassen wir den Herweg nach dem Couloir halblinks: Erst geht es auf der Kammwiese geradeaus, dann auf Pfadspuren halbrechts an mehreren dreieckigen Felsen vorbei und rechts um einen größeren Felsen hinab zurück zum Flankenweg (rote Raute, zwei parallele rote Linien), auf den wir scharf links zu einer pittoresken Schrofenscharte weitergehen. Nach einem Sattel wandern wir ein Stück die Südwestflanke des Monte Rama entlang, zweigen dann aber halbrechts ab auf den mit dem roten X markierten Pfad und besuchen den Westgipfel des Monte

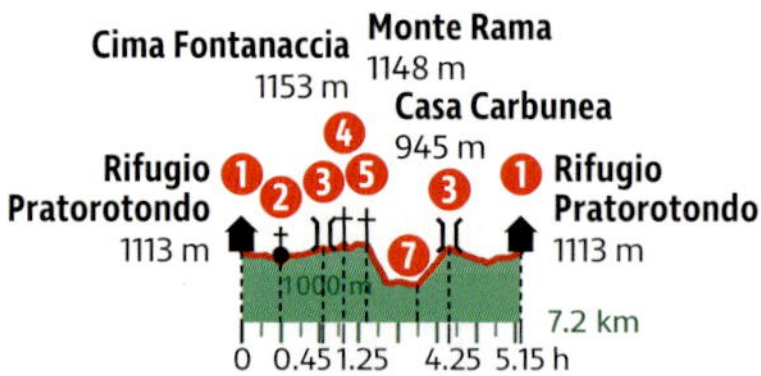

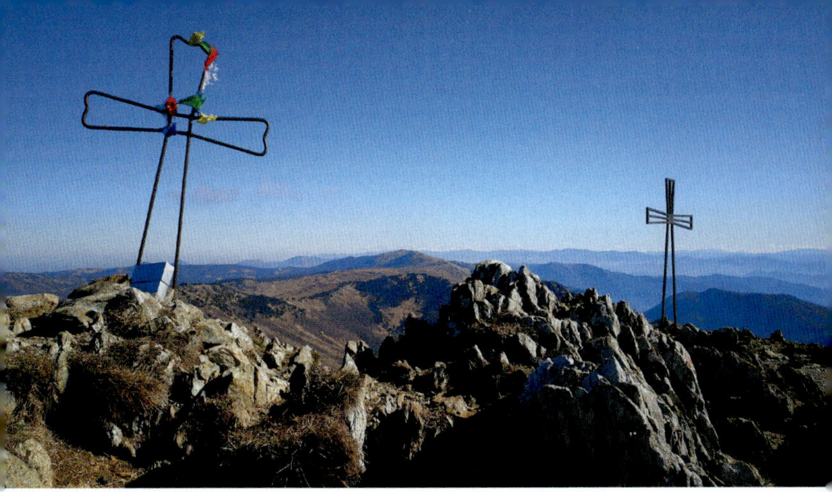

Die beiden Gipfelkreuze am Ostgipfel des Monte Rama.

Rama. Durch die nächste Felsenscharte gehen wir zurück zum Hauptweg und erreichen durch ein Hainbuchenwäldchen die beiden Gipfelkreuze am Ostgipfel des **Monte Rama** ❺, 1148 m. Nach der Gipfelrast gehen all jene, die die mittelschwere Variante gewählt haben, auf dem Herweg zum Rifugio Pratorotondo zurück.

Die Bergerfahrenen steigen 10 m unterhalb bei einer Expresssteigeinmündung nach links auf markierten Pfadspuren (roter Punkt) durch steinig-felsiges Gelände im Zickzack steil hinab. Wir passieren eine Wetterkiefer sowie eine weitere Pfadeinmündung und setzen unseren Abstieg linkshaltend vor den Schrofen (roter Punkt) fort bis zur Gabelung (Steinmänner) mit einem auf seiner Spitze stehenden Felsblock am linken Kammfelsen. Bei diesem **Abzweig** ❻ wechseln wir linkshaltend durch die Felsenscharte auf einen sensationellen Wandersteig (rotes A auf weißem Punkt): Streckenweise auf hohen Naturstein-Terrassenmauern durchqueren wir die grandiose Nordflanke unterhalb des Monte-Rama-Ostgipfels. Unterwegs schweift unser Blick über Schrofenbänder mit Couloirs, über Steilkare, Schuttreisen und Felsblöcke über das tiefe Rio-Carbonea-Tal nach Osten zum Monte Argentea, 1082 m und zur Rocca Neigra, 941 m. Der Terrassenweg führt danach durch Mischwald und wir kommen nach leichtem Auf und Ab bald hinaus zur Ruine der **Casa Carbunea** ❼, wo wir auf einen Querweg stoßen. Diesem folgen wir nach links (zwei parallele rote Striche, gelbe Raute) und steigen schweißtreibende 250 Hm steil bergan in den Talschluss. Oben erreichen wir beim Wegweiser den **Colle Sud Bric Resunnou** ❸ und wandern von da geradeaus per Herweg bequem über die beiden Hochebenen zurück zum **Rifugio Pratorotondo** ❶.

TOP

46

↗ 240 m | ↘ 240 m | 4.9 km

Monte Reixa, 1183 m – Rocca Vaccheria, 1166 m

2.00 h

Kammwandern light am Ligurischen Apenninhauptkamm

Eine unproblematische Höhenwanderung für die ganze Familie über den nach Ostern frisch begrünten Monte Reixa und auf dem Höhenweg der Ligurischen Berge zur Madonnenstatue auf dem Nachbargipfel Rocca Vaccheria. Obwohl die Tour nicht anstrengend ist, beschenkt sie einen mit beeindruckenden Ausblicken über die Italienische Riviera westlich der betriebigen Hafenstadt Genua.

Ausgangspunkt: Wanderparkplatz Faiallo, 1049 m, an der SP 40 in der Kurve unterhalb des Passo del Faiallo, noch vor dem Picknickplatz und dem Provinzschild an der Panoramastraße, auf der wir vom Passo del Turchino angefahren sind.
Anforderungen: Leichte Höhenwanderung; die Mitnahme von Wasser ist an heißen Tagen ratsam.
Einkehr: Ristorante-Albergo La Nuvola sul Mare beim Passo del Faiallo, Tel. +39 348 8829978.
Kombinationsmöglichkeiten: Mit den Touren 43, 45 und 47 ab Alpicella über den Monte Beigua zur schweren Dreitageswanderung, GPX-Track steht zum Download bereit: Von der Ruine der Casa Carbunea, wandert man zum Passo del Faiallo. Übernachtung im Rifugio-Ristorante Pratorotondo und im Albergo-Ristorante La Nuvola sul Mare. Falls man die Mehrtagestour hier beenden will, kann man sich dort auch ein Taxi zur Küste bestellen: Radiotaxi Varazze, Tel. +39 019 931010. Am dritten Tag wandert man vom nahen Wegweiser an der SP 73 auf dem Wanderweg Alta Via dei Monti Liguri (Markierung schwarzes AV auf rot-weiß-rotem Grund) zum Passo della Cerusa. 425 m dach verlässt man die SP 3 am Rechtsabzweig und kürzt durch den Wald hinauf zum Wegweiser an der SP 73 ab. Von dort steigt man erst zur Gabelung unter dem Bric del Dente und anschließend zum Bric del Dente an. Ab hier folgt man schließlich der Alta Via durchgehend gut markiert hinab zum Passo del Turchino: AMT-Bushaltestelle der Linea 1T nach Voltri, an der SP 73, Bar-Ristorante da Mario.

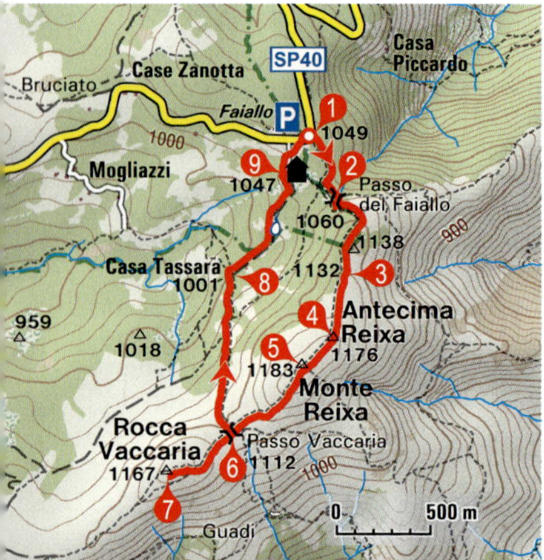

Vom **Wanderparkplatz Faiallo ❶** steigen wir, begleitet von den Markierungen der Alta Via dei Monti Liguri (schwarzes AV auf rot-weiß-rotem Grund), durch den Buchenwald in südlicher Richtung an zu einer Dreieckgabelung mit Wegweiser. Hier gehen wir links weiter zum nahen **Passo del Faiallo ❷**. Wir folgen nun den neuen Markierungen (rotes Viereck, rotes Andreaskreuz, zwei

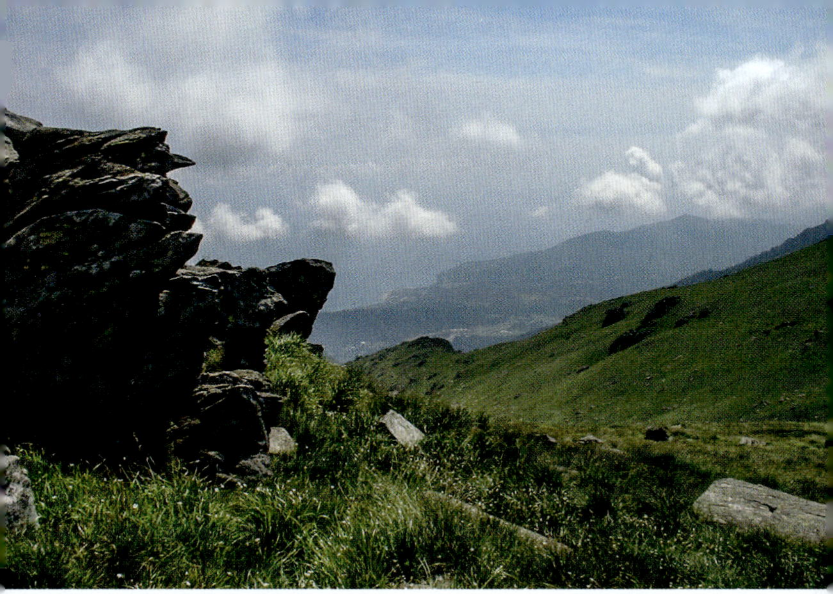

Blick vom Hauptkamm hinab nach Arenzano.

blaue Punkte) Richtung Monte Reixa und steigen auf dem Schotterweg zwischen Buchen über eine Linkskurve zum Kamm an, wobei er unterhalb der Kammkuppe Cima Faiallo steiler wird. Bald verlassen wir den Wald am Kamm und steigen zu zwei **Schrofen** ❸ hinauf (rotes Viereck, zwei blaue Punkte), wo sich der Blick über dem mit kleinen Felsspitzen gespickten Grashang hinab ins Rio-Secco-Tal öffnet.

Der jetzt aussichtsreiche, erdig-steinige Kammweg führt uns über Almmatten mit Steinhaufen und lang gezogenen, niedrigen Schrofenriffen aufwärts zur nächsten Kuppe. Nach links bietet sich ein Miniabstecher zum häuschenförmigen Gipfelpfeiler am **Monte-Reixa-Vorgipfel** ❹ (Antecima) an, wo wir den Blick Richtung Genua über den Containerhafen von Prà und den Flughafen Christoforo Colombo genießen, die beide ins Meer hinaus gebaut sind.

Zurück auf dem Kammweg steigen wir noch einmal 175 m leicht am Graskamm hinauf zum niedrigen Gipfelschrofen des **Monte Reixa** ❺, 1183 m, der von einem Eisenkreuz bekrönt wird. Daneben steht eine Genua zugewandte Marienfigur aus Bronze. Am Gipfelfelsen sehen wir

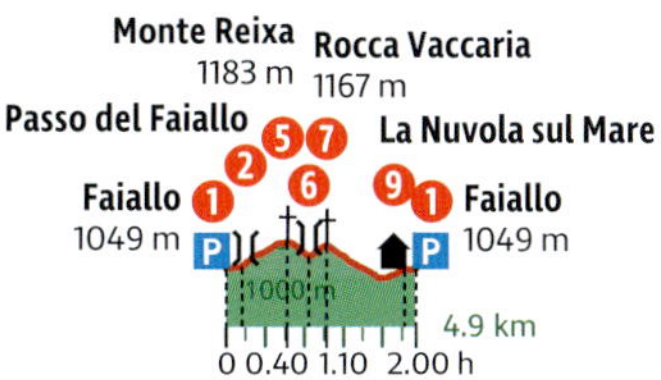

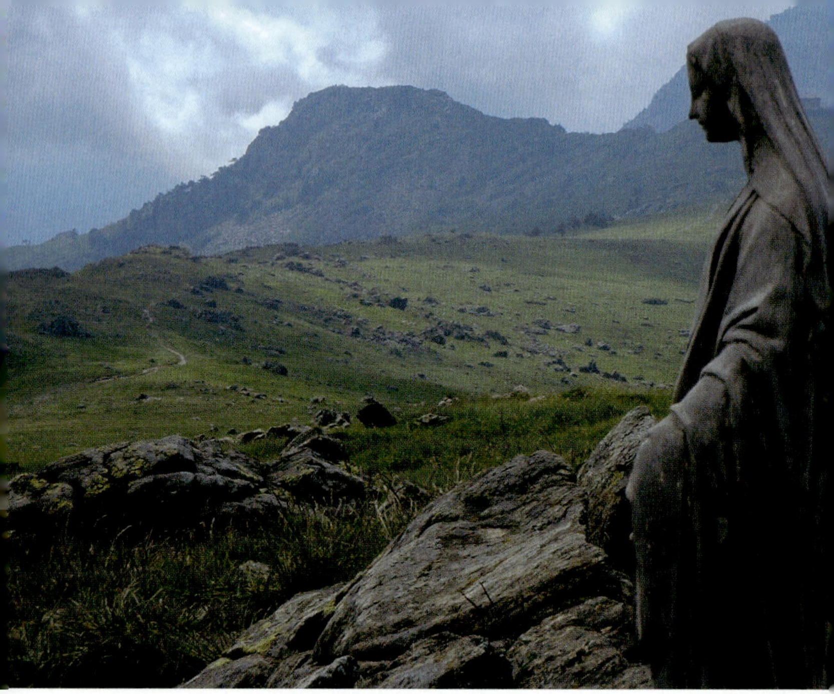

Die große Madonna-Immaculata-Figur an der Rocca Vaccheria.

rechts auch unsere Markierung (rotes Viereck): Die zwei blauen Punkte der F.I.E.-Markierung in der Mitte besagen, dass wir auf der anspruchsvolleren Variante der Alta Via dei Monti unterwegs sind, die über alle Kammgipfel führt. Weiter links am Felsen finden wir die grün umrahmte Gipfelbezeichnung »M. Reixa 1183 X ◻«.

Wir gehen anschließend leichten Fußes hinüber zum westlichen Vorgipfel mit einem Stock in der flachen Geröllkrone. Dann wandern wir über Wiesen hinab in den Sattel **Passo Vaccaria** ❻, wo drei Pfade von der Südostseite heraufkommen und einer nordseitig abgeht, den wir später benutzen werden. Zuerst steigen wir aber halblinks zum mit Felsbrocken übersäten Kamm an und nach einer Serpentine geradeaus zur 1984 hier aufgestellten, weithin sichtbaren Schutzmantelmadonna auf dem Gipfel der **Rocca Vaccaria** ❼, 1167 m. Wir stehen hier an der dem Meer nächstgelegenen Stelle des Apenninhauptkammes: Der Strand von Arenzano ist Luftlinie nur 4,9 km entfernt. Auch wenn es uns vielleicht gelüstet, hier auf der Alta Via nach Westen zum Rifugio Pratorotondo weiterzugehen, genießen wir jetzt lediglich den Blick zum Rifugio Argentea am Kamm zum prominenten Monte Argentea, 1182 m, und dahinter zum Monte Rama, 1148 m. Nach der Gipfelrast kehren wir um und wandern auf dem Herweg zurück zum **Passo Vaccaria 6**.

Dort setzen wir unseren Weg dann links über den Grashang – an vier Geröllreisen und einer Schwarzkiefernreihe vorbei – abwärts auf dem gut markierten AV-Weg (schwarzes AV auf rot-weiß-rotem Grund) fort und verlieren dann im Misch- und Buchenwald kontinuierlich an Höhe. Bei der **Casa Tassara 8** (Palazzina) mündet unser AV-Pfad im lichten Buchenhochwald in einen Fahrweg, auf dem wir nach rechts, begleitet von den AV-Markierungen, erst eben, dann wieder abwärts weiterwandern. Die Buchenstämme wachsen hier in büschelartigen Gruppen. Am üppigen Waldrand kommen wir dann ins Freie und gehen wenige Schritte hinüber zum Albergo-Ristorante **La Nuvola sul Mare 9**, wo wir einkehren und uns erfrischen können. Wer will, kann aber noch 100 m weitergehen und die Tische und Bänke der Area di Picnic für seine Rast nutzen. Nach der verdienten Erholungspause spazieren wir dann halblinks über den Picknickplatz und ein kurzes Stück nach rechts zur Kurve und zurück zum **Wanderparkplatz Faiallo 1**.

Auf der Kammnordseite wandert man durch Buchenwald hinab.

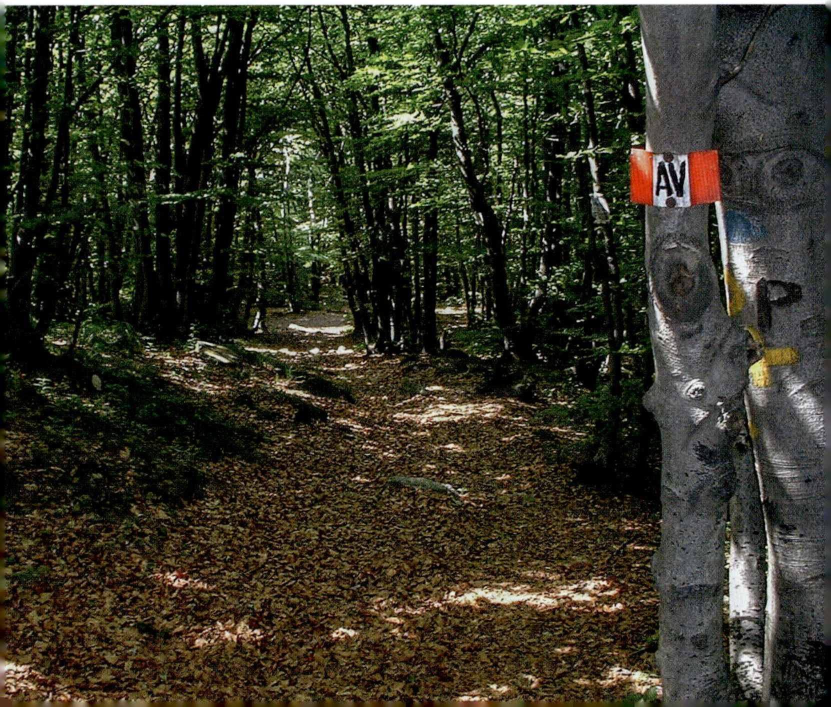

↗ 230 m | ↘ 230 m | 2.2 km

2.00 h

47 Bric del Dente, 1107 m

Ein aussichtsreicher Felsengipfel oberhalb von Arenzano

Von Osten gesehen ist der Bric Dente eine markante Bergspitze, die beim Näherkommen so richtig lockt, von uns bestiegen zu werden, vor allem, weil die bizarre Felsszenerie der Ostflanke ein Labyrinth an möglichen Anstiegen verspricht. Wir halten uns aber an die guten und häufigen Markierungen und werden für den felsigen Aufstieg mit einem sensationellen Panorama belohnt.

Ausgangspunkt: Sella del Barnè, 885 m, Parkplatz; mit dem Pkw von Masone via Passo del Turchino.
Anforderungen: Kurze, aber anstrengende Gipfeltour. Die Mitnahme von Proviant und Wasser ist deshalb ratsam.
Einkehr: Keine; Übernachtung und Bar-Restaurants am Passo del Turchino sowie am Passo del Faiallo.
Kombinationsmöglichkeit: Mit den Touren 43, 45 und 46 zu einer herausfordernden Dreitageswanderung Alpicella – Monte Beigua – Monte Rama – Monte Reixa – Bric del Dente – Passo del Turchino: Bis zur Ruine der Casa Carbunea wie in Tour 43 und 45 beschrieben, mit Übernachtung im Rifugio-Ristorante Pratorotondo. Oberhalb der Casa Carbunea (Tour 45) wandert man rechts statt links weiter, folgt dann den Markierungen (A im Kreis) nach Osten zur Gabelung über einer Schuttreise und von dort links hinauf zur Alta Via dei Monti Liguri. Rechtshaltend auf dieser (schwarzes AV auf rot-weiß-rotem Grund, zwei blaue Punkte) weiter zum Passo del Faiallo. Gehzeit Casa Carbunea – Faiallo 2.00 Std.; Übernachtung im Ristorante-Albergo La Nuvola sul Mare am Passo del Faiallo, Tel. +39 348 8829978. Am dritten Tag wandert man von Faiallo bis zur Gabelung am Sattel westlich vom Bric del Dente und steigt linkshaltend zum Gipfel an. Über den Vorgipfel und den Felssteig steigt man danach zum Wegweiser an der Sella del Barnè ab und wandert 1,6 km geradeaus auf der gut markierten Alta Via zum Wegweiser am Prato del Sambughetto und dann noch 650 m weiter zum Rifugio-Albergo Forte Geremia. Danach geht man zurück zur Alta Via und wandert dann schließlich 3,8 km gemütlich und aussichtsreich hinab zum Passo del Turchino, wo man die Alta Via nach links zur ATP-Haltestelle Turchino Nord am Verbindungssträßchen zur SP 456 verlässt. Links durch den 180 m langen Tunnel gelangt man zur ATP-Haltestelle Turchino Sud an der SP 73, Bar-Ristorante da Mario (GPX-Track steht zum Download bereit); Gehzeit Faiallo – Bric del Dente 1.45 Std., Bric del Dente – Turchino 2.30 Std.
Tipp: In der 1890 erbauten Höhenfestung Forte Geremia ist heute ein Rifugio für Fernwanderer eingerichtet sowie ein Agriturismo-Ristorante: In der Saison kann man hier ein Sonntagmittagsmenü genießen, Vorbestellung Tel. / WhatsApp +39 348 9988887.

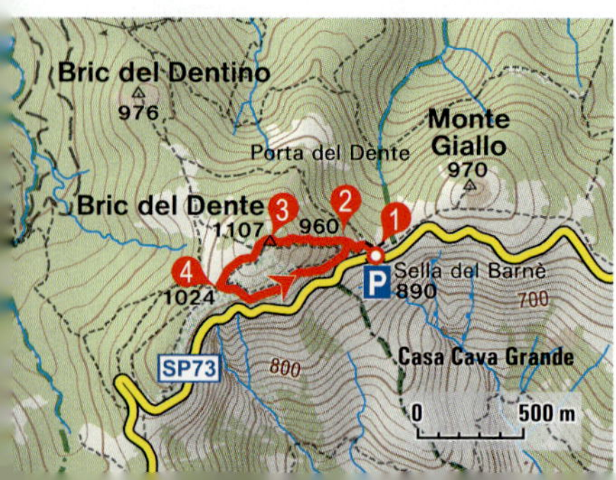

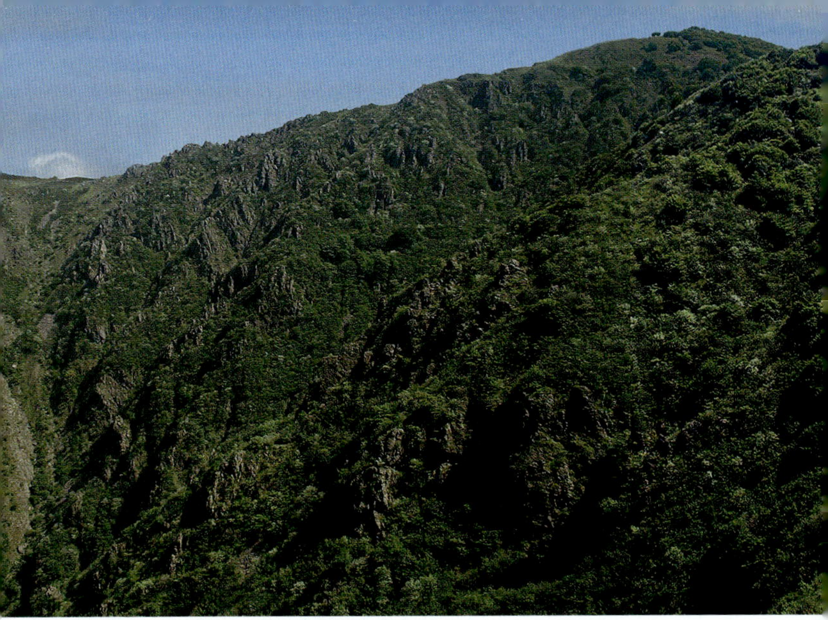

Blick von der Sella del Barnè zum Monte Reixa.

Am **Wanderparkplatz** an der **Sella del Barnè** ❶ überqueren wir die SP 73 zum Schild »Parco del Beigua« und gehen rechts hinüber zum AV-Wegweiser, wo wir uns nach links wenden. Auf Kammspuren halten wir uns zwischen zwei Tafeln bergauf, steigen halbrechts im felsendurchsetzten Gelände an, passieren zwei markierte Felsblöcke (zwei rote Kreuze, schwarzes AV auf rot-weiß-rotem Grund, zwei hellblaue Punkte) und kommen zu den ersten Schrofen mit zusätzlicher weiß-roter Markierung und rotem Richtungspfeil. Unser schmaler Felssteig führt jetzt durch sehr felsiges Terrain gut markiert steil aufwärts zu einer Gabelung, wo wir dem kleinen weißen **Gipfelwegweiser** ❷ mit verwittertem »DENTE« nach rechts aufwärts folgen. Die Direttissima (roter Strich) bringt uns in steilem Zickzack rasch hinauf zu einem Vorgipfel, den ein Holzpfahl bekrönt. Wir folgen unseren häufigen Markierungen in einen Minisattel und weiter in steilem Zickzack hinauf zu einem flacheren Gelände mit Kammwiesen. Den Südhang queren wir zu einer Felsnase und bleiben auch nach einem kleinen überhängenden Schrofen auf dieser Kammseite.

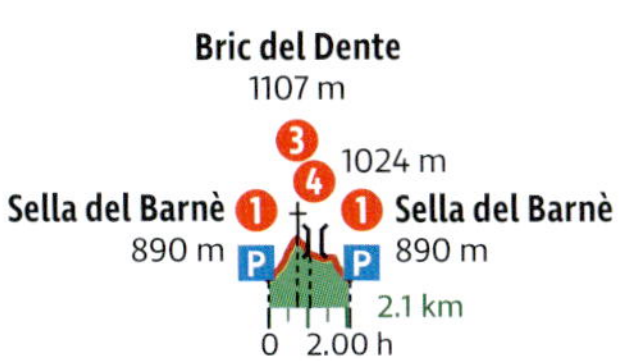

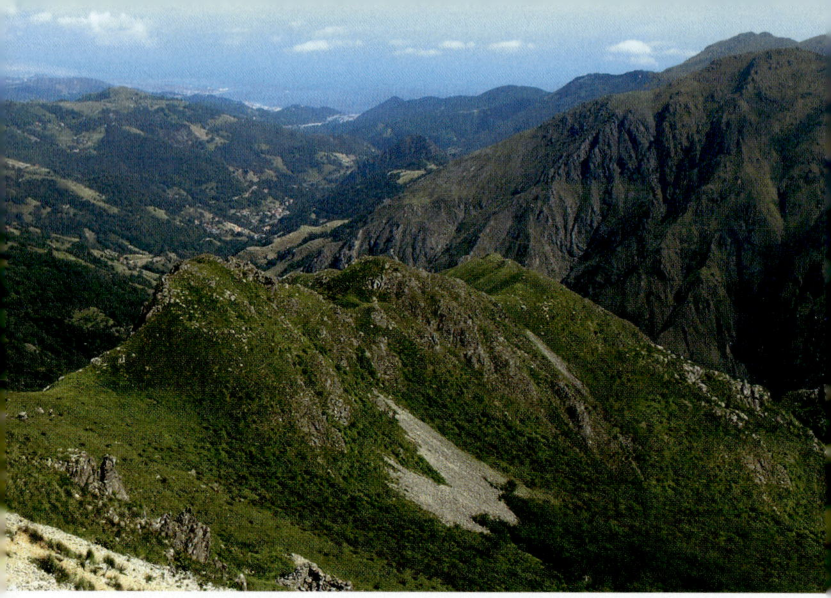

Die Ausblicke von der Panoramastraße SP 73 sind spektakulär.

Auf der Südflanke steigen wir schließlich zwischen Schrofen unschwer hinauf zum kleinen Gipfelplateau des **Bric del Dente** ❸, 1107 m, den ein Obelisk mit Kreuz bekrönt. Etwas links davon hilft uns eine Peilhalbscheibe bei klarem Wetter, die Gipfel ringsum zu bestimmen – der herrliche Rundblick belohnt uns nun für die Mühe des schweißtreibenden Felsenanstieges.
Nach dem Genuss des Panoramas über die Ligurische Küste im Süden und über die Langhe bis hinab in die Po-Ebene im Norden steigen wir durch die Westrinne der Felskrone des Gipfels ab und wandern anschließend bequem durch ein Hainbuchenfeld abwärts. Anschließend steigen wir ebenso locker über die Kammwiesen hinab, bis zu einer **Gabelung am Sattel** ❹ vor einem Schrofen. Hier setzen wir unseren Weg scharf links leicht abwärts fort und queren so den Dente-Südhang auf einem guten Wanderpfad (zwei rote Kreuze). Nach einer Engstelle mit Steinmannfamilie queren wir unter Schrofen ein erstes Hainbuchenfeld und nach einer großen Schuttreise mit Wildbachbett ein zweites. Wir queren die Südflanke weiter, passieren große markierte Felsen und gelangen zum **Gipfelwegweiser** ❷, den wir bereits vom Anstieg kennen.
Wir bleiben aber jetzt auf dem mit zwei roten Kreuzen markierten Pfad und steigen auf dem Herweg durch die imposante Felsenszenerie hinab zum Ausgangspunkt, dem **Wanderparkplatz Sella del Barnè** ❶.

↗ 900 m | ↘ 900 m | 10.2 km

TOP

7.30 h

Punta Martin, 1001 m

48

Ein langer steiler Gratanstieg oberhalb von Acquasanta

Ausgehend vom ruhigen Wallfahrtsort Santuario di Acquasanta im Val Leira finden alpin erfahrene Wanderer nach dem Genuss eines schönen Terrassenwanderpfades am Hang zum Rio Baiardetta ihre Herausforderung, sei es beim schweißtreibenden felsigen Gratanstieg zur Punta Martin oder bei einer Wasserfall-Wandereinlage am Wildbach, wozu dieser mit Geröll und Gumpen einlädt.

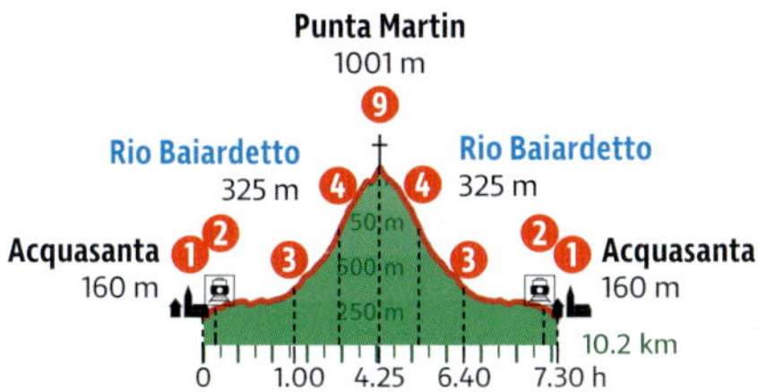

Am felsigen Grat müssen fünf schwierigere Passagen bewältigt werden, hier die Schlüsselstelle II.

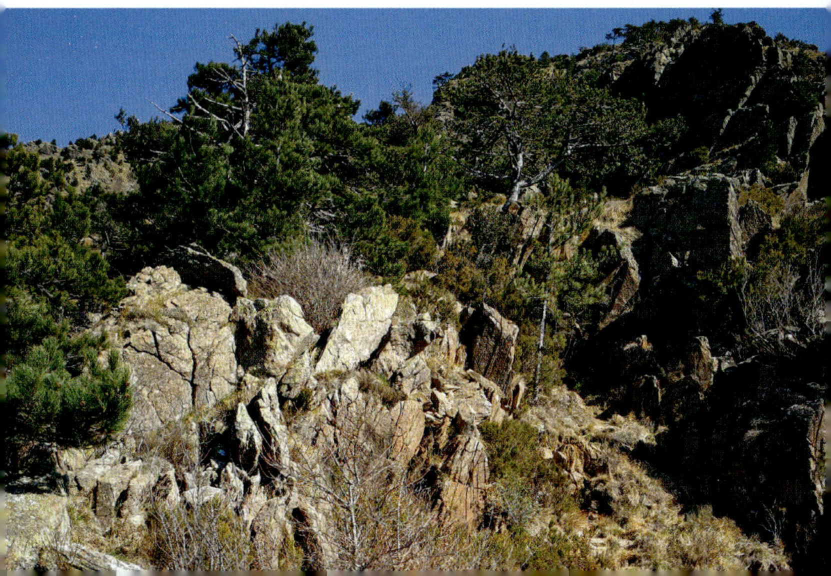

Ausgangspunkt: Acquasanta,160 m, Parkplatz am Santuario Nostra Signora Dell'Acquasanta; AMT-Bushaltestelle Santuario/Terme, Linie 101; mit der Bahn Stazione FS Acquasanta.
Anforderungen: Anstrengende Bergtour, bei der Kondition, Trittsicherheit und Schwindelfreiheit Voraussetzung sind. An den fünf Schlüsselstellen fasst man auch mal mit der Hand an den Fels (DAV/CAS Schwierigkeitsgrad T3). Die Mitnahme von Verpflegung sowie viel Wasser ist an heißen Tagen ratsam.
Einkehr: Hotels und Bar-Restaurants in Acquasanta und Mele.
Variante: Wer im Sommer zeitig aufbricht, kann bei sicherem Wetter auf dem Rückweg am Wildbach Rio Baiardetta aufwärts wie abwärts Wasserfallwandern, sich in Gumpen abkühlen und danach zur Furt zurückkehren.
Hinweis: Die Tour ist bei Schnee und Eis im Januar/Februar als Wanderung nicht machbar, da wären Steigeisen, Halbseil und Pickel notwendig.
Kombinationsmöglichkeit: Mit Tour 49, 9 Std. reine Gehzeit: Für den Abstieg nach Acquasanta können alpin erfahrene und konditionsstarke Frühaufsteher an langen Sommertagen auch von der Punta Martin in östlicher Richtung unschwer zum Monte Penello hinüberqueren, den Sentiero F über die Punta Pietralunga wählen und so nach Acquasanta zurückkehren.
Tipp: Südlich der Bushaltestelle am Ausgangspunkt kann man nach der Tour im Spa Terme di Genova kuren oder saunen, basisches Thermenwasser pH-Wert 11,45; Öffnungszeiten beachten, laviadelleterme.it/terme-di-genova/.

In **Acquasanta** ❶ gehen wir vom F.I.E.-Wanderkartenschild nahe der Bushaltestelle unterhalb des Parkplatzes vor der Wallfahrtskirche nach links und folgen auf der Mulattiera den Markierungen (roter Strich mit Punkt, schwarzes F auf rot-weiß-rotem Grund, rotes Quadrat) aufwärts. Dabei überqueren wir zweimal die Asphaltstraße und einen Bach. Oben stoßen wir auf den Bahnhofsplatz bei der Stazione **FS Acquasanta** ❷ und gehen rechts auf der Bahnhofstraße weiter (Bahnreisende steigen hier in die Route ein).

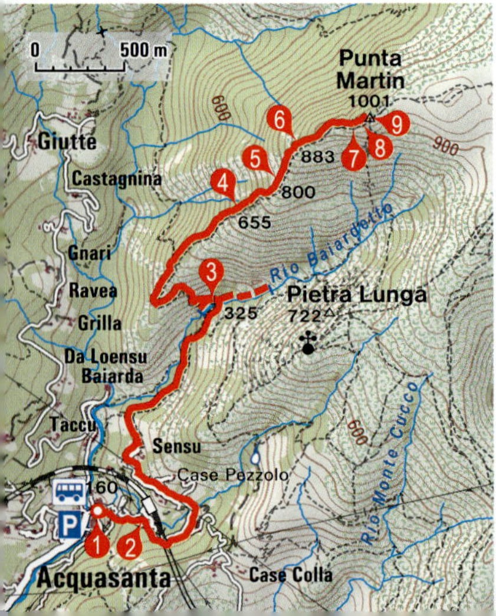

Wir überqueren den Rio Condotti und kommen an eine Straßengabelung, wo wir halblinks auf Serpentinen zum Bahnübergang weitergehen. Nach 150 m verlassen wir das Sträßchen nach links und folgen den Markierungen (rotes Quadrat). Nach einer Rechtskurve in der Nähe eines Mobilfunkmasts kommen die anstiegsrelevanten Markierungen (roter Strich mit Punkt) hinzu. Auf einem schönen Terrassenweg (roter Strich mit Punkt, weiß-rote und neonfarbene Markierungen) gewinnen wir langsam an Höhe und erreichen nach zwei Rinnsalen und durch

Felszinnen lassen die Punta Martin wie eine Festung erscheinen.

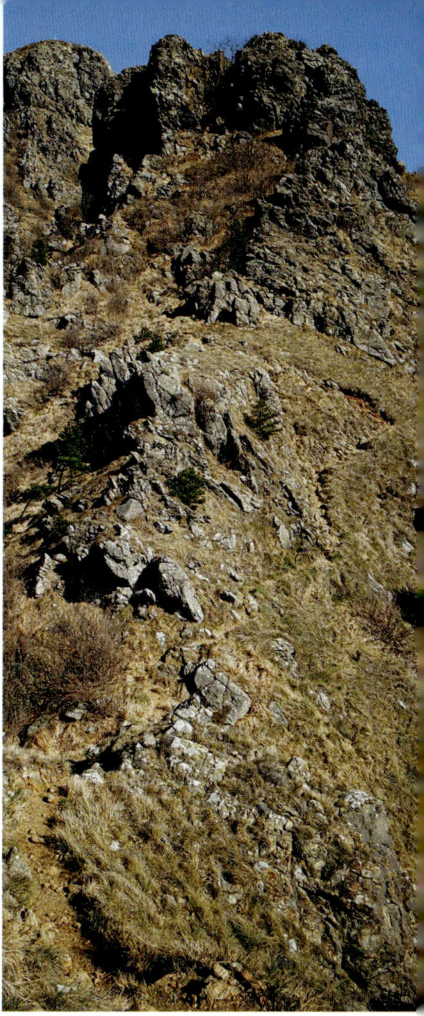

weniger steiles Macchiagelände den Wegweiser »Punta Martin 2.20« in der Rione Gazeu. Dann überqueren wir den im Sommer schmalen, sonst reißenden Bach **Rio Baiardetto** ❸ an einer je nach Jahreszeit geeigneten Stelle (Felsmarkierung) und steigen gegenüber (Pfeilmarkierung) halblinks stetig an.

Es folgen einige Serpentinen, dann wird der schmale Weg eine Weile ebener. Nach einem kurzen Anstieg gelangen wir zum Kamm (roter Strich mit Punkt) des steilen Südwestausläufers der Punta Martin. Ein langes Stück führt uns der steinig-felsige Fußpfad zwischen Baumheide und jungen Schwarzkiefern steil aufwärts, teils direkt am Kamm, teils am felsblockübersäten linken Hang darunter. Bald kommen wir in eine Felsenlandschaft (Steinmann und Markierungen), wo wir die gigantischen Kammfelsen der Cima Legea links umgehen. Dann wird der Steig deutlich steiler und wir erkämpfen uns den Kamm ein weiteres Mal.

Nach zwei felsigen Scharten queren wir zu einem schieferig-steilen **Hohlweg** ❹ (Schlüsselstelle I, roter Strich mit Punkt), durch den wir zum Kamm zurück müssen: Hier darf man die Hände zu Hilfe nehmen. Nach einem kurzen Stück auf dem Kamm steigen wir links von ihm – etwas unterhalb – weiter an. Dann nähern wir uns rechts einem Felsen und steigen unter einer Wand im Zickzack an einem Wasserrinnsal vorbei sehr steil aufwärts (roter Strich mit Punkt). Zum Schluss geht es an überhängenden Felsen entlang hoch zum Kamm, wo die Hochstammkiefern Latschenkiefern weichen. Trittsicherheit und Schwindelfreiheit brauchen wir bei der

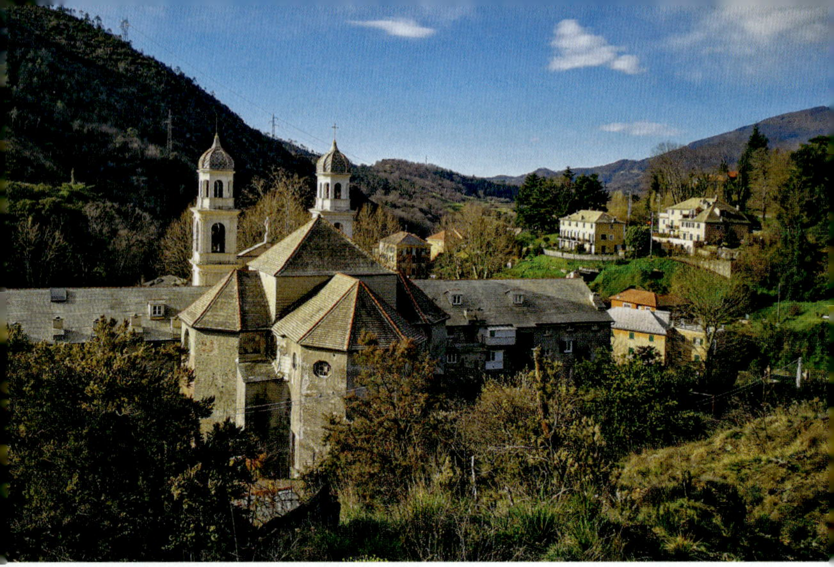

In Acquasanta, dem wegen seines Heilwassers gepriesenen Spa von Genua, startet und endet die Tour.

Passage der **Scharte** ❺ (Schlüsselstelle II). Wir gewinnen nach dem Felsgrat am Kamm im Zickzack an Höhe und steigen rechts vom Kamm über die Felsplatten vor der **Rocca Calù** ❻ (Schlüsselstelle III) zu einem weiteren Felsgrat hinauf.

Über mehrere Vorgipfelchen und Scharten kommen wir auf den nächsten 300 m etwas rechts unterhalb oder auf dem aussichtsreichen Kamm dem Gipfel immer näher. Nach einer **Rinne** ❼ (Schlüsselstelle IV) gelangen wir wieder zum Kamm und zu einem **Felsentor** ❽ (Schlüsselstelle V). Nach der Scharte umgehen wir einen größeren Kammfelsen links und erreichen den nächsten Sattel. In der steilen Kammrinne gewinnen wir schließlich noch einmal rasch an Höhe, umgehen danach die Kammspornfelsen auf luftigem Steig erst links, dann rechts und erreichen zwischen Felsblöcken entlang einer fähnchenbespickten Leine binnen Kurzem das Gipfelkreuz auf dem mächtigen, konischen Felsgipfelblock der **Punta Martin** ❾, 1001 m. Oben angekommen, ist man oft überrascht über die vielen Gipfelbesucher – der von der Meerseite so anspruchsvolle Gipfel ist von der Hochebene Piani di Praglia aus ohne große Höhendifferenz auch für Normal- und Streckenwanderer zugänglich.

Der Abstieg erfolgt auf dem Herweg, wo wir unsere Füße bei einer Rast am **Rio Baiardetto** ❸ abkühlen können (→ Variante). Danach wandern wir gemütlich zurück zum Ausgangspunkt in **Acquasanta** ❶.

↗ 900 m | ↘ 900 m | 12.0 km

6.30 h

Monte Penello, 998 m

49

Ein langer Kammanstieg ins Hochland

Eine Wanderung zum Monte Penello über die Colla Baiarda ist wegen der vielen Höhenmeter anstrengend. Beim Abstieg über die Punta Pietralunga jedoch genießen erfahrenere Bergfexe sogar Bergeinsamkeit und am Grat eine intakte Flora. Im Juni sprießen selbst aus kleinsten Felsspalten orange leuchtende Feuerlilien.

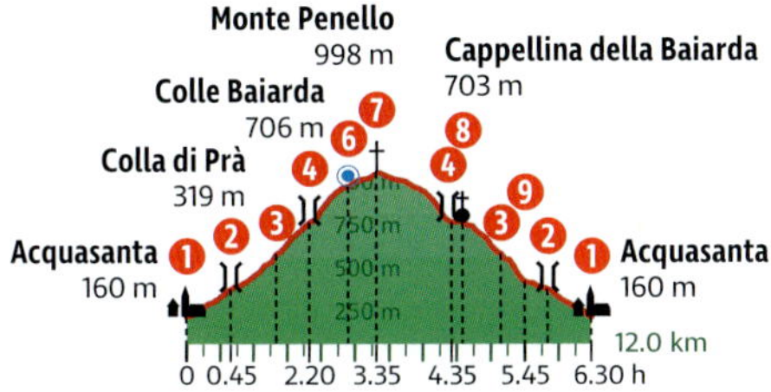

Ausgangspunkt: Acquasanta, 160 m, Parkplatz beim Santuario Nostra Signora Dell'Acquasanta; AMT Linea 101 Haltestelle Santuario/Terme; mit der Bahn Stazione FS Acquasanta, Einstieg in die Tour an der Bahnhofstraße.
Anforderungen: Anstrengende Bergtour, bei der Kondition, Trittsicherheit und Schwindelfreiheit Voraussetzung sind; Mitnahme von Verpflegung und viel Wasser ist an heißen Tagen ratsam.
Einkehr: Hotels und Bar-Restaurants in Acquasanta und Mele.
Variante: Nach der Gipfelrast gehen erfahrenere Bergwanderer auf dem Herweg zurück zur Fünfwegekreuzung und kommen nach 130 m zum Abzweig des Kammweges. Auf Pfadspuren über den Monte Fontanabuona und hinab zum Colle Baiarda. Nach einem 60-m-Abstecher nach rechts zum Monte Pietralunga geht man dann geradeaus zur Cappellina della Baiarda. Alpin Erfahrene steigen ab hier auf dem Sentiero F (Frassati) am felsigen Kamm, wo im Juni Feuerlilien blühen, 200 m im Zickzack steil ab, auch nach einem 45-m-Abstecher nach rechts zur Madonnina an der Punta Pietralunga und nach einer Serpentine immer auf dem Felsenkamm bis zur Coletta di Termi. Dort links weiter zum Rio Condotti hinab und nach Querung zur Doppelgabelung beim Wasserhaus dann regulär weiter.
Hinweis: Bei Schnee zum Teil nicht begehbar!
Kombinationsmöglichkeit: Mit Tour 48, 9 Std. reine Gehzeit: Für den Abstieg nach Acquasanta können alpin erfahrene Wanderer von der Punta Martin in östlicher Richtung zum Monte Penello hinüberqueren, den Sentiero F über die Punta Pietralunga wählen und nach Acquasanta zurückkehren.
Tipp: Südlich der Bushaltestelle am Ausgangspunkt kann man nach der Tour im Spa Terme di Genova kuren oder saunen, basisches Thermenwasser pH-Wert 11,45; Öffnungszeiten beachten laviadelleterme.it/terme-di-genova/.

Von der Bushaltestelle unterhalb des Wanderparkplatzes bei der Wallfahrtskirche in **Acquasanta** ❶ gehen wir nach links und folgen auf der Mulattiera den Markierungen (roter Strich mit Punkt, schwarzes F auf rot-weiß-rotem Grund, rotes Quadrat) aufwärts. Dabei überqueren wir zweimal die Asphaltstraße und einen Bach. Oben stoßen wir auf den Bahnhofsplatz bei der Stazione FS Acquasanta und gehen rechts auf der Bahnhofstraße weiter (Bahnreisende steigen hier in die Route ein).

Wir überqueren den Rio Condotti und kommen an eine Straßengabelung, wo wir nach links auf einem kurvigen Teersträßchen (weiß-rote Markierung) zum Bahnübergang und danach zunächst geradeaus zu ein paar Häusern weitergehen. Dann steigen wir in Serpentinen knapp 700 m durch den Mischwald zu einer Kreuzung mit Wegweiser hinauf. Dort verlassen wir bei der **Colla di Prà** ❷ den Asphalt und gehen 25 m nach links hinüber zur Gabelung östlich, wo später unser Rückweg einmünden wird.

Wir folgen der Markierung am Zaun (rotes Quadrat) und dem Fahrweg Sentiero Ligure hinauf zur Überlandleitung. Dann geht es auf drei Serpentinen am Hang schweißtreibend zur nächsten Überlandleitung. Unser Sentiero Carlo Poggio nähert sich nun nach links dem Kamm, wo wir eine kleine Kreuzung erreichen. Der Kammweg führt uns 400 m geradeaus zum Wegweiser in der Rione **Moccio** ❸. Durch ein niedriges Kiefernwäldchen steigen wir am Kamm weiter an, queren die Westflanke eines Monte-Cuccio-Ausläufers und überqueren im Talschluss ein Bächlein, den jungen Rio Condotti.

Bei der Pfadgabelung 40 m danach steigen wir rechts auf dem deutlicheren Pfad direkt und steil an zum originellen Wegweiser am **Colle Baiarda** ❹. Rechtshaltend wandern wir ein langes Stück auf dem schattenlosen Kammweg bergan, am benachbarten **Monte Cuccio** ❺ vorbei und von dort noch einmal 400 m zum Picknickplatz bei der Quelle **Fontanabuona** ❻. Wir gönnen uns eine kleine Trinkpause, denn wir haben nur noch 85 Hm zu bewältigen. In aller Regel kühlt uns hier ein Kammlüftchen, oft aber auch der böige Nordwind.

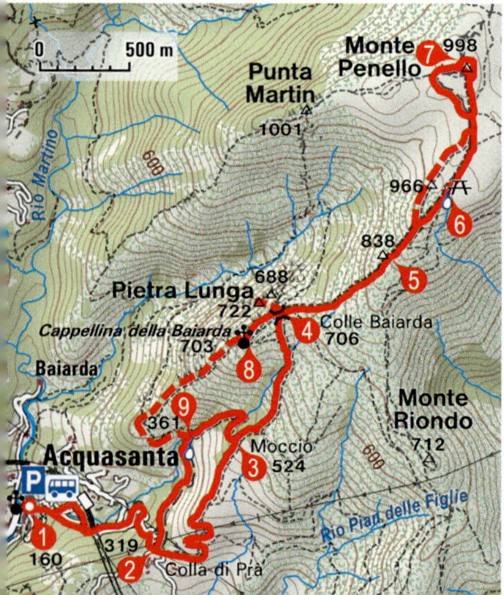

Wir bleiben unserem Weg, der sich zu einer steinigen Offroadpiste verbreitert, in bisheriger Richtung noch 340 m treu und verlassen ihn erst bei einer Fünfwegekreuzung.

Das letzte Stück steigen wir direkt nach Norden an zum Bivacco Arnaldo Bellani (CAI ULE Sestri Ponente,

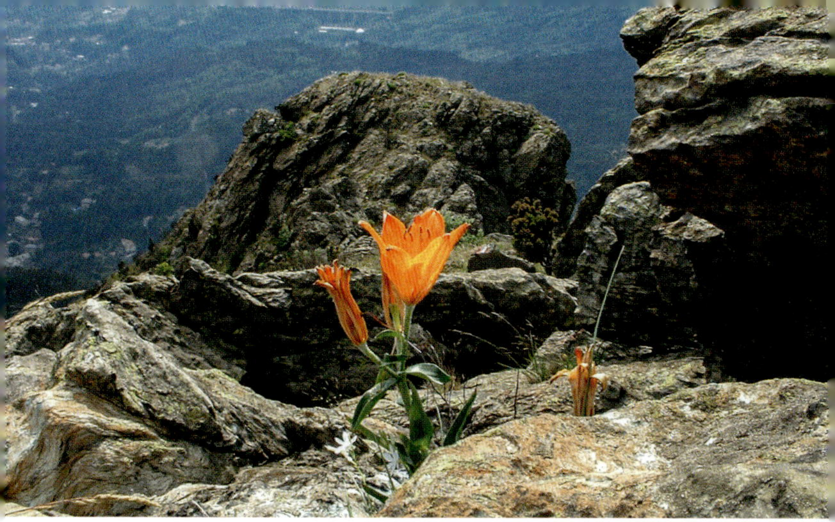

Beim Abstieg zur Coletta di Termi sieht man im Juni Feuerlilien.

info@caisestri.com) und zum 25 m nördlicher gelegenen Bivacco Zucchelli-Bruzzone (GEP Pegli, AVML) am unscheinbaren **Monte Penello** 7, 998 m. Nach der Gipfelrast kehren wir auf dem Herweg zurück zur Fünfwegekreuzung (Abzweig für Bergfexe → Variante für den Abstieg), passieren an der Fontanabuona-Quelle vorbei den **Monte Cuccio** 5 und gelangen weiter unten wieder zum Sattel **Colle Baiarda** 4. Hier gehen wir jedoch auf dem Kamm geradeaus weiter zur **Cappellina della Baiarda** 8 (→ Variante). Von dort wandern wir nach links hinab Richtung Moccio. Wir queren durch ein lichtes Latschenkiefernfeld zum Hang unterhalb des Colle Baiarda, wo wir wieder auf den Herweg treffen. Auf ihm wandern wir zurück bis zum Wegweiser **Moccio** 3. Hier verlassen wir (außer bei Bach-Hochwasser) jetzt den Herweg und zweigen (am Felsen weiß-rot avisiert) nach rechts ab (Wegweiser Acquasanta 0.45). Im Kiefernwald steigen wir zuerst steil ab und dann durch blockiges Terrain taleinwärts zum Rio Condotti, den wir an der markierten Stelle überqueren. Erst rechts, dann links folgen wir dem rauschenden Wildbach eine Weile, steigen leicht an und spazieren dann auf einem ebenen Steinschuttweg weiter. Nach einer Serpentine kommen wir rasch hinab zur Doppelgabelung beim **Wasserhaus** 9.

Wir wandern nun linkshaltend 640 m in sanftem Auf und Ab auf dem Sentiero Frassati (schwarzes F auf rot-weiß-rotem Grund) hinaus zur Gabelung östlich der Colla di Prà. Rechtshaltend geht es 25 m zur **Colla di Prà** 2. Auf dem bekannten Herweg entweder zurück zum Bahnhof oder kurz vor der Brücke über den Rio Condotti nach links und ab der nächsten Serpentine auf dem Herweg zum Wanderparkplatz in **Acquasanta** 1.

↗ 400 m | ↘ 400 m | 14.4 km

50 Die Seen des Gorzente

4.45 h

Rundwanderung um den Lago Lungo und den Lago Bruno

Ein Naturlehrpfad führt durch das einsame Hochland zu den zwei Trinkwasserseen. Dort hat die Feuchtigkeit in Ufernähe zu einer Veränderung der Flora und Fauna geführt. In den Feuchtbiotopen kann man im Sommer neben Amphibien auch Schlangen sichten, die dann in der Paarungszeit weniger scheu sind und bei direkter Annäherung sogar aggressiv werden können.

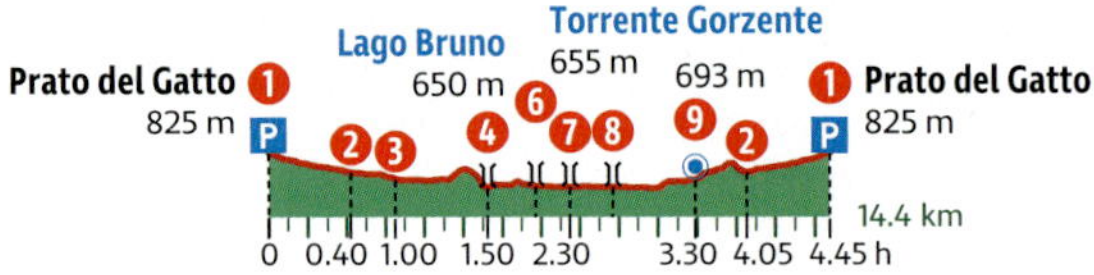

Ausgangspunkt: Prato del Gatto, 825 m, Wanderparkplatz an der SP 4.
Anforderungen: Mittelschwere Wanderung auf markierten Pfaden und Forstwegen. Die Mitnahme eines Wanderstockes, einer Taschenlampe, von ausreichend Verpflegung und viel Wasser ist an heißen Tagen ratsam.
Einkehr: Keine; Piani di Praglia, 2,5 km westlich des Prato del Gatto: Albergo-Ristorante Pino, Tel. +39 010 721410; Trattoria Chelina, Tel. +39 010 721426.

Vom Wanderparkplatz **Prato del Gatto** ❶ starten wir nicht auf dem AV-Weg, sondern halblinks auf dem Sentiero Naturalistico dei Laghi del Gorzente, der zuerst an einem rötlich getünchten Ferienhaus vorbeiführt und 50 m später das Fahrsträßchen gut beschildert nach rechts verlässt.
Auf dem erdig-steinigen Wanderweg (schwarzes SN auf rot-weiß-rotem Grund, gelber Punkt) wandern wir die nächsten 1,3 km durch einen flachen Talgrund und zwischen kieferndurchsetzten Magerwiesen immer leicht abwärts. Dann passieren wir vor und in einer 90°-Linkskurve zwei Einmündungen von rechts. 200 m danach kommen wir am markanten Felsen Pietra del Grano vorbei, bevor wir kurz darauf nach links ein Wiesenbächlein queren, das den Lago Bruno speist. Nach 300 m macht unser Pfad bei der **Gabelung** ❷ des Sentiero Naturalistico dei Laghi del Gorzente erneut eine 90°-Linkskurve. Wir wandern immer ein Stück links des Baches weiter. 300 m später, bei einer Einmündung von links, führt unser Weg über den Kamm und durch üppiger werdenden Laubwald hinab zu einer Rechtskehre und zur Furt über den Rio Ciapuzzi. Kurz darauf mündet von links ein Pfad ein und nach 60 m kommen wir zum steinigen Bachbett des **Rio Lischeo** ❸, wo wir über große Steinblöcke auf die orografisch linke Seite des Baches hinüberwechseln. Dort gehen wir zum Wegweiser und

folgen dem Sentiero Naturalistico dei Laghi del Gorzente durch dichten Laubwald zu einem niedrigen Geschiebedamm und dann 1,1 km stets in Ufernähe das piemontesische Westufer des Lago Lungo entlang. Knapp 300 m nach der Schwarzkiefer am Kap verlassen wir vor der Staumauer am Nordende des Sees den Uferweg nach links. Auf dem Sentiero Naturalistico dei Laghi del Gorzente (roter Strich) steigen wir an und genießen bald nach einer scharfe Rechtskurve zwischen den Bäumen den Blick hinab auf den unteren Stausee mit seiner Stahlbrücke und dem Inselchen in seiner Mitte, durch welches die Grenze Piemont-Ligurien verläuft.

Durch den üppigen Laubwald wandern wir in nördlicher Richtung zum Lago Bruno hinab, wo wir 80 m nordwestlich der Stahlbrücke den westlichen Uferweg erreichen. Ein kleiner Abstecher führt uns auf die Brücke über den **Lago Bruno** ❹, um die Aussicht über den See zu genießen. Wir könnten die Tour hier verkürzen und bereits jetzt über die Brücke zur Rastbank und zum Wasserhahn beim jenseitigen Sacrario di Passomezzano hinüber und anschließend zur Partisanen-Gedenktafel am Ostuferweg des Lago Lungo weiterwandern.

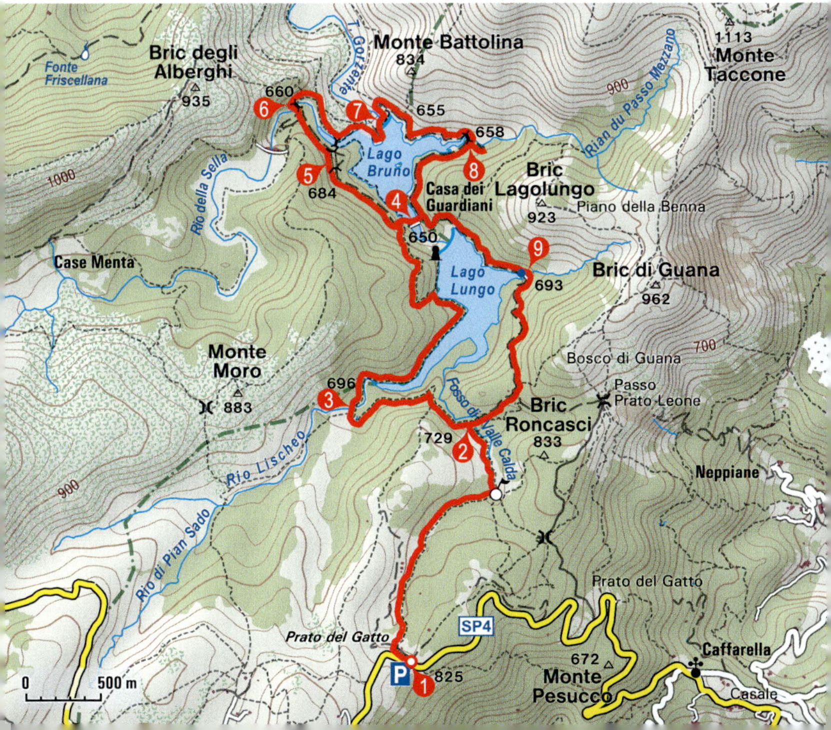

Wir jedoch wagen die Umrundung des Lago Lungo in der Hoffnung, dass das Stahlgittertor an der Gorzente-Staudammkrone offen ist. Wir machen also auf der Brücke kehrt und wandern an der Einmündung unseres Herwegs vorbei und auf dem Fahrweg oberhalb des Lago-Bruno-Westufers sanft ansteigend zu einem 100 m langen, streckenweise nassen **Tunnel** 5, den wir, mit Taschenlampe und Stock (Schlangen) gewappnet, durchqueren – oder ihn auslassen, indem wir ihn halbrechts über den Ausläufer umgehen. 200 m nach der jenseitigen Tunnelöffnung kommen wir an eine Gabelung. Hier gehen wir rechtshaltend auf Fahrspuren abwärts. Wir erreichen die Brücke über das Bett des Abflusses **Rio della Sella** 6 unterhalb des ehemaligen Stausees Lago Badana. Am jenseitigen Hang steigen wir auf einem schmalen Fußpfad Richtung Kamm an und wandern bei der ersten Gabelung am Kamm rechts zum fjordähnlichen westlichen Seearm des Lago Bruno hinab.
Auf dem Uferweg kommen wir zum ersten Staudamm, den wir auf einem stählernen Fußgängersteg überqueren. Am Ende führt der Steg nach links hinaus auf einen Fußpfad, auf dem wir zwischen Felsblöcken, Schwarzkiefern und Büschen auf eine Landzunge hinausgehen. Unser Pfad weitet sich dort zum Fahrweg, der uns nach links zum Beginn der mächtigen Talsperre **Torrente Gorzente** 7 bringt. Ihr breiter Dammkronenbetonweg wird bei Hochwasser mit Gittertoren verschlossen. Meist ist er aber offen und wir können ihn zu Fuß überqueren.
Am jenseitigen Ende verlassen wir den Damm erst nach links, folgen dann nach 70 m einem Fahrweg in eine scharfe Rechtskehre und wandern nun oberhalb des Nordufers 200 m in Richtung Osten weiter. Von links kommt der Grenzkammpfad vom Monte Figne herab. Auf unserem Fahrweg Sterrata dei Laghi oberhalb des Ufers genießen wir den Blick auf den Lago Bruno und sein Inselchen. Wir queren einen Zulauf über eine **Brücke** 8. Wenige Schritte danach können wir, soferm der Bach Wasser führt, einen 150-m-Abstecher durch den Wald hinauf zu einem aufgestauten Gumpen im

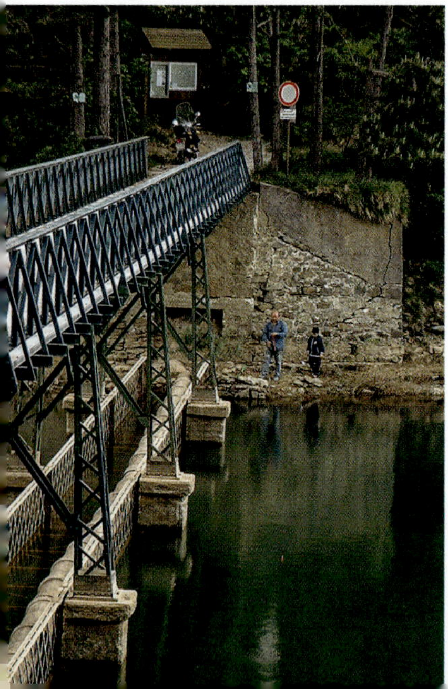

Am Wochenende sieht man am Lago Bruno Sportfischer.

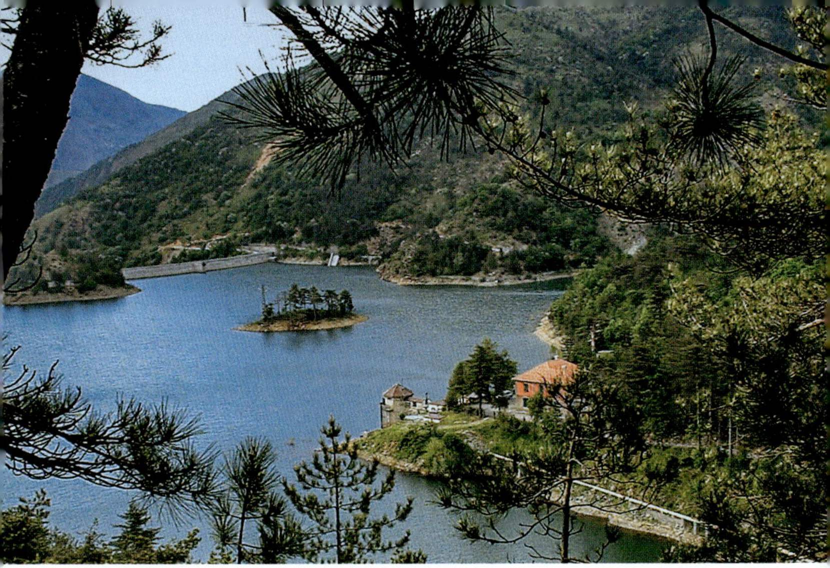

Jenseits des Inselchens im Lago Bruno erkennt man die Gorzente-Talsperre.

felsigen Bett machen. Zurück auf der Sterrata dei Laghi setzen wir unseren Weg um den breiten, leicht bewaldeten Westausläufer des Bric Lagolungo nach links zur Casa della Direzione (Bänke, Wasserhahn) und danach zur Infotafel am Ostende der Lago-Bruno-Brücke fort. Eine Markierung am Baumstamm (schwarzes SN auf rot-weiß-rotem Grund, gelbes Quadrat), verrät uns, dass wir nun wieder ein Stück weit auf dem Sentiero Naturalistico dei Laghi del Gorzente unterwegs sind. Wir wandern an der Kapelle Sacrario di Passomezzano vorbei bis zur Gabelung nach der Casa dei Guardiani. Dort bleiben wir rechtshaltend der Sterrata dei Laghi treu, passieren das östliche Ende des Lago-Lungo-Staudamms, über den man zu einem Denkmal für den Wasserbauingenieur Niccolò Bruno hinübersieht. Wir folgen unserem Weg entlang des waldigen Ufers des Ostfjords. Am östlichen Fjordende passieren wir einen **Brunnen** ❾ bei einer Partisanen-Gedenktafel und eine geländergesicherte Brücke. Auf der kurvigen Sterrata dei Laghi steigen wir im Anschluss 700 m durch den Wald an. Dann wird das Gelände offener und wir erreichen nach 200 m (gelbes Quadrat) den SN-Abzweig, wo wir bei einigen Gebäuden nach rechts auf den Wanderpfad Sentiero Naturalistico abzweigen, der uns durch den Laubwald ins Tal zur **Gabelung** ❷ hinabbringt, die wir vom Herweg kennen.
Auf dem Sentiero Naturalistico dei Laghi del Gorzente wandern wir jetzt nach links am markanten Felsen Pietra del Grano vorbei und kehren auf dem Herweg zurück zum Wanderparkplatz **Prato del Gatto** ❶.

STICHWORTVERZEICHNIS

KLEINE SPRACHHILFE FÜR WANDERER

acqua	Wasser
albergo	Gasthaus
albero	Baum
alimentari	Lebensmittelladen
altezza	Höhe
autocarro	Bus
baia	Bucht
barra	Schranke
belvedere	Aussichtspunkt
biglietteria	Fahrscheinverkauf
biglietto	Fahrschein
bivacco	Biwakschachtel
bivio	Gabelung, Verzweigung
bosco	Wald
bric	Riff
caduta sassi	Steinschlag
caduta massi	Geröll, Muren
cala	Bucht
cancellatrice	Fahrscheinentwerter
cancello	Schalter
canneto	Dickicht aus Spanischem Rohr
capolinea	Endstation (Bus)
cappelletta	Kapelle
carrozzabile	Fahr-/Feld-/Ziehweg
carruggio	Gasse
casa rustica	Landhaus
cascata	Wasserfall
castello	Burg
chiesa	Kirche
centro	Ortsmitte
cima	Gipfel
cimitero	Friedhof
colle	Hügel
conca	Talbecken
corriera	Linienbus
corso	Hauptstraße (innerstädtisch)
costa	Küste
cresta	Kamm, Grat
crinale	Höhenkamm, Kammrücken (auch der Weg auf diesem)
croce	Kreuz
deviazone	Umleitung/Umweg
diramazione	Umgehung
diritto	geradeaus
direttissima	Abkürzung, kürzester Weg
entroterra	Hinterland
est	Osten
farmacia	Apotheke
faro	Leuchtturm
fascia	Geländeterrasse
fattoria	Gehöft
fermata	Bushaltestelle
fiume	Fluss
foce	Flussmündung
fonte	Brunnen
forcella	Scharte
foresta	Waldgebiet
fosso	Graben
frana in corso	Mure/Erdrutsch im Wegverlauf
galleria	Tunnel, Stollen
giro	Umleitung/Runde
golfo	Golf, große Bucht
grotta	Grotte, Höhle
guida	Führer
incrocio	Kreuzung
inizio	Anfang
isola	Insel
lago	See

località	Ortschaft
lungomare	Strandpromenade
macchia	Niederwald, Hartlaubgebüsch
mare	Meer
molo	Mole, Kai
monte	Berg
mulattiera	Maultierpfad
municipio	Rathaus
nave	Schiff
nebbia	Nebel
neve	Schnee
nord	Norden
oliveto	Olivenhain
orto	Gemüsegarten
ortofrutto	Obstgarten
ospedale	Krankenhaus
ovest	Westen
passo	Pass
piano	Ebene
piazza	Platz
piazzetta	kleiner Platz
pietra	Felsen
pilone	Pfeiler, Pfosten
ponte	Brücke
porta	Tor
porto	Hafen
posto picnic	Picknickplatz
posto di sosta	Rastplatz
pronto soccorso	Erste Hilfe
punta	Felsspitze, Kap
rifugio	(Schutz-)Hütte
rio	Bach
rione	Gemeindeteil
rustico	Land-/Bauernhaus
riva	Ufer
rocca	Festung, Burg
salita	Steig(ung)
sasso	Felsbrocken, großer Stein
scala	Treppe
scoglio	Klippe, Felsen
segnavia	Wegzeichen
sella	Sattel, Joch
semaforo	Ampel, Signalstation, Leuchtturm
seno	Meerbusen
sentiero	Weg, Pfad
sentiero chiuso	Fußweg gesperrt
serbatoio	Wasserspeicher
sorgente	Quelle
spiaggia	Strand
stazione F.S.	Bahnhof
strada	Straße
strada bianca	Schotterstraße
strada forestale	Forststraße
strada provinziale (SP)	Land-/Kreisstraße
sud	Süden
tabacchaio	Tabakwarenladen
tappa	Etappe
telegrafo	Sendemast, TV-Umsetzer, Radio Relaisstation
tempo	Zeit/Wetter
tornante	Kehre
torre	Turm
torrente	Wildbach
vetta	Gipfel
via	Weg
villaggio	Weiler

Umschlagbild: Die prominent auf einem Vorberg errichtete Oberstadt von Porto Maurizio bewahrt viel historischen Charme.

Bild im Innentitel: Bei S. Antonio oberhalb Costarainera öffnet sich der Blick nach Linguegliietta (Tour 18).

Alle Fotos vom Autor.

Kartografie:
50 Wanderkärtchen im Maßstab 1:25.000 und 1:50.000,
Geodaten © OpenStreetMap und Mitwirkende,
Kartografisches Design: SHOCart (CZ), shocart.cz
sowie zwei Übersichtskarten im Maßstab 1:600.000 und 1:1.100.000,
© Freytag & Berndt, Wien

Werk-Nr.: 4566

1. Auflage 2024

ISBN 978-3-7633-4566-3

FSC
www.fsc.org
MIX
Papier | Fördert gute Waldnutzung
FSC® C147178

Wir freuen uns über jeden Korrekturhinweis zu diesem Wanderführer!
Bitte per E-Mail an: leserzuschrift@rother.de

ROTHER BERGVERLAG · Keltenring 17 · D-82041 Oberhaching
Tel. +49 89 608669-0 · rother.de